"나두 공무원 할 수 있다"

나두공

9급공무원

ISBN: 9791169414203

나두공 구성 및 특징

핵심이론
시험에 출제되는 핵심 내용만을 모아 효율적인 학습이 가능하도록 구성하였습니다. 반드시 알아야 할 내용에 대한 충실한 이해와 체계적 정리가 가능합니다.

빈출개념
시험에서 자주 출제되는 개념들을 표시하여 중요한 부분을 한눈에 들어올 수 있도록 하였습니다. 합격에 필요한 핵심이론을 깔끔하게 학습하시기 바랍니다.

한눈에 쏙~

흐름이나 중요 개념들이 한눈에 쏙 들어올 수 있도록 도표로 정리하여 수록하였습니다. 한눈에 키워드와 흐름을 파악하여 수험에 도움이 되도록 하였습니다.

실력 up

더 알아두면 좋을 내용을 실력 up에 배치하고, 보조단에는 SEMI – NOTE를 배치하여 본문에 관련된 내용이나 중요한 개념들을 수록하였습니다.

목 차

예시문제

2025 출제기조 전환대비 현장직무형 예시문제

- 제1회 예시문제 ··· 7
- 제2회 예시문제 ··· 15
- 제1회 정답 및 해설 ··· 23
- 제2회 정답 및 해설 ··· 31

01장

동사(Verb)/시제(Tense)

- 01절 문형과 동사 ··· 40
- 02절 시제(Tense) ··· 47

02장

조동사(Auxiliary Verb)

- 01절 조동사 표현 ··· 56

03장

법(Mood)/태(Voice)

- 01절 법(Mood) ··· 66
- 02절 태(Voice) ··· 72

04장

일치(Agreement)/화법(Narration)

- 01절 일치(Agreement) ··· 80
- 02절 화법(Narration) ··· 84

05장

부정사(Infinitive)/동명사(Gerund)/분사(Participle)

- 01절 부정사(Infinitive) ··· 88
- 02절 동명사(Gerund) ··· 96
- 03절 분사(Participle) ··· 101

06장 명사(Noun)/관사(Article)

01절 명사(Noun) ······ 108
02절 관사(Article) ······ 117

07장 대명사(Pronoun)/관계사(Relatives)

01절 대명사(Pronoun) ······ 124
02절 관계사(Relatives) ······ 135

08장 형용사(Adjective)/부사(Adverb)/비교(Comparison)

01절 형용사(Adjective) ······ 146
02절 부사(Adverb) ······ 153
03절 비교(Comparison) ······ 159

09장 접속사(Conjunction)/전치사(Preposition)

01절 접속사(Conjunction) ······ 168
02절 전치사(Preposition) ······ 173

10장 특수구문(Particular Sentences)

01절 도치 및 강조구문 ······ 182
02절 부정구문 ······ 185
03절 생략구문 ······ 187

11장 문제유형별 연습

01절 글의 내용 이해 ······ 190
02절 글의 흐름 이해 ······ 191
03절 중요 이론 정리 ······ 192
04절 생활영어 ······ 194
05절 중요 숙어 및 관용어구 정리 ······ 201

2025 출제기조 전환대비
현장직무형 예시문제

나두공

제1회 예시문제

제2회 예시문제

영어

[01~03] 밑줄 친 부분에 들어갈 말로 가장 적절한 것을 고르시오.

01
Recently, increasingly _____ weather patterns, often referred to as "abnormal climate," have been observed around the world.

① irregular ② consistent
③ predictable ④ ineffective

02
Most economic theories assume that people act on a _____ basis; however, this doesn't account for the fact that they often rely on their emotions instead.

① temporary ② rational
③ voluntary ④ commercial

03
By the time she _____ her degree, she will have acquired valuable knowledge on her field of study.

① will have finished ② is finishing
③ will finish ④ finishes

[04~05] 밑줄 친 부분 중 어법상 옳지 않은 것을 고르시오.

04
You may conclude that knowledge of the sound systems, word patterns, and sentence structures ①<u>are</u> sufficient to help a student ② <u>become</u> competent in a language. Yet we have ③<u>all</u> worked with language learners who understand English structurally but still have difficulty ④<u>communicating</u>.

05
Beyond the cars and traffic jams, she said it took a while to ①<u>get used to have</u> so many people in one place, ②<u>all of whom</u> were moving so fast. "There are only 18 million people in Australia ③<u>spread out</u> over an entire country," she said, "compared to more than six million people in ④<u>the state of Massachusetts alone.</u>"

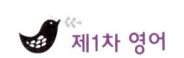

[06~07] 밑줄 친 부분에 들어갈 말로 가장 적절한 것을 고르시오.

06

A: Hello. I'd like to book a flight from Seoul to Oakland.
B: Okay. Do you have any specific dates in mind?
A: Yes. I am planning to leave on May 2nd and return on May 14th.
B: Okay, I found one that fits your schedule. What class would you like to book?
A: Economy class is good enough for me.
B: Any preference on your seating?
A: _____
B: Great. Your flight is now booked.

① Yes. I'd like to upgrade to business class.
② No. I'd like to buy a one-way ticket.
③ No. I don't have any luggage.
④ Yes. I want an aisle seat.

07

Kate Anderson
Are you coming to the workshop next Friday?
10:42

Jim Henson
I'm not sure. I have a doctor's appointment that day.
10:42

Kate Anderson
You should come! The workshop is about A.I. tools that can improve our work efficiency.
10:43

Jim Henson
Wow, the topic sounds really interesting!
10:44

Kate Anderson
Exactly. But don't forget to reserve a seat if you want to attend the workshop.
10:45

Jim Henson
How do I do that?
10:45

Kate Anderson
_____
10:46

① You need to bring your own laptop.
② I already have a reservation.
③ Follow the instructions on the bulletin board.
④ You should call the doctor's office for an appointment.

[08~09] 다음 글을 읽고 물음에 답하시오.

To: Clifton District Office
From: Rachael Beasley
Date: June 7
Subject: Excessive Noise in the Neighborhood

To whom it may concern,

I hope this email finds you well. I am writing to express my concern and frustration regarding the excessive noise levels in our neighborhood, specifically coming from the new sports field.

As a resident of Clifton district, I have always appreciated the peace of our community. However, the ongoing noise disturbances have significantly impacted my family's well-being and our overall quality of life. The sources of the noise include crowds cheering, players shouting, whistles, and ball impacts.

I kindly request that you look into this matter and take appropriate steps to address the noise disturbances. Thank you for your attention to this matter, and I appreciate your prompt response to help restore the tranquility in our neighborhood.

Sincerely,
Rachael Beasley

08 윗글의 목적으로 가장 적절한 것은?

① 체육대회 소음에 대해 주민들의 양해를 구하려고
② 새로 이사 온 이웃 주민의 소음에 대해 항의하려고
③ 인근 스포츠 시설의 소음에 대한 조치를 요청하려고
④ 밤시간 악기 연주와 같은 소음의 차단을 부탁하려고

09 밑줄 친 "steps"의 의미와 가장 가까운 것은?

① movements
② actions
③ levels
④ stairs

[10~11] 다음 글을 읽고 물음에 답하시오.

(A)

We're pleased to announce the upcoming City Harbour Festival, an annual event that brings our diverse community together to celebrate our shared heritage, culture, and local talent. Mark your calendars and join us for an exciting weekend!

Details
- **Dates:** Friday, June 16 – Sunday, June 18
- **Times:** 10:00 a.m. – 8:00 p.m. (Friday & Saturday)
  10:00 a.m. – 6:00 p.m. (Sunday)
- **Location:** City Harbour Park, Main Street, and surrounding areas

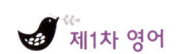

Highlights

• **Live Performances**

Enjoy a variety of live music, dance, and theatrical performances on multiple stages throughout the festival grounds.

• **Food Trucks**

Have a feast with a wide selection of food trucks offering diverse and delicious cuisines, as well as free sample tastings.

For the full schedule of events and activities, please visit our website at www.cityharbourfestival.org or contact the Festival Office at (552) 234-5678.

10 (A)에 들어갈 윗글의 제목으로 가장 적절한 것은?

① Make Safety Regulations for Your Community
② Celebrate Our Vibrant Community Events
③ Plan Your Exciting Maritime Experience
④ Recreate Our City's Heritage

11 City Harbour Festival에 관한 윗글의 내용과 일치하지 않는 것은?

① 일 년에 한 번 개최된다.
② 일요일에는 오후 6시까지 열린다.
③ 주요 행사로 무료 요리 강습이 진행된다.
④ 웹사이트나 전화 문의를 통해 행사 일정을 알 수 있다.

12 Enter-K 앱에 관한 다음 글의 내용과 일치하지 않는 것은?

Use the new Enter-K app for your customs declaration.

Use the new Enter-K app upon your arrival at the airport. One notable feature offered by Enter-K is the Advance Declaration, which allows travellers the option to submit their customs declaration in advance, enabling them to save time at all our international airports. As part of the ongoing Traveller Modernization initiative, Enter-K will continue to introduce additional border-related features in the future, further improving the overall border experience. Simply download the latest version of the app from the online store before your arrival. There is also a web version of the app for those who are not comfortable using mobile devices.

① It allows travellers to declare customs in advance.
② More features will be added later.
③ Travellers can download it from the online store.
④ It only works on personal mobile devices.

13 Office of the Labor Commissioner에 관한 다음 글의 내용과 일치하는 것은?

Office of the Labor Commissioner (OLC) Responsibilities

The OLC is the principal labor regulatory agency for the state. The OLC is responsible for ensuring that minimum wage, prevailing wage, and overtime are paid to employees, and that employee break and lunch periods are provided. In addition, the OLC has authority over the employment of minors. It is the vision and mission of this office to resolve labor-related problems in an efficient, professional, and effective manner. This includes educating employers and employees regarding their rights and responsibilities under the law. The OLC takes enforcement action when necessary to ensure that workers are treated fairly and compensated for all time worked.

① It ensures that employees pay taxes properly.
② It has authority over employment of adult workers only.
③ It promotes employers' business opportunities.
④ It takes action when employees are unfairly treated.

14 다음 글의 주제로 가장 적절한 것은?

The Ministry of Food and Drug Safety warned that cases of food poisoning have occurred as a result of cross-contamination, where people touch eggs and neglect to wash their hands before preparing food or using utensils. To mitigate such risks, the ministry advised refrigerating eggs and ensuring they are thoroughly cooked until both the yolk and white are firm. Over the past five years, a staggering 7,400 people experienced food poisoning caused by Salmonella bacteria. Salmonella thrives in warm temperatures, with approximately 37 degrees Celsius being the optimal growth condition. Consuming raw or undercooked eggs and failing to separate raw and cooked foods were identified as the most common causes of Salmonella infection. It is crucial to prioritize food safety measures and adhere to proper cooking practices to minimize the risk of Salmonella-related illnesses.

① Benefits of consuming eggs to the immune system
② Different types of treatments for Salmonella infection
③ Life span of Salmonella bacteria in warm temperatures
④ Safe handling of eggs for the prevention of Salmonella infection

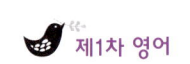

15 다음 글의 요지로 가장 적절한 것은?

Despite ongoing efforts to address educational disparities, the persistent achievement gap among students continues to highlight significant inequities in the education system. Recent data reveal that marginalized students, including those from low-income back grounds and vulnerable groups, continue to lag behind their peers in academic performance. The gap poses a challenge to achieving educational equity and social mobility. Experts emphasize the need for targeted interventions, equitable resource allocation, and inclusive policies to bridge this gap and ensure equal opportunities for all students, irrespective of their socioeconomic status or background. The issue of continued educational divide should be addressed at all levels of education system in an effort to find a solution.

① We should deal with persistent educational inequities.
② Educational experts need to focus on new school policies.
③ New teaching methods are necessary to bridge the achievement gap.
④ Family income should not be considered in the discussion of education.

16 다음 글의 흐름상 어색한 문장은?

Every parent or guardian of small children will have experienced the desperate urge to get out of the house and the magical restorative effect of even a short trip to the local park. ①There is probably more going on here than just letting off steam. ②The benefits for kids of getting into nature are huge, ranging from better academic performance to improved mood and focus. ③Outdoor activities make it difficult for them to spend quality time with their family. ④Childhood experiences of nature can also boost environmentalism in adulthood. Having access to urban green spaces can play a role in children's social networks and friendships.

17 주어진 문장이 들어갈 위치로 가장 적절한 것은?

> In particular, in many urban counties, air pollution, as measured by the amount of total suspended particles, had reached dangerous levels.

> Economists Chay and Greenstone evaluated the value of cleaning up of air pollution after the Clean Air Act of 1970. (①) Before 1970, there was little federal regulation of air pollution, and the issue was not high on the agenda of state legislators. (②) As a result, many counties allowed factories to operate without any regulation on their pollution, and in several heavily industrialized counties, pollution had reached very high levels. (③) The Clean Air Act established guidelines for what constituted excessively high levels of five particularly dangerous pollutants. (④) Following the Act in 1970 and the 1977 amendment, there were improvements in air quality.

18 주어진 글 다음에 이어질 글의 순서로 가장 적절한 것은?

> Before anyone could witness what had happened, I shoved the loaves of bread up under my shirt, wrapped the hunting jacket tightly about me, and walked swiftly away.

> (A) When I dropped them on the table, my sister's hands reached to tear off a chunk, but I made her sit, forced my mother to join us at the table, and poured warm tea.
>
> (B) The heat of the bread burned into my skin, but I clutched it tighter, clinging to life. By the time I reached home, the loaves had cooled somewhat, but the insides were still warm.
>
> (C) I sliced the bread. We ate an entire loaf, slice by slice. It was good hearty bread, filled with raisins and nuts.

① (A)-(B)-(C)
② (B)-(A)-(C)
③ (B)-(C)-(A)
④ (C)-(A)-(B)

제1차 영어

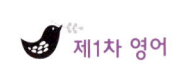

[19~20] 밑줄 친 부분에 들어갈 말로 가장 적절한 것을 고르시오.

19

Falling fertility rates are projected to result in shrinking populations for nearly every country by the end of the century. The global fertility rate was 4.7 in 1950, but it dropped by nearly half to 2.4 in 2017. It is expected to fall below 1.7 by 2100. As a result, some researchers predict that the number of people on the planet would peak at 9.7 billion around 2064 before falling down to 8.8 billion by the century's end. This transition will also lead to a significant aging of populations, with as many people reaching 80 years old as there are being born. Such a demographic shift _____, including taxation, healthcare for the elderly, caregiving responsibilities, and retirement. To ensure a "soft landing" into a new demographic landscape, researchers emphasize the need for careful management of the transition.

① raises concerns about future challenges
② mitigates the inverted age structure phenomenon
③ compensates for the reduced marriage rate issue
④ provides immediate solutions to resolve the problems

20

Many listeners blame a speaker for their inattention by thinking to themselves: "Who could listen to such a character? Will he ever stop reading from his notes?" The good listener reacts differently. He may well look at the speaker and think, "This man is incompetent. Seems like almost anyone would be able to talk better than that." But from this initial similarity he moves on to a different conclusion, thinking "But wait a minute. I'm not interested in his personality or delivery. I want to find out what he knows. Does this man know some things that I need to know?" Essentially, we "listen with our own experience." Is the speaker to be held responsible because we are poorly equipped to comprehend his message? We cannot understand everything we hear, but one sure way to raise the level of our understanding is to _____.

① ignore what the speaker knows
② analyze the character of a speaker
③ assume the responsibility which is inherently ours
④ focus on the speaker's competency of speech delivery

제2차

영 어

정답 및 해설 31p

[01~03] 밑줄 친 부분에 들어갈 말로 가장 적절한 것을 고르시오.

01

In order to exhibit a large mural, the museum curators had to make sure they had _____ space.

① cozy
② stuffy
③ ample
④ cramped

02

Even though there are many problems that have to be solved, I want to emphasize that the safety of our citizens is our top _____.

① secret
② priority
③ solution
④ opportunity

03

Overpopulation may have played a key role: too much exploitation of the rain-forest ecosystem, on which the Maya depended for food, as well as water shortages, seems to _____ the collapse.

① contribute to
② be contributed to
③ have contributed to
④ have been contributed to

[04~05] 밑줄 친 부분 중 어법상 옳지 않은 것을 고르시오.

04

It seems to me that any international organization ①<u>designed</u> to keep the peace must have the power not merely to talk ②<u>but also to act</u>. Indeed, I see this ③<u>as</u> the central theme of any progress towards an international community ④<u>which</u> war is avoided not by chance but by design.

05

We have already ①<u>arrived in</u> a digitized world. Digitization affects not only traditional IT companies, but companies across the board, in all sectors. New and changed business models ②<u>are emerged</u>: cars ③<u>are being shared</u> via apps, languages learned online, and music streamed. But industry is changing too: 3D printers make parts for machines, robots assemble them, and entire factories are intelligently ④<u>connected with</u> one another.

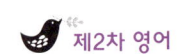

[06~07] 밑줄 친 부분에 들어갈 말로 가장 적절한 것을 고르시오.

06

Tim Jones
Hi, I'm interested in renting one of your meeting rooms.
3:10 pm

Jane Baker
Thank you for your interest. We have several spaces available depending on the size of your meeting We can accommodate groups of 5 to 20 people.
3:11 pm

Tim Jones
That sounds great. We need a room for 17, and the meeting is scheduled for next month.
3:13 pm

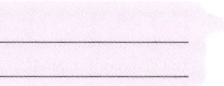

Jane Baker
_____
_____
3:14 pm

Tim Jones
Tme meeting is going to be on Monday, July 15th. Do you have a meeting room available for that day?
3:15 pm

Jane Baker
Yes, we do. I can reserve the space for you and send you a confirmation email with all the details.
3:17 pm

① Could I have your contact information?
② Can you tell me the exact date of your meeting?
③ Do you need a beam projector or a copy machine?
④ How many people are going to attend the meeting?

07

A: What do you think of this bicycle?
B: Wow, it looks very nice! Did you just get it?
A: No, this is a shared bike. The city launched a bike sharing service.
B: Really? How does it work? I mean, how do I use that service?
A: It's easy. _____.
B: It doesn't sound complicated. Maybe I'll try it this weekend.
A: By the way, it's an electric bicycle.
B: Yes, I can tell. It looks cool.

① You can save energy because it's electric
② Just apply for a permit to park your own bike
③ Just download the bike sharing app and pay online
④ You must wear a helmet at all times for your safety

[08~09] 다음 글을 읽고 물음에 답하시오.

Agricultural Marketing Office

Mission

We administer programs that create domestic and international marketing opportunities for national producers of food, fiber, and specialty crops. We also provide the agriculture industry with valuable services to ensure the quality and availability of wholesome food for consumers across the country and around the world.

Vision

We facilitate the strategic marketing of national agricultural products in domestic and international markets while ensuring fair trading practices and promoting a competitive and efficient marketplace to the benefit of producers, traders, and consumers of national food, fiber, and specialty crops.

Core Values

- Honesty & Integrity: We expect and require complete honesty and integrity in all we do.
- Independence & Objectivity: We act independently and objectively to create trust in our programs and services.

08 윗글에서 Agricultural Marketing Office에 관한 내용과 일치하는 것은?

① It creates marketing opportunities for domestic producers.
② It limits wholesome food consumption around the world.
③ It is committed to benefiting consumers over producers.
④ It receives mandates from other agencies before making decisions.

09 밑줄 친 fair의 의미와 가장 가까운 것은?

① free   ② mutual
③ profitable   ④ impartial

[10~11] 다음 글을 읽고 물음에 답하시오.

(A)

As a close neighbor, you will want to learn how to save your lake.

While it isn't dead yet, Lake Dimmesdale is heading toward this end. So pay your respects to this beautiful body of water while it is still alive.

Some dedicated people are working to save it now. They are having a special meeting to tell you about it. Come learn what is being done and how you can help. This affects your property value as well.

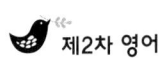

Who wants to live near a dead lake?

Sponsored by Central State Regional Planning Council

- Location: Green City Park Opposite Southern State College (in case of rain: College Library Room 203)
- Date: Saturday, July 6, 2024
- Time: 2:00 p.m.

For any questions about the meeting, please visit our website at www.planningcouncilsavelake.org or contact our office at (432) 345-6789.

10 (A)에 들어갈 윗글의 제목으로 가장 적절한 것은?

① Lake Dimmesdale Is Dying
② Praise to the Lake's Beauty
③ Cultural Value of Lake Dimmesdale
④ Significance of the Lake to the College

11 위 안내문의 내용과 일치하지 않는 것은?

① 호수를 살리기 위해 노력하는 사람들이 있다.
② 호수를 위한 활동이 주민들의 재산에 영향을 미친다.
③ 우천 시에는 대학의 구내식당에서 회의가 열린다.
④ 웹사이트 방문이나 전화로 회의에 관해 질문할 수 있다.

12 다음 글의 목적으로 가장 적절한 것은?

To	cbsclients@calbank.com
From	calbanks@calmail.com
Date	May 7, 2024
Subject	Important notice

Dear Valued Clients,

In today's world, cybercrime poses a serious threat to your security. As your trusted partner, we want to help you protect your personal and business information. Here are five easy ways to safeguard yourself from cyber threats:

1. Use strong passwords and change them frequently.
2. Keep your software and devices up to date.
3. Be wary of suspicious emails, links, or telephone calls that pressure you to act quickly or give out sensitive information.
4. Enable Two Factor authentication and use it whenever possible. When contacting California Bank & Savings, you will be asked to use a One Time Passcode (OTP) to verify your identity.
5. Back up your data regularly.

Visit our Security Center to learn more about how you can stay safe online. Remember, cybersecurity is a team effort. By working together, environment for ourselves and the world.

Sincerely,

California Bank & Savings

① to inform clients of how to keep themselves safe from cyber threats
② to inform clients of how to update their software and devices
③ to inform clients of how to make their passwords stronger
④ to inform clients of how to safeguard their OTPs

① evaluation of sustainability of global ecosystems
② successful training projects of Russian astronauts
③ animal experiments conducted in the orbiting outpost
④ innovative wildlife monitoring from the space station

13 다음 글의 주제로 가장 적절한 것은?

The International Space Station, orbiting some 240 miles above the planet, is about to join the effort to monitor the world's wildlife — and to revolutionize the science of animal tracking. A large antenna and other equipment aboard the orbiting outpost, installed by spacewalking Russian astronauts in 2018, are being tested and will become fully operational this summer. The system will relay a much wider range of data than previous tracking technologies, logging not just an animal's location but also its physiology and environment. This will assist scientists, conservationists and others whose work requires close monitoring of wildlife on the move and provide much more detailed information on the health of the world's ecosystems.

14 다음 글의 내용과 일치하지 않는 것은?

The David Williams Library and Museum is open 7 days a week, from 9:00 a.m. to 5:00 p.m. (NOV−MAR) and 9:00 a.m. to 6:00 p.m. (APR−OCT). Online tickets may be purchased at the link below. You will receive an email confirmation after making a purchase (be sure to check your SPAM folder). Bring this confirmation—printed or on smart device—as proof of purchase.

- **Online tickets:** buy.davidwilliams.com/events

The David Williams Library and Museum and the Home of David Williams (operated by the National Heritage Service) offer separate $10.00 adult admission tickets. Tickets for tours of the Home may be purchased on-site during normal business hours.

- **CLOSED:** Thanksgiving, Christmas and New Year's Day

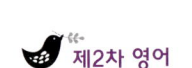

There is no charge for conducting research in the David Williams Library research room.

For additional information, call 1 (800) 333-7777.

① The Library and Museum closes at 5:00 p.m. in December.
② Visitors can buy tour tickets for the Home on-site.
③ The Home of David Williams is open all year round.
④ One can do research in the Library research room for free.

Several BOAH veterinarians who are trained in diagnosing FADs are available 24 hours a day to investigate suspected cases of a FAD. An investigation is triggered when report of animals with clinical signs indicative of a FAD is received or when diagnostic laboratory identifies a suspicious test result.

① BOAH focuses on training veterinarians for FADs.
② BOAH's main goal is to repsond to animal disease epidemic.
③ BOAH actively promotes international trade opportunities.
④ BOAH aims to lead laboratory research on the causes of FADs.

15 다음 글의 요지로 가장 적절한 것은?

Animal Health Emergencies
Preparedness for animal disease outbreaks has been a top priority for the Board of Animal Health (BOAH) for decades. A highly contagious animal disease event may have economically devastating effects as well as public health or food safety and security consequences.

Foreign Animal Diseases
A foreign animal disease (FAD) is a disease that is not currently found in the country, and could cause significant illness or death in animals or cause extensive economic harm by eliminating trading opportunities with other countries and states.

16 다음 글의 흐름상 어색한 문장은?

A very common type of writing task—one that appears in every academic discipline—is a reaction or response. ①In a reaction essay, the writer is usually given a "prompt"— a visual or written stimulus — to think about and then respond to. ② It is very important to gather reliable facts so that you can defend your argument effectively. ③Common prompts or stimuli for this type of writing include quotes, pieces of literature, photos, paintings, multimedia presentations, and news events. ④A reaction focuses on the writer's feelings, opinions, and personal observations about the particular prompt. Your task in writing a reaction essay is twofold: to briefly summarize the prompt and to give your personal reaction to it.

17 주어진 문장이 들어갈 위치로 가장 적절한 것은?

For others, activism is controversial and disruptive; after all, it often manifests as confrontational activity that directly challenges the order of things.

Activism is frequently defined as intentional, vigorous or energetic action that individuals and groups practice to bring about a desired goal. (①) For some, activism is a theoretically or ideologically focused project intended to effect a perceived need for political or social change. (②) Activism is uncomfortable, sometimes messy, and almost always strenuous. (③) In addition, it does not occur without the presence and commitment of activists, that is, folks who develop workable strategies, focus a collective spotlight onto particular issues, and ultimately move people into action. (④) As a noted scholar suggests, effective activists also make noise, sometimes loudly.

18 주어진 글 다음에 이어질 글의 순서로 가장 적절한 것은?

Nick started a fire with some chunks of pine he got with the ax from a stump. Over the fire he stuck a wire grill, pushing the four legs down into the ground with his boot.

(A) They began to bubble, making little bubbles that rose with difficulty to the surface. There was a good smell. Nick got out a bottle of tomato ketchup and cut four slices of bread.
(B) The little bubbles were coming faster now. Nick sat down beside the fire and lifted the frying pan off.
(C) Nick put the frying pan on the grill over the flames. He was hungrier. The beans and spaghetti warmed. He stirred them and mixed them together.

① (B) - (A) - (C)
② (B) - (C) - (A)
③ (C) - (A) - (B)
④ (C) - (B) - (A)

[19~20] 밑줄 친 부분에 들어갈 말로 가장 적절한 것을 고르시오.

19

Technological progress can destroy jobs in a single industry such as textiles. However, historical evidence shows that technological progress does not produce unemployment in a country as a whole. Technological progress increases productivity and incomes in the overall economy, and higher incomes lead to higher demand for goods and thus _____.
As a result, workers who lose jobs in one industry will be able to find jobs in others, although for many of them this might take time and some of them, like the Luddites, will end up with lower wages in their new jobs.

① increased job losses
② delayed promotion at work
③ greater work satisfaction
④ higher demand for labor

20

There is no substitute for oil, which is one reason _____, taking the global economy along with it. While we can generate electricity through coal or natural gas, nuclear or renewables — switching from source to source, according to price—oil remains by far the predominant fuel for transportation. When the global economy heats up, demand for oil rises, boosting the price and encouraging producers to pump more. Inevitably, those high prices eat into economic growth and reduce demand just as suppliers are overproducing. Prices crash, and the cycle starts all over again. That's bad for producers, who can be left holding the bag when prices plummet, and it hurts consumers and industries uncertain about future energy prices. Low oil prices in the 1990s lulled U.S. auto companies into disastrous complacency; they had few efficient models available when oil turned expensive.

① the automobile industry thrives
② it creates disruptions between borders
③ it is prone to big booms and deep busts
④ the research on renewable energy is limited

제1차 정답 및 해설

정답

01 ①	02 ②	03 ④	04 ①	05 ①
06 ④	07 ③	08 ③	09 ②	10 ②
11 ③	12 ④	13 ④	14 ④	15 ①
16 ③	17 ③	18 ②	19 ①	20 ③

해설

01 ①
[정답해설] 전 세계에서 관찰되고 있는 날씨 패턴이 '이상 기후(abnormal climate)'에 해당하므로, 날씨가 변화무쌍하고 불규칙적이라는 의미가 되어야 한다. 그러므로 빈칸에는 'irregular(불규칙적인)'가 들어갈 말로 가장 적절하다.

[오답해설]
② 지속적인
③ 예측할 수 있는
④ 비효과적인

[핵심어휘]
□ refer to 언급하다, 지칭하다
□ abnormal 비정상적인
□ irregular 고르지 못한, 불규칙적인
□ consistent 지속적인, 한결같은
□ predictable 예측[예언]할 수 있는
□ ineffective 효과 없는, 비효과적인

[본문해석] 최근, 흔히 "이상 기후"라고 불리는 점점 더 불규칙한 날씨 패턴이 전 세계에서 관찰되고 있다.

02 ②
[정답해설] 주어진 문장이 역접의 접속부사 'however(그러나)'로 연결되어 앞뒤의 내용이 상반되므로, 빈칸에는 글의 내용상 감정(emotions)에 반대되는 말이 와야 한다. 그러므로 빈칸에는 'rational(이성적인)'이 들어갈 말로 가장 적절하다.

[오답해설]
① 일시적인
③ 자발적인
④ 상업적인

[핵심어휘]
□ assume 가정하다, 추정하다
□ on a basis ~의 근거에 따라
□ account for 설명하다
□ temporary 임시의, 일시적인
□ rational 합리적인, 이성적인
□ voluntary 자발적인, 자원봉사의
□ commercial 상업의, 상업적인

[본문해석] 대부분의 경제 이론들은 사람들이 이성적인 근거에 따라 행동한다고 추정하지만, 그러나 이는 그들이 종종 감정에 대신 의존한다는 사실을 설명하지 못한다.

03 ④
[정답해설] 주절의 시제가 'will have acquired'로 미래완료이고, 종속절이 때나 조건의 부사절이므로 현재가 미래를 대용한다. 그러므로 빈칸에는 3인칭 단수 현재 시제의 동사인 'finishes'를 사용하는 것이 적절하다.

[오답해설]
①·③ 주절의 시제가 미래완료이지만, 때나 조건의 부사절은 현재가 미래를 대용하므로 종속절에 미래 또는 미래완료 시제를 사용하는 것은 적절하지 못하다.
② 'finish'가 의미상 '완료'의 의미이므로, '진행'이나 '계속'을 나타내는 현재 진행형 시제인 'is finishing'의 사용은 적절하지 못하다.

[핵심어휘]
□ by the time ~때쯤, ~무렵
□ degree 학위
□ valuable 소중한, 귀중한
□ field 분야

[본문해석] 학위를 마칠 때쯤이면, 그녀는 자신의 연구 분야에서 귀중한 지식을 습득하게 될 것이다.

04 ①
[정답해설] are → is
종속절을 이끄는 접속사 that의 주어가 knowledge이므로 be동사의 형태는 3인칭 단수 현재 시제인 'is'가 적절하나, 그러므로 ①의 'are'는 'is'로 고쳐 써야 옳다.

[오답해설]
② 동사 'help'는 목적격 보어로 'to부정사' 또는 '원형부정사'를 취하므로 원형부정사 형태인 'become'을 사용한 것은 적절하다.
③ 현재완료 시제인 'have worked'에서 'have'는 조동사이고 'worked'는 일반동사이므로 부사 'all'이 그 사이에 위치한 것은 적절하다.
④ 'have difficulty (in) ~ ing(~하는 데 어려움을 겪다)' 구문이므로 'communicating'의 형태는 적절하다.

[핵심어휘]
□ conclude 결론짓다, 결론을 내리다
□ sufficient 충분한, 족한

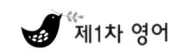

□ competent 능숙한, 만족할 만한
□ structurally 구조상, 구조적으로

[본문해석] 음성 체계, 단어 패턴, 문장 구조에 대한 지식이 학생이 어떤 언어에 능숙하도록 돕는데 충분하다고 결론지을 수도 있다. 그러나 우리 모두 영어를 구조적으로 이해하는 언어 학습자들과 함께 연구해왔지만 여전히 의사소통에 어려움을 겪는다.

05 ①

[정답해설] to have → to having
글의 내용상 '~에 익숙해지다'의 의미인 'get used to ~ing' 구문을 사용해야 한다. 이때 'to'가 전치사이므로 뒤에는 동명사 형태가 와야 하고, 따라서 'to have'를 'to having'으로 고쳐 써야 옳다.

[오답해설] ② all, some, both, each 등의 부분을 나타내는 말과 함께 사용된 'of + 목적격 관계대명사' 구문이다. 선행사가 앞의 'so many people'로 '사람'이므로 목적격 관계대명사 'whom'을 사용한 것은 적절하다.
③ 'spread out'이 '퍼져 있는'의 뜻으로 앞의 '18 million people'을 수식하고, 수동의 의미를 지니므로 과거분사를 사용해야 한다. 그런데 동사 'spread'는 기본형과 과거, 과거분사의 형태가 모두 동일한 'A-A-A'형 불규칙 동사이므로 'spread out'은 옳게 사용되었다.
④ 'the state of Massachusetts' 뒤에 쓰인 'alone'은 형용사로 명사 또는 대명사 뒤에 쓰여 특정한 것 하나만을 가리킬 때 사용된다. 그러므로 해당 문장에서 'alone'의 위치가 옳게 사용되었다.

[핵심어휘] □ take a while to ~하는데 시간이 걸리다
□ get used to ~ing ~에 익숙해지다
□ spread out 떨어져 나가다, 더 널리 퍼지다
□ entire 전체의, 전역의
□ compared to ~와 비교하여

[본문해석] 차와 교통 체증은 말할 것도 없고, 그녀는 한 장소에서 모두가 그렇게 분주하게 움직이는 너무나 많은 사람들에 익숙해지는데 시간이 좀 걸렸다고 말했다. 그녀는 "매사추세츠 주 한 곳에만 600만 명 이상의 사람들이 있는 것과 비교하면, 호주에는 나라 전체에 퍼져 있는 사람들이 겨우 1,800만 명에 불과하다."고 말했다.

06 ④

[정답해설] 비행기 티켓을 예매하기 위한 대화 내용으로, B가 선호하는 좌석을 A에게 묻고 있으므로 통로 쪽 좌석을 원한다(Yes, I want an aisle seat.)는 ④의 내용이 빈칸에 들어갈 말로 가장 적절하다.

[오답해설] ① 네, 비즈니스석으로 업그레이드하고 싶습니다. → A가 이코노미석이면 충분하다고 하였으므로 틀린 내용임
② 아니요, 편도 티켓을 구매하고 싶습니다. → A가 5월 2일에 출발해서 5월 14일에 돌아올 계획이라고 밝히고 있으므로 왕복 티켓을 구매하고 있음을 알 수 있음
③ 아니요, 수하물은 없습니다. → 수하물에 관한 사항은 대화 내용에 나타나 있지 않음

[핵심어휘] □ book 예약하다
□ have ~ in mind ~을 염두해 두다
□ preference 선호
□ one-way 편도
□ luggage 가방, 수하물
□ aisle 통로, 복도

[본문해석] A: 안녕하세요. 서울발 오클랜드행 비행기를 예약하고 싶은데요.
B: 알겠습니다. 생각하고 계신 특정 날짜가 있으신가요?
A: 네, 저는 5월 2일에 출발해서 5월 14일에 돌아올 계획입니다.
B: 네, 고객님 일정에 맞는 것을 하나 찾았습니다. 어떤 등급으로 예약하시겠어요?
A: 저는 이코노미석이면 충분합니다.
B: 원하시는 좌석이 있으신가요?
A: 네, 저는 통로 쪽 좌석을 원합니다.
B: 알겠습니다. 고객님의 비행편이 지금 예약되었습니다.

07 ③

[정답해설] 워크숍 참석 여부와 좌석 예약 방법에 대한 메신저 내용이다. 워크숍에 참석하고 싶다면 좌석을 예약하라는 Kate Anderson의 말에 Jim Henson이 어떻게 하면 되는지 그 방법을 묻고 있으므로, ③의 'Follow the instructions on the bulletin board.(게시판의 지침을 따르세요.)'가 빈칸에 들어갈 말로 가장 적절하다.

[오답해설] ① 노트북을 가지고 와야 합니다. → 예약하는 방법을 묻고 있으므로 준비물에 대한 내용과는 관련 없음
② 이미 예약을 했습니다. → 예약에 대한 확인 여부가 아니라 예약하는 방법에 대한 설명이 와야 함
④ 예약을 하려면 병원에 전화를 해야 합니다. → 병원 진료 예약이 아니라 워크숍에 참석하기 위한 좌석 예약 방법을 묻고 있음

[핵심어휘] □ doctor's appointment 진료[진찰] 예약
□ improve 개선하다, 향상시키다
□ reserve 예약하다
□ laptop 노트북
□ reservation 예약

□ instruction 설명, 지시, 지침
□ bulletin board 게시판

[본문해석] Kate Anderson: 다음 주 금요일에 워크숍에 오시나요?
Jim Henson: 잘 모르겠어요. 그날 진료 예약이 있어서요.
Kate Anderson: 오셔야 합니다! 그 워크숍은 우리의 업무 효율을 향상시킬 수 있는 인공지능 도구에 관한 것입니다.
Jim Henson: 와, 주제가 정말 흥미롭게 들리네요!
Kate Anderson: 맞아요. 하지만 워크숍에 참석하고 싶다면 좌석을 예약해야 하는 것을 잊지 마세요.
Jim Henson: 어떻게 하면 되죠?
Kate Anderson: 게시판의 지침을 따르세요.

08 ③

[정답해설] 글의 서두에서 새로운 스포츠 경기장에서 발생하는 소음 수준에 대한 우려와 불만을 전달하기 위해 이 편지를 쓴다고 이메일의 목적을 구체적으로 밝히고 있다. 그러므로 윗글을 쓴 목적은 ③의 '인근 스포츠 시설의 소음에 대한 조치를 요청하려고'가 가장 적절하다.

[오답해설] ① 체육대회 소음에 대해 주민들의 양해를 구하려고 → 항의의 주체가 주민이며, 그 대상은 인근의 새로 생긴 스포츠 경기장에서 발생하는 소음임
② 새로 이사 온 이웃 주민의 소음에 대해 항의하려고 → 이웃 주민이 아니라 새로 생긴 스포츠 경기장 소음에 항의하기 위한 이메일임
④ 밤시간 악기 연주와 같은 소음의 차단을 부탁하려고 → 소음 공해에 대한 조치를 요청하고 있지만, 밤시간 악기 연주의 소음 차단이 아님

[핵심어휘]
□ district office 구청, 군청, 지점
□ excessive 과도한, 지나친
□ neighborhood 이웃, 인근, 동네
□ to whom it may concern 관계자 제위, 관계자에게
□ concern 근심, 걱정, 우려
□ frustration 좌절, 불만
□ specifically 분명히, 특별히, 구체적으로 말하면
□ resident 거주자
□ appreciate 고마워하다, 감사하다
□ disturbance 방해, 소란, 장애
□ significantly 상당히, 중요하게
□ whistle 호각 소리
□ impact 충돌하다, 영향을 주다
□ look into 조사하다, 주의 깊게 살피다
□ appropriate 적절한, 타당한
□ take steps 조치를 취하다
□ address 해결하다, 해소하다
□ tranquility 평온, 평정

□ sincerely 정말로, 진심으로 cf) Yours sincerely 올림

[본문해석] 수신자: Clifton 군청
발신자: Rachael Beasley
날짜: 6월 7일
제목: 우리 동네의 과도한 소음

관계당사자 분께

이 이메일이 귀하에게 잘 도착하기를 바랍니다. 우리 동네, 구체적으로 말하면 새로운 스포츠 경기장에서 발생하는 소음 수준에 대한 우려와 불만을 전달하기 위해 이 편지를 씁니다.

Clifton 지역 주민으로서, 저는 항상 우리 지역 사회의 평화에 감사해 왔습니다. 하지만, 계속되는 소음 공해로 인해 우리 가족의 안녕과 전반적인 삶의 질에 큰 영향을 미치고 있습니다. 소음의 원인은 관중의 환호, 선수들의 외침, 호각 소리, 그리고 공에 의한 충격 등입니다.

이 문제를 살펴보시고 소음 공해를 해결하기 위해 적절한 조치를 취해 주시기를 정중히 요청합니다. 이 문제에 관심을 가져주셔서 감사드리며, 우리 동네의 평온을 회복하기 위한 신속한 대응에 감사드립니다.

Rachale Beasley 올림

09 ②

[정답해설] 'step'은 '계단'이라는 뜻 외에 '필요한 대책을 세워 행하다'는 의미의 '조치'라는 뜻으로도 사용된다. 해당 문장에서도 'take steps'은 '조치하다'라는 의미로 사용되어, 글쓴이가 소음 공해를 해결하기 위해 적절한 조치를 취해 달라고 요청하고 있다. ②의 'actions'가 '조치'라는 뜻의 'steps'와 그 의미가 가장 유사하다.

[오답해설]
① 운동
③ 수준
④ 계단

10 ②

[정답해설] 글의 서두에서 곧 있을 지역 사회의 연례행사인 City Harbour Festival의 개최를 축하하고 있으므로, (A)에 들어갈 윗글의 제목으로는 ②의 'Celebrate Our Vibrant Community Events(활기찬 지역 행사 축하하기)'가 가장 적절하다.

[오답해설] ① 지역 사회를 위한 안전 규정 만들기 → 지역 사회의 축제를 소개하고 있을 뿐 안전 규정과는 관련이 없음
③ 신나는 해양 경험을 계획하기 → 해양 경험과 활동에 대한 사항이 아니라 지역 사회의 축제에 대한 소개임
④ 우리 도시의 유산을 되살리기 → 지역 사회의 공동 유산을 기념하기 위한 연례행사를 소개하고 있으나, 도

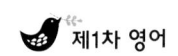

[핵심어휘] 시의 유산을 되살리자는 내용은 언급되어 있지 않음

□ upcoming 다가오는, 곧 있을
□ annual 매년의, 일 년에 한 번의
□ diverse 다양한, 여러 가지의
□ heritage 유산
□ surrounding 인근의, 주위의
□ theatrical performance 연극
□ multiple 많은, 여러, 다수의
□ feast 연회, 축제일
□ cuisine 요리, 음식
□ regulation 규정, 규율, 규제
□ vibrant 활기찬, 힘찬
□ maritime 해양의, 바다의
□ recreate 되살리다, 재현하다

[본문해석] 공동 유산, 문화, 그리고 지역 재능을 기념하기 위해 우리의 다양한 지역 공동체를 화합하게 하는 연례행사인 곧 있을 City Harbour Festival을 발표하게 되어 기쁩니다. 달력에 표시하시고 신나는 주말을 보내기 위해 우리와 함께 하세요!

세부사항
• 날짜: 6월 16일(금요일) ~ 6월 18일(일요일)
• 시간 : 오전 10:00 ~ 오후 8:00(금 · 토요일)
　　　　오전 10:00 ~ 오후 6:00(일요일)
• 장소 : 시티하버파크, 메인스트리트, 주변 지역

하이라이트
• 라이브 공연
　축제장 곳곳의 여러 무대에서 다양한 라이브 음악, 춤, 연극 공연을 즐기실 수 있습니다.

• 푸드트럭
　무료 시식뿐만 아니라 다양하고 맛있는 요리를 제공하는 여러 엄선된 푸드 트럭에서 만찬을 즐기세요.

행사 및 활동의 전체 일정은 당사 홈페이지(www.cityharbourfestival.org)를 방문하시거나 (552) 234-5678 번호로 축제 사무실에 문의하시기 바랍니다.

11 ③

[정답해설] 푸드트럭에서 무료 시식을 제공하고 있으나, 무료로 요리 강습이 진행되는 행사 내용은 윗글에 언급되어 있지 않다. 그러므로 '주요 행사로 무료 요리 강습이 진행된다.'는 ③의 설명은 윗글의 내용과 일치하지 않는다.

[오답해설] ① 일 년에 한 번 개최된다. → 다양한 지역 공동체를 화합하게 하는 연례행사라고 소개하고 있음
② 일요일에는 오후 6시까지 열린다. → 세부사항의 '시간'에서 일요일은 '오전 10:00 ~ 오후 6:00'까지임을 알 수 있음
④ 웹사이트나 전화 문의를 통해 행사 일정을 알 수 있다. → 행사의 전체 일정은 당사 웹사이트를 방문하거나 축제 사무실에 전화로 문의하라고 안내되어 있음

12 ④

[정답해설] 제시문의 마지막 문장에서 모바일 기기 사용이 불편한 분들을 위한 웹 버전의 앱도 또한 있다고 설명하고 있다. 그러므로 '개인용 모바일 기기에서만 작동한다.'는 ④의 설명은 윗글의 내용과 일치하지 않는다.

[오답해설] ① 여행객이 미리 세관 신고를 할 수 있도록 해준다. → Enter-K가 제공하는 주요 기능 중의 하나는 사전 신고로, 여행객에게 미리 세관 신고서를 제출할 수 있는 옵션을 제공함
② 더 많은 기능이 향후 추가될 것이다. → Enter-K가 향후에도 국경 관련 추가 기능을 계속 도입하여 전반적인 국경 체험을 더욱 향상시킬 것이라고 설명함
③ 여행객은 온라인 상점에서 그것을 다운로드 할 수 있다. → 도착하기 전에 온라인 상점에서 최신 버전의 앱을 단지 다운로드하기만 하면 된다고 언급되어 있음

[핵심어휘] □ customs declaration 세관 신고
□ notable 주목할 만한, 주요한
□ feature 특징, 특색
□ the Advance Declaration 사전 신고
□ submit 제출하다
□ in advance 미리, 사전에
□ modernization 현대화, 근대화
□ initiative 계획, 착수
□ additional 부가적인, 추가적인
□ device 장치, 기기, 기구

[본문해석] 세관 신고를 위해 신규 Enter-K 앱을 사용하세요.
공항에 도착하자마자 신규 Enter-K 앱을 사용하세요. Enter-K가 제공하는 주요 기능 중의 하나는 사전 신고인데, 이는 여행객에게 미리 세관 신고서를 제출할 수 있는 옵션을 제공하여 모든 국제공항에서 시간을 절약할 수 있도록 해줍니다. 현재 진행 중인 여행객 현대화 계획의 일환으로 Enter-K는 향후에도 국경 관련 추가 기능을 계속 도입하여 전반적인 국경 체험을 더욱 향상시킬 것입니다. 도착하기 전에 온라인 상점에서 최신 버전의 앱을 단지 다운로드하기만 하면 됩니다. 모바일 기기 사용이 불편한 분들을 위한 웹 버전의 앱도 또한 있습니다.

13 ④

[정답해설] 제시문의 마지막 문장에서 OLC는 근로자들이 공정하게 대우받고 근무한 모든 시간에 대해 보상받는 것을 보장하기 위해 필요 시 강제 조치를 취한다고 서술되어 있다. 그러므로 '직원들이 부당한 대우를 받았을 때 조치를 취한다.'는 ④의 설명은 제시문의 내용과 일치한다.

[오답해설] ① 직원들이 세금을 제대로 납부하도록 보장한다. → 본문에 직원들의 세금 납부에 대한 언급은 없음
② 성인 근로자의 고용에 대한 권한만을 갖는다. → OLC는 성인 근로자뿐만 아니라 미성년자의 고용에 대한 권한도 가지고 있음
③ 고용주의 사업 기회를 촉진한다. → OLC는 노동 규제 기관으로 고용주가 아닌 노동자를 위한 단체임

[핵심어휘]
- labor 노역, 노동
- commissioner 위원, 장관
- responsibility 책임, 의무, 맡은 일(업무)
- principal 주요한, 주된
- regulatory 규제하는, 단속하는
- agency 기관, 단체
- minimum wage 최저 임금
- prevailing wage 일반 직종별 임금
- overtime 초과 근무 (수당), 야근 (수당)
- employee 종업원, 직원
- authority 권한, 권위
- minor 미성년자
- resolve 풀다, 해결하다
- efficient 효율적인, 능률적인
- enforcement 강제, 시행, 집행
- take action 조치를 취하다
- compensate 갚다, 보상하다
- properly 적절하게, 알맞게
- untairly 불공평하게, 부당하게

[본문해석] 노동 위원회 사무국
노동 위원회 사무국(OLC)의 업무
OLC는 주(州)의 주요 노동 규제 기관입니다. OLC는 최저 임금, 일반 직종별 임금 및 초과 근무 수당이 직원들에게 지급되고 직원 휴식 및 점심시간이 제공되도록 보장할 책임이 있습니다. 또한, OLC는 미성년자의 고용에 대한 권한도 가지고 있습니다. 노동 관련 문제를 능률적이고 전문적이며 효과적인 방식으로 해결하는 것이 이 사무국의 비전이자 임무입니다. 이것은 법에 따른 그들의 권리와 책임에 관해 고용주와 직원들을 교육하는 것을 포함합니다. OLC는 근로자들이 공정하게 대우받고 근무한 모든 시간에 대해 보상받는 것을 보장하기 위해 필요 시 강제 조치를 취합니다.

14 ④

[정답해설] 제시문은 날계란이나 설익은 계란을 섭취하고 익히지 않은 음식과 조리된 음식을 분리하지 않는 등 살모넬라균 감염의 원인을 설명하고, 이런 위험을 최소화하기 위해 식품 안전 조치와 적절한 요리법을 지킬 것을 당부하고 있다. 그러므로 ④의 '살모넬라균 감염 예방을 위한 계란의 안전한 처리'가 윗글의 주제로 가장 적절하다.

[오답해설] ① 계란 섭취가 면역계에 미치는 이점 → 살모넬라균에 감염되지 않고 계란을 섭취하는 방법에 대해 설명하고 있으나, 계란 섭취가 면역계에 어떠한 이점이 있는지에 대한 언급은 없음
② 다양한 종류의 살모넬라균 감염 치료제 → 살모넬라균 감염을 최소화하는 방법에 대한 설명은 있으나, 감염 치료제에 대한 언급은 없음
③ 따뜻한 온도에서의 살모넬라균의 수명 → 살모넬라균의 최적 성장 조건만 언급되어 있으며 구체적인 수명에 대한 언급은 없음

[핵심어휘]
- the Ministry of Food and Drug Safety 식품의약품안전처
- food poisoning 식중독
- cross-contamination 교차오염
- neglect 방치하다, 소홀히 하다
- utensil 식기, 도구
- mitigate 완화[경감]시키다, 줄이다
- refrigerate 냉장하다, 냉장고에 보관하다
- the yolk and white 노른자와 흰자
- staggering 충격적인, 믿기 어려운
- Salmonella bacteria 살모넬라균
- thrive 성장하다, 자라다
- approximately 약, 대략
- Celsius 섭씨
- optimal 최적의
- consume 먹다, 소모하다, 섭취하다
- raw 날것의, 익히지 않은
- undercooked 설익은, 덜익은
- identify 확인하다, 알아보다
- infection 감염, 전염병
- crucial 중대한, 결정적인
- prioritize 우선시하다, 우선순위를 매기다
- adhere to ~을 고수하다, 지키다
- immune 면역
- life span 수명

[본문해석] 식품의약품안전처는 계란을 만지고 음식을 준비하거나 식기를 사용하기 전에 손 씻기를 소홀히 하는 교차오염의 결과로 식중독 사례가 발생했다고 경고했다. 이러

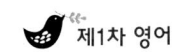

한 위험을 줄이기 위해 해당 부처는 계란을 냉장 보관하고 노른자와 흰자가 모두 굳을 때까지 완전히 익힐 것을 권고했다. 지난 5년 동안 충격적이게도 7,400명의 사람들이 살모넬라균에 의한 식중독을 경험했다. 살모넬라균은 따뜻한 온도에서 번식하며, 대략 섭씨 37도가 최적의 성장 조건이다. 날계란이나 설익은 계란을 섭취하고 익히지 않은 음식과 조리된 음식을 분리하지 않는 것이 살모넬라균 감염의 가장 흔한 원인으로 확인되었다. 살모넬라균과 관련된 질병의 위험을 최소화하기 위해 식품 안전 조치를 우선시하고 적절한 요리법을 지키는 것이 중요하다.

15 ①

[정답해설] 글의 서두에서 교육 불균형을 해소하기 위한 지속적인 노력에도 불구하고 학생들 사이의 학업 격차는 교육 시스템의 상당한 불평등을 계속해서 야기한다고 문제를 제기하고 있고, 마지막 문장에서 이러한 교육 분열 문제를 모든 교육 시스템 단계에서 찾아 해결할 것을 주문하고 있다. 그러므로 ①의 '우리는 지속적인 교육 불평등에 대처해야 한다.'가 윗글의 요지로 가장 적절하다.

[오답해설] ② 교육 전문가들은 새로운 학교 정책에 집중할 필요가 있다. → 새로운 학교 정책이 아니라 모든 교육 시스템에서의 포괄적인 정책의 필요성을 강조함
③ 성적 격차를 메우기 위해서는 새로운 교수법이 필요하다. → 표적 개입, 공평한 자원 할당 및 포괄적인 정책의 필요성을 제시하고 있으나, 새로운 교수법의 필요성에 대해서는 언급되어 있지 않음
④ 가정 소득은 교육 논의에서 고려되서는 안 된다. → 학업 성취도가 뒤처지는 학생들의 저소득 배경 사례를 예로 들고 있을 뿐, 교육적 논의의 대상 여부를 밝히고 있지는 않음

[핵심어휘] □ address 해결하다, 해소하다
□ disparity 불균형, 불평등, 격차
□ persistent 끊임없는, 지속되는
□ significant 중요한, 의미심장한
□ inequity 불평등, 불공평
□ reveal 드러내다, 폭로하다
□ marginalized 하찮은, 소외된
□ vulnerable 취약한, 연약한
□ lag behind 뒤처지다, 뒤떨어지다
□ peer 동료, 또래
□ pose a challenge to ~에 도전하다, ~에 직면하다
□ emphasize 강조하다, 역설하다
□ intervention 개입, 조정, 중재
□ equitable 공정한, 공평한
□ allocation 할당, 분배
□ inclusive 포함된, 포괄적인
□ bridge a gap 공백(간격)을 메우다, 틈을 좁히다
□ irrespective of ~와 무관하게, ~와 관계없이
□ socioeconomic 사회 경제적인
□ status 신분, 지위
□ divide 분할, 분열, 차이

[본문해석] 교육 불균형을 해소하기 위한 지속적인 노력에도 불구하고, 학생들 사이의 지속적인 학업 격차는 교육 시스템의 상당한 불평등을 계속해서 강조하고 있다. 최근 자료는 저소득 배경과 취약 계층의 학생들을 포함하여 소외된 학생들이 학업 성취에서 또래 학생들보다 계속 뒤처지고 있다는 것을 보여준다. 이러한 격차는 교육 형평성과 사회적 이동성을 달성하기 위한 도전에 직면해 있다. 전문가들은 사회 경제적 지위나 배경에 관계없이 이 간극을 메우고 모든 학생들에게 동등한 기회를 보장하기 위해 표적 개입, 공평한 자원 할당 및 포괄적인 정책의 필요성을 강조한다. 지속적인 교육 분열 문제는 해결책을 찾기 위한 노력으로 모든 교육 시스템 단계에서 해결되어야만 한다.

16 ③

[정답해설] 제시문은 아이들이 어렸을 때 자연과 함께 함으로써 얻는 이점에 대해 서술하고 있다. 그런데 ③에서 야외 활동은 아이들이 그들의 가족과 양질의 시간을 보내는 것을 어렵게 만든다며 야외 활동의 단점에 대해 언급하고 있다. 그러므로 ③은 글의 전체적인 흐름상 어울리지 않는다.

[핵심어휘] □ guardian 수호자, 보호자
□ desperate 절박한, 간절한
□ urge 욕구, 욕망, 충동
□ restorative 회복시키는, 복원하는
□ let off steam 발산하다, 기분을 풀다
□ huge 거대한, 엄청난
□ range from ~에 걸치다, 범위가 ~부터이다
□ boost 신장시키다, 북돋우다, 후원[지지]하다
□ environmentalism 환경보호론, 환경보호주의
□ adulthood 성인, 성년
□ urban 도심의, 도시의

[본문해석] 어린 아이들의 모든 부모나 보호자들은 집 밖으로 나가고 싶은 간절한 충동과 근처 공원으로의 잠깐 동안의 산책조차 마법 같은 회복 효과가 있음을 경험했을 것이다. ① 여기에는 아마도 단지 기분을 푸는 것 이상의 일들이 있을 것이다. ② 아이들이 자연과 함께 하는 이점은 학업 성적을 더 올리고 기분과 집중력을 향상시키기까지 엄청 크다. ③ 야외 활동은 아이들이 그들의 가족과 양질의 시간을 보내는 것을 어렵게 만든다.

④ 자연에 대한 어린 시절의 경험은 또한 성인기에 환경보호주의를 지지할 수도 있다. 도심의 녹지공간에 대한 접근성은 아이들의 소셜네트워크와 우정에 어떤 역할을 수행할 수 있다.

17 ③

[정답해설] ③ 이전에는 대기오염에 대한 연방정부의 규제가 없어서 공장 가동으로 인한 대기오염 수준이 매우 심각했다고 서술되어 있고, ③ 이후에는 대기오염 방지법이 제정되어 대기의 질이 호전되었다고 서술되어 있다. 주어진 문장이 '특히 많은 도시 자치주에서, 부유 입자의 총량으로 측정된 대기 오염이 위험한 수준에 도달했다.'고 ②의 내용을 보충하고 있으므로, 주어진 문장은 ③에 들어가는 것이 가장 적절하다.

[핵심어휘]
- county 자치주[군]
- suspend particle 부유 입자
- evaluate 평가하다, 측정하다
- pollution 오염(물질), 공해
- the Clean Air Act 대기오염 방지법
- federal 연방정부의, 연방제의
- regulation 규제, 규정
- issue 주제, 문제
- be high on ~열광하다, ~에 주목하다
- agenda 의제, 행동 강령
- legislator 입법자, 국회의원
- guideline 지침, 지도
- constitute 구성하다, 설립하다
- excessively 과도하게, 매우, 심히
- pollutant 오염 물질, 오염원
- amendment 개정, 수정
- improvement 향상, 개선, 호전

[본문해석]
> 특히 많은 도시 자치주에서, 부유 입자의 총량으로 측정된 대기 오염이 위험한 수준에 도달했다.

경제학자인 Chay와 Greenstone은 1970년 대기오염 방지법 이후 대기오염의 정화 가치를 측정했다. (①) 1970년 이전에는 대기오염에 대한 연방정부의 규제가 거의 없었고, 그 문제가 주 의원들의 의제로 주목받지도 못했다. (②) 결과적으로 많은 자치주들이 오염에 대한 아무런 규제 없이 공장 가동을 허용했고, 몇몇 중공업화된 자치주에서는 오염이 매우 높은 수준에 이르렀다. (③) 대기오염 방지법은 특히 위험한 다섯 가지 오염물질을 심히 높은 수준으로 구성하는 지침을 제정했다. (④) 1970년 이 법안과 1977년 개정 이후 대기의 질이 호전되었다.

18 ②

[정답해설] 주어진 지문은 화자가 빵을 훔쳐 셔츠 속에 넣고 달아나는 장면이며, (B)는 화자가 훔친 빵을 가지고 집으로 돌아오는 장면이다. (A)는 화자가 훔친 빵을 식탁 위에 올려놓자 가족들이 모이는 장면이며, 마지막으로 (C)는 화자가 가족들과 함께 빵을 나눠 먹는 모습이다. 그러므로 주어진 글 다음에 (B) - (A) - (C)의 순으로 이어져야 한다.

[핵심어휘]
- witness 보다, 목격하다
- shove 아무렇게나 놓다[넣다]
- loaf (빵 등의) 덩어리
- swiftly 재빨리, 신속히
- chunk (두툼한) 덩어리
- tear off 떼어내다, 뜯다
- pour 쏟다, 붓다
- clutch 움켜잡다
- cling to ~에 매달리다, ~에 집착하다
- slice 썰다, 베다
- entire 전체의, 모든
- hearty 풍부한, 푸짐한
- raisin 건포도

[본문해석]
> 무슨 일이 있었는지 누군가 보기 전에, 나는 셔츠 속에 빵 덩어리를 넣고, 사냥 재킷을 몸에 꽉 두른 채 재빨리 걸어 나갔다.

(B) 빵의 열기로 피부가 타들어갔지만, 나는 그것을 더 꽉 움켜쥐고 삶에 집착했다. 이윽고 집에 도착했을 때, 빵은 다소 식었지만, 속은 여전히 따뜻했다.

(A) 그것들을 식탁 위에 내려놓았을 때, 여동생의 손이 빵 덩어리를 떼러 다가왔지만, 나는 그녀를 자리에 앉힌 후 어머니를 우리와 함께 식탁에 앉도록 하고 따뜻한 차를 따라주었다.

(C) 나는 빵을 얇게 썰었다. 우리는 빵 한 덩어리를 한 조각 한 조각씩 전부 먹었다. 건포도와 견과류로 가득 찬 푸짐한 빵이었다.

19 ①

[정답해설] 제시문은 출산율 하락을 통계적 수치로 제시한 후 이러한 인구학적 변화로 인해 발생하는 세금, 노인 의료, 부양 책임, 은퇴 등의 문제점을 지적하고 있다. 그러므로 빈칸에는 이러한 문제점들에 대한 우려를 나타내는 말이 와야 하므로, ①의 'raises concerns about future challenges(미래의 도전에 대한 우려를 증가시킨다)'가 들어갈 말로 가장 적절하다.

[오답해설] ② 역연령 구조 현상을 완화하다 → 출산율 하락으로 인한 인구 고령화의 문제에 대해 설명하고 있으므로, 역연령 구조 현상의 완화는 글의 흐름과 어울리지 않음

29

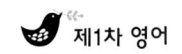

③ 결혼율 감소 문제를 보완하다 → 출산율 하락에 대한 문제이며, 결혼율 감소 문제에 대한 내용은 나타나 있지 않음
④ 문제 해결을 위한 즉각적인 해결책을 제공하다 → 출산율 하락으로 인한 문제점을 부각하고 있으나, 이를 위한 해결책을 제시하고 있지는 않음

[핵심어휘]
□ fertility rate 출산율, 출생률
□ project 예상하다, 추정하다
□ shrink 줄어들다, 감소하다
□ population 인구, 주민
□ peak 절정[최고조]에 달하다
□ transition 변화, 변천, 전환
□ significant 상당한, 중요한
□ aging of population 인구 고령화[노령화]
□ demographic 인구학의, 인구통계학의
□ shift 변화, 이동
□ taxation 조세, 과세
□ caregiving 부양, 돌봄
□ retirement 은퇴, 퇴직
□ ensure 확신시키다, 보장하다
□ soft landing 연착륙
□ raise 높이다, 올리다, 인상하다
□ mitigate 완화시키다, 경감시키다
□ inverted 역의, 반대의
□ phenomenon 현상
□ compensate for 보상하다, 보완하다
□ reduce 줄이다, 낮추다
□ immediate 즉각적인, 당면한

[본문해석] 출산율 하락은 금세기 말까지 거의 모든 국가의 인구가 감소하는 결과를 초래할 것으로 예상된다. 전 세계 출산율은 1950년에 4.7명이었지만, 2017년에는 2.4명으로 거의 절반까지 떨어졌다. 2100년에는 1.7명 밑으로 떨어질 것으로 예상된다. 그 결과, 일부 연구원들은 지구상의 인구수가 2064년 무렵에 97억 명으로 정점을 찍은 후 금세기 말까지 88억 명으로 떨어질 것으로 예측한다. 이러한 변화는 또한 인구의 상당한 고령화를 초래하여, 80세에 이르는 사람들이 출생하는 아이들의 수만큼 많을 것이다. 이러한 인구학적 변화는 세금, 노인 의료, 부양 책임 및 은퇴를 포함한 <u>미래의 도전에 대한 우려를 증가시킨다</u>. 새로운 인구학적 지형으로의 '연착륙'을 보장하기 위해 연구원들은 이러한 변화를 신중히 관리할 필요가 있다고 강조한다.

20 ③

[정답해설] 제시문은 화자의 말에 집중하지 못하는 것을 화자의 성격이나 전달 태도를 비난하며 화자에게 책임을 돌리기보다는 청자 스스로에게 책임이 있음을 주지시키고 있다. 즉, 화자의 메시지에 대한 이해 수준을 높이는 것은 청자 자신에게 달려 있다는 내용이므로, ③의 '본질적으로 우리 자신이 책임을 지는 것이다.'가 빈칸에 들어갈 말로 가장 적절하다.

[오답해설] ① 화자가 아는 것을 무시하다 → 좋은 청자는 화자가 알고 있는 것을 알고 싶어 한다고 하였으므로, 화자가 아는 것을 무시한다는 내용은 적절하지 않음
② 화자의 성격을 분석하다 → 화자의 성격이나 전달 태도에는 관심이 없다고 하였으므로, 화자의 성격을 분석하는 것은 아님
④ 화자의 연설 전달 능력에 초점을 맞추다 → 화자의 성격이나 전달 태도에는 관심이 없다고 하였으므로, 화자의 전달 능력에 초점을 맞추는 것은 아님

[핵심어휘]
□ blame A for B B를 A의 탓으로 돌리다
□ inattention 부주의, 무관심
□ incompetent 무능한, 쓸모없는
□ initial 초기의, 처음의
□ similarity 비슷함, 유사성
□ personality 개성, 성격
□ delivery 전달[발표] (태도)
□ find out 알아내다, 이해하다
□ essentially 본질적으로, 근본적으로
□ equipped 장비를 갖춘
□ analyze 분석하다
□ assume the responsibility 책임을 떠맡다, 책임을 지다
□ inherently 본질적으로, 내재적으로
□ competency 능숙함, 유능함, 능력

[본문해석] 많은 청자들은 "누가 그런 사람의 말을 들을 수 있겠어? 그는 메모지 읽는 것을 언제쯤 그만둘까?"라고 스스로 생각함으로써 그들의 무관심을 화자 탓으로 돌린다. 좋은 청자는 다르게 반응한다. 그는 화자를 보고 "이 사람은 무능해. 어느 누구도 그보다는 더 잘 말할 수 있을 것 같아."라고 생각할 수 있다. 그러나 이러한 초기 유사함으로부터 그는 다른 결론으로 나아가고, "하지만 잠시만. 나는 그의 성격이나 전달 태도에는 관심이 없어. 나는 그가 알고 있는 것을 알고 싶을 뿐이야. 이 사람이 내가 알아야 할 것들을 알고 있나?"라고 생각한다. 본질적으로, 우리는 "우리 자신의 경험으로 듣는다." 우리가 그의 메시지를 이해할 수 있는 준비가 제대로 되어 있지 않기 때문에 말하는 사람이 책임을 져야 할까? 우리가 듣는 모든 것을 이해할 수는 없지만, 우리의 이해 수준을 높이는 한 가지 확실한 방법은 <u>본질적으로 우리 자신이 책임을 지는 것이다</u>.

제2차 정답 및 해설

정답

01 ③	02 ②	03 ③	04 ④	05 ②
06 ③	07 ③	08 ①	09 ④	10 ①
11 ③	12 ①	13 ④	14 ③	15 ②
16 ②	17 ②	18 ③	19 ④	20 ③

해설

01 ③

[정답해설] 대형 벽화를 전시하기 위해 필요한 공간을 확보하는 것이므로, 빈칸에는 ③의 'ample(충분한, 넓은)'이 들어갈 말로 가장 적절하다.

[오답해설] ① 편안한
② 답답한
④ 비좁은

[핵심어휘] □ exhibit 전시하다, 진열하다
□ mural 벽화
□ make sure 확실하게 하다, 반드시 하다
□ cozy 편안한, 안락한
□ stuffy 답답한, 딱딱한
□ ample 충분한, 넓은
□ cramped 비좁은, 갑갑한

[본문해석] 대형 벽화를 전시하기 위해 박물관 큐레이터들은 넓은 공간을 반드시 확보해야 했다.

02 ②

[정답해설] 양보의 부사절을 이끄는 'Even though(비록 ~일지라도)'는 주절과 종속절의 내용이 서로 대비된다. 많은 문제점들이 있지만 시민의 안전이 가장 우선시 된다는 내용이므로, 빈칸에는 앞의 'top'과 함께 '최우선'이라는 의미로 ②의 'priority(우선)'가 들어갈 말로 가장 적절하다.

[오답해설] ① 비밀
③ 해결책
④ 기회

[핵심어휘] □ emphasize 강조하다, 역설하다
□ safety 안전, 안전성
□ top priority 최우선
□ opportunity 기회, 호기

[본문해석] 해결해야 할 문제가 많음에도 불구하고, 나는 우리 시민의 안전이 최우선이라는 점을 강조하고 싶다.

03 ③

[정답해설] 글의 흐름상 'exploitation(이용)'이 'collapse(몰락)'에 기여한 것이고, 'contribute'는 전치사 to를 동반하여 자동사로 쓰이므로 능동태가 되어야 한다. 또한 주절의 시제가 'may have + p.p.'로 과거 사실에 대한 추측을 나타내므로 'seems' 다음에 현재보다 더 이전의 사실을 나타내는 완료형 부정사를 사용해야 한다. 그러므로 빈칸에는 ③의 'have contributed to'가 들어갈 말로 가장 적절하다.

[오답해설] ①·② 능동태의 형태는 옳으나 시제가 일치하지 않는다.
④ 완료형 시제는 맞으나 수동태이므로 옳지 않다.

[핵심어휘] □ overpopulation 인구 과밀[과잉]
□ exploitation 착취, 개발, 이용
□ rain-forest 열대 우림
□ ecosystem 생태계
□ A as well as B B뿐만 아니라 A도
□ shortage 부족, 결핍
□ collapse 붕괴, 몰락
□ contribute to ~에 기여하다

[본문해석] 인구 과밀이 중요한 역할을 했을지도 모른다. 즉, 물 부족 뿐만 아니라 마야인들이 식량을 위해 의존했던 열대 우림 생태계의 과도한 이용이 몰락에 기여했던 것으로 보인다.

04 ④

[정답해설] which → where / in which

주어진 문장에서 ④의 'which' 이하의 절은 선행사인 'an international community'를 수식하므로 관계대명사가 이끄는 형용사절이다. 그런데 'which' 이하의 종속절이 완전한 문장이므로, 'which'를 장소를 나타내는 관계부사 'where' 또는 '전치사+관계대명사'의 형태인 'in which'로 고쳐 써야 옳다.

[오답해설] ① 'international organization(국제기구)'가 '조직된' 것이므로 수동의 관계이다. 그러므로 과거분사의 형태인 'designed'를 사용한 것은 적절하다.
② 'not merely A but also B' 구문에서 A와 B는 동일 형태를 사용해야 한다. A에 to부정사의 형태인 'to talk'가 왔으므로 B도 to부정사의 형태인 'to act'를 사용한 것은 적절하다.
③ 'see A as B(A를 B로 생각하다[여기다, 간주하다])' 구문으로 접속사 'as'를 사용한 것은 적절하다.

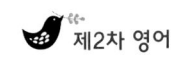

[핵심어휘]
- it seems to me that 나는 ~하고 생각한다, 내 생각에는 ~인 것 같다
- international organization 국제 기구
- not merely A but also B A뿐만 아니라 B도
- see A as B A를 B로 생각하다[여기다, 간주하다]
- international community 국제 사회
- by chance 우연히
- by design 의도적으로, 계획적으로

[본문해석] 나는 평화를 유지하기 위해 조직된 어떤 국제 기구든 말뿐만 아니라 행동할 수 있는 힘도 있어야 한다고 생각한다. 정말로 이것이 우연이 아닌 의도적으로 전쟁을 피할 수 있는 국제 사회로 나아가는 모든 발전의 핵심 주제라고 생각한다.

05 ②

[정답해설] are emerged → are emerging
'emerge'는 완전자동사이므로 'are emerged'처럼 수동태로 만들 수 없으며, 글의 흐름상 다음 문장의 'industry is changing'와 마찬가지로 현재진행형 시제인 'are emerging'로 고쳐 써야 옳다.

[오답해설] ① 'arrive'는 자동사로 전치사 'in'과 함께 '~에 도착하다'라는 의미로 사용되며, 앞의 'have'와 함께 'have+p.p'의 현재완료 시제를 구성하므로 'arrived in'은 옳게 사용되었다.
③ 내용상 자동차가 공유되는 것이므로 수동형이고, 현재 발생중인 일이므로 'be being+p.p'의 수동형 현재진행 시제인 'are being shared'는 옳게 사용되었다.
④ 내용상 전체 공장들이 서로 연결된 것이므로, 'connect A with B' 구문이 수동형으로 바뀌어 'are (intelligently) connected with'로 사용된 것은 적절하다.

[핵심어휘]
- digitization 디지털화
- across the board 전반에 걸쳐
- in all sectors 모든 부문[분야]에서
- emerge 나타나다, 출현하다, 등장하다
- assemble 모이다, 조립하다
- entire 전체의, 모든
- intelligently 똑똑하게, 지능적으로

[본문해석] 우리는 이미 디지털화된 세상에 도착해 있다. 디지털화는 전통적인 IT 회사들뿐만 아니라, 전반적으로 모든 분야의 회사들에 영향을 미친다. 새롭게 변화된 비즈니스 모델들이 등장하고 있는데, 즉 자동차는 앱으로 공유되고 있고, 언어는 온라인에서 학습되며, 그리고 음악은 스트리밍되고 있다. 그러나 산업도 또한 변화하고 있는데, 3D 프린터는 기계 부품을 만들고, 로봇은 그것들을 조립하며, 전체 공장들은 서로 지능적으로 연결되어 있다.

06 ②

[정답해설] 회의실 대여에 관련된 대화 내용으로, Tim Jones이 회의는 7월 15일 월요일에 있을 예정이라고 구체적 회의 날짜와 요일을 답하고 있으므로, 빈칸에는 ②의 '정확한 회의 날짜를 알려주실 수 있나요?'가 들어갈 말로 가장 적절하다.

[오답해설] ① 연락처를 알 수 있을까요? → 회의 날짜를 제시하고 있으므로 연락처를 묻는 내용은 부적절함
③ 빔 프로젝터나 복사기가 필요하십니까? → 회의할 때 필요한 장비를 묻는 질문은 없음
④ 회의에 몇 명이 참석할 예정입니까? → 17인실이 필요하다고 앞에서 이미 언급되어 있음

[핵심어휘]
- rent 대여하다, 임채[임대]하다
- available 활용할 수 있는, 이용할 수 있는
- accommodate 수용하다, 공간을 제공하다
- reserve 예약하다, 비축하다
- confirmation 확인, 확정

[본문해석]
Tim Jones: 안녕하세요, 저는 회의실 중 하나를 대여하는 것에 관심이 있습니다.
Jane Baker: 관심에 감사드립니다. 회의 규모에 따라 이용 가능한 공간이 여럿 있습니다. 5~20명의 단체를 수용할 수 있습니다.
Tim Jones: 좋습니다. 17인실이 필요하고, 회의는 다음 달로 예정되어 있습니다.
Jane Baker: 정확한 회의 날짜를 알려주실 수 있나요?
Tim Jones: 회의는 7월 15일 월요일에 있을 예정입니다. 그날 가능한 회의실이 있나요?
Jane Baker: 네, 있습니다. 자리를 예약하고 모든 세부 사항이 포함된 확인 이메일을 보내드릴 수 있습니다.

07 ③

[정답해설] B가 그 서비스를 어떻게 이용하냐고 질문한 후 A의 답변을 듣고 복잡하지는 않은 것 같다며 주말에 한 번 해보겠다고 답하고 있다. 따라서 빈칸에는 공유 자전거 서비스를 이용하는 방법에 대한 설명이 오면 된다. 그러므로 ③의 '자전거 공유 앱을 다운받고 온라인으로 결제하면 돼'가 빈칸에 들어갈 말로 가장 적절하다.

[오답해설] ① 그건 전기식이라 에너지를 절약할 수 있어 → 공유 자전거가 전기 자전거라는 사실은 대화 후미에 등장함
② 네 소유의 자전거를 주차하려면 꼭 허가증을 신청해 → 공유 자전거에 대한 내용이므로, 자가 소유 자전거의 주차 허가 신청과는 관련 없음
④ 안전을 위해 항상 헬멧을 써야만 해 → 공유 자전거 서비스 이용 방법을 묻는 질문에 헬멧 착용 답변은 어울리지 않음

[핵심어휘]
- launch 시작하다, 개시하다
- sharing service 공유 서비스
- by the way 그런데
- I can tell 딱 보니 알겠네, 확실해
- it looks cool 멋있어 보이네
- apply for ~에 지원하다, 신청하다
- permit 허가(증)
- at all times 항상
- safety 안전, 안심

[본문해석]
A: 이 자전거에 대해 어떻게 생각해?
B: 와, 정말 좋아 보인다! 금방 산거야?
A: 아니. 이건 공유 자전거야. 시가 자전거 공유 서비스를 시작했어.
B: 정말? 그건 어떻게 작동해? 내 말은, 그 서비스는 어떻게 이용해?
A: 간단해. 자전거 공유 앱을 다운받고 온라인으로 결제하면 돼.
B: 복잡하지는 않은 것 같네. 이번 주말에 한 번 해봐야겠어.
A: 그런데, 그건 전기 자전거야.
B: 그래, 딱 보니 알겠네. 멋있어 보이네.

08 ①

[정답해설] 첫 번째 문장에서 우리는 식품, 섬유 및 특산작물의 자국 생산자를 위한 국내외 마케팅 기회를 창출하는 프로그램을 운영한다고 그 임무를 소개하고 있다. 그러므로 '국내 생산자를 위한 마케팅 기회를 창출한다.'는 ①의 설명은 윗글의 내용과 일치한다.

[오답해설]
② 전 세계의 건강한 식품의 소비를 제한한다. → 자국 및 전 세계 소비자에게 건강에 좋은 식품의 품질과 유용성을 보장함
③ 생산자보다 소비자에게 이익이 되도록 전념한다. → 생산자, 상인 및 소비자 모두에게 이익이 되도록 함
④ 결정을 내리기 전에 다른 기관으로부터 명령을 받는다. → 프로그램과 서비스에 대한 신뢰를 구축하기 위해 독립성과 객관성을 보장받음

[핵심어휘]
- agricultural 농업의
- administer 운영하다, 관리하다
- domestic 국내의
- opportunity 기회
- fiber 섬유
- specialty crops 특산작물
- valuable 귀중한, 가치 있는
- ensure 보장하다, 보증하다
- availability 이용성, 유용성
- wholesome 건강에 좋은, 건전한
- facilitate 촉진하다, 가능하게 하다
- strategic 전략적인, 전략상 중요한
- competitive 경쟁적인, 경쟁을 하는
- integrity 청렴, 고결, 성실
- independence 독립, 자립
- objectivity 객관성
- independently 독립하여, 자주적으로
- be committed to ~에 전념[헌신]하다
- mandate 권한, 명령
- mutual 서로의, 상호의
- profitable 수익성이 있는, 이익이 되는
- impartial 공평한, 공정한

[본문해석] 농업 마케팅 사무소

임무
우리는 식품, 섬유 및 특산작물의 자국 생산자를 위한 국내외 마케팅 기회를 창출하는 프로그램을 운영한다. 우리는 또한 전국 및 전 세계 소비자를 위한 건강에 좋은 식품의 품질과 유용성을 보장하는 가치 있는 서비스를 농업계에 제공한다.

비전
우리는 국내외 시장에서 자국 농산품의 전략적 마케팅을 촉진하는 동시에 공정한 거래 관행을 보장하고 자국의 식품, 섬유 및 특산작물의 생산자, 상인 및 소비자에게 이익이 되도록 경쟁적이고 효율적인 시장을 촉진한다.

핵심 가치
- 정직과 성실: 우리는 우리가 하는 모든 일에 완벽한 정직과 성실을 기대하고 요구한다.
- 독립성과 객관성: 우리는 프로그램과 서비스에 대한 신뢰를 구축하기 위해 독립적이고 객관적으로 행동한다.

09 ④

[정답해설] 'fair'는 '공정한'의 의미로 ④의 'impartial(공평한, 공정한)'과 그 의미가 가장 유사하다.

[오답해설]
① 무료의
② 상호의
③ 이익이 되는

10 ①

[정답해설] 제시문은 죽어가고 있는 Dimmesdale 호수를 살리기 위한 대책을 논의하기 위해 특별 회의를 개최한다고 주민들의 참여를 독려하며 장소, 날짜, 시간 등을 공지한 게시물이다. 그러므로 (A)에 들어갈 윗글의 제목은 ①의 'Dimmesdale 호수가 죽어가고 있어요'가 가장 적절하다.

[오답해설] ② 호수의 아름다움에 대한 찬사 → 죽어 가는 호수를

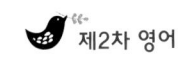

살리기 위한 대책 회의가 중심 주제이지 호수의 아름다움이 중심 주제는 아님
③ Dimmesdale 호수의 문화적 가치 → 호수를 살리는 것이 주민의 재산 가치에 영향을 미친다고 서술하고 있으나, 호수의 문화적 가치에 대한 언급은 없음
④ 그 대학에 있어서 호수의 중요성 → 우천 시 회의가 대신 개최되는 장소일 뿐 호수와의 연관성은 없음

[핵심어휘]
□ head toward ~를 향하다
□ pay one's respect to ~에게 경의[존경]를 표하다
□ body of water 수역
□ dedicated 전념하는, 헌신적인
□ affect 영향을 미치다
□ property 재산, 부동산
□ regional 지역의, 지방의
□ council 의회, 평의회, 심의회
□ opposite 맞은편의, 반대편의
□ significance 중요성, 의미

[본문해석] 가까운 이웃으로서, 호수를 살리는 방법을 알고 싶을 것입니다.
아직 죽지는 않았지만, Dimmesdale 호수는 종말을 향해 가고 있습니다. 그러므로 살아있을 때 이 아름다운 수역에 경의를 표하세요.
일부 헌신적인 사람들이 지금 그것을 살리기 위해 일하고 있습니다. 그들은 그 사실을 여러분에게 알리기 위해 특별 회의를 개최할 것입니다. 오셔서 무엇을 하고 있고 여러분이 어떻게 도울 수 있는지 알아보세요. 이것은 여러분의 재산 가치에도 영향을 미칩니다.
누가 죽은 호수 근처에서 살고 싶겠습니까?

중부 주 지역 계획 위원회 후원
• 장소: 남부 주립대학 맞은편 그린 시티 파크 (우천 시: 대학도서관 203호)
• 일시: 2024년 7월 6일, 토요일
• 시간: 오후 2시

회의에 대한 질문은 당사 웹사이트 www.planningcouncilsavelake.org를 방문하시거나 (432) 345-6789로 저희 사무실에 연락주세요.

11 ③

[정답해설] 회의가 개최될 장소는 남부 주립대학 맞은편 그린 시티 파크이며, 우천 시에는 대학도서관 203호에서 회의가 열린다가 공지하고 있다. 그러므로 '우천 시에는 대학의 구내식당에서 회의가 열린다.'는 ③의 설명은 윗글의 내용과 일치하지 않는다.

[오답해설] ① 일부 헌신적인 사람들이 호수를 살리기 위해 일하고 있다고 서술하고 있다.

② 호수를 살리기 위한 활동이 주민들의 재산 가치에도 영향을 미친다고 서술하고 있다.
④ 제시문의 마지막 줄에 회의에 대한 질문은 웹사이트를 방문하거나 전화로 사무실에 연락 달라고 서술하고 있다.

12 ①

[정답해설] 제시문은 보안에 심각한 위협이 되고 있는 사이버 범죄로부터 개인 및 비즈니스 정보를 보호하기 위한 다섯 가지 방법을 안내하고 있다. 그러므로 윗글의 목적은 ①의 '고객에게 사이버 위협으로부터 자신을 안전하게 보호하는 방법을 알려주기 위해'서이다.

[오답해설] ② 고객에게 소프트웨어 및 장치를 업데이트하는 방법을 알려주기 위해 → 소프트웨어와 장치를 최신 상태로 유지할 것을 권고하고 있으나, 업데이트하는 방법을 알려주고 있지는 않음
③ 고객에게 비밀번호를 더 강화하는 방법을 알려주기 위해 → 강력한 비밀번호를 사용하고 자주 바꿔줄 것을 권고하고 있으나, 비밀번호를 더 강화하는 방법에 대한 설명은 없음
④ 고객에게 OTP를 보호하는 방법을 알려주기 위해 → 본인 확인을 위한 OTP 사용 요청을 안내하고 있으나, OTP를 보호하는 방법은 제시되어 있지 않음

[핵심어휘]
□ client 고객, 단골
□ cybercrime 사이버 범죄
□ security 안전, 보안
□ safeguard 보호하다
□ threat 위협, 협박
□ frequently 자주, 빈번히
□ up to date 최신의
□ wary 경계하는, 주의하는
□ suspicious 수상한, 의심스러운
□ give out 발설하다, 내뱉다, 제공하다
□ sensitive 민감한, 예민한
□ two factor authentication 이중 인증
□ passcode 암호, 비밀번호
□ verify 확인하다, 입증하다
□ identity 신원

[본문해석] 친애하는 고객 여러분께,
오늘날의 세계에서, 사이버 범죄는 여러분의 보안에 심각한 위협이 되고 있습니다. 여러분의 신뢰할 수 있는 파트너로서, 여러분의 개인 및 비즈니스 정보를 보호하는 데 도움을 드리고자 합니다. 사이버 위협으로부터 여러분을 보호하는 다섯 가지 쉬운 방법이 있습니다.

1. 강력한 비밀번호를 사용하고 자주 바꿔주세요.
2. 소프트웨어와 장치를 최신 상태로 유지하세요.

3. 독촉하거나 민감한 정보를 제공하도록 압박하는 의심스러운 이메일, 링크 또는 전화를 주의하세요.
4. 이중 인증을 활성화하고 가능한 언제든지 사용하세요. California Bank & Savings에 연락하시면 본인 확인을 위해 일회용 비밀 번호(OTP)를 사용하라는 요청을 받으실 겁니다.
5. 데이터를 정기적으로 백업하세요.

어떻게 하면 온라인상에서 안전할 수 있는지 더 알고 싶다면 보안 센터를 방문하세요. 사이버 보안은 팀의 노력이라는 것을 기억하세요. 함께 협력함으로써, 우리는 우리 자신과 세계를 위해 더 안전한 온라인 환경을 구축할 수 있습니다.

California Bank & Savings 올림

13 ④

[정답해설] 제시문은 동물 추적 과학에 혁신을 가져다 줄 국제 우주 정거장의 야생 동물 감시 장비에 대해 소개한 후 향후 가동 일정과 기대효과 등에 대해 설명하고 있다. 그러므로 ④의 '우주 정거장에서의 혁신적인 야생 동물 감시'가 윗글의 주제로 가장 적절하다.

[오답해설] ① 지구 생태계의 지속 가능성 평가 → 지구 생태계의 지속 가능성이 아니라, 우주 정거장에서의 혁신적인 야생 동물 감시 장비에 대해 소개하고 있음
② 러시아 우주비행사들의 성공적인 훈련 프로젝트 → 우주 정거장에 야생 동물 감시 장비를 설치한 것은 러시아 우주 비행사들임을 언급하고 있으나, 이들의 훈련 프로젝트에 대한 내용은 없음
③ 우주 정거장에서 실행된 동물 실험 → 우주 정거장에 야생 동물 감시 장비가 설치되었을 뿐이며, 우주 정거장에서 동물 실험 자체가 시행된 것은 아님

[핵심어휘] □ orbit 궤도를 돌다
□ be about to 막 ~하려 하다
□ revolutionize 혁명[혁신]을 일으키다
□ equipment 장비, 설비
□ orbiting outpost 우주 정거장, 궤도 정거장
□ install 설치하다
□ spacewalk 우주 유영을 하다
□ astronaut 우주비행사
□ operational 가동상의, 작동하는
□ relay 중계하다, 전달하다
□ log 기록하다
□ physiology 생리(학)
□ assist 돕다, 보조하다
□ conservationist 환경보호론자
□ ecosystem 생태계
□ evaluation 평가
□ sustainability 지속 가능성, 유지 가능성
□ innovative 획기적인, 혁신적인

[본문해석] 지구 상공 약 240마일을 돌고 있는 국제 우주 정거장은 세계 야생 동물 감시 즉, 동물 추적 과학에 혁신을 일으키기 위한 노력에 곧 동참할 예정이다. 2018년 우주 유영 중인 러시아 우주 비행사들에 의해 설치된 우주 정거장에 탑재된 대형 안테나와 다른 장비들이 시험 중이며 올 여름에 완전히 가동될 예정이다. 이 시스템은 동물의 위치뿐만 아니라 생리와 환경 또한 기록하여 이전의 추적 기술보다 훨씬 더 넓은 범위의 데이터를 전달할 것이다. 이는 이동 중에 야생 동물을 면밀히 감시해야 하는 과학자, 환경보호론자 및 기타 작업을 수행하는 사람들을 보조하고 지구 생태계의 건강에 대해 훨씬 더 자세한 정보를 제공할 것이다.

14 ③

[정답해설] 본문 중간에 추수감사절, 크리스마스, 설날은 휴무일이라고 밝히고 있다. 그러므로 David Williams의 생가는 연중무휴라는 ③의 설명은 윗글의 내용과 일치하지 않는다.

[오답해설] ① 도서관과 박물관은 12월 오후 5시에 문을 닫는다. → David Williams 도서관과 박물관은 11월부터 3월까지는 오전 9시부터 오후 5시까지 개방한다고 서술되어 있음
② 방문객은 현장에서 생가 투어 티켓을 구입할 수 있다. → 생가 투어 티켓은 정상 영업시간 동안 현장에서 구매할 수 있다고 서술되어 있음
④ 도서관 연구실에서 무료로 연구를 할 수 있다. → David Williams 도서관 연구실에서 연구를 수행하는 것은 무료라고 서술되어 있음

[핵심어휘] □ purchase 구입하다, 구매하다
□ confirmation 확인, 확정
□ heritage 유산, 물려받은 것
□ offer 제공하다, 제안하다
□ separate 각각의, 개별의
□ admission 입장(료)
□ on-site 현장에서, 현지에서
□ normal business hours 정상 영업시간
□ additional 부가적인, 추가적인

[본문해석] David Williams 도서관과 박물관은 1주일에 7일, 11월부터 3월까지는 오전 9시부터 오후 5시까지 개방하고, 4월부터 10월까지는 오전 9시부터 오후 6시까지 개방합니다. 온라인 티켓은 아래 링크 주소에서 구매할 수 있습니다. 구매 후 이메일 확인서를 받으실 겁니다(스팸 폴더를 반드시 확인하세요). 구매 증빙을 위해 인쇄되

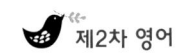

거나 스마트 기기에 저장된 이 확인서를 가져오세요.

- **온라인 티켓**: buy.davidwilliams.com/events
  David Williams 도서관과 박물관 및 David Williams 생가(국립 유산 관리소에서 운영)는 10달러의 성인 입장권을 별도로 판매합니다. 생가 투어 티켓은 정상 영업시간 동안 현장에서 구매할 수 있습니다.

- **휴무일** : 추수감사절, 크리스마스, 설날
  David Williams 도서관 연구실에서 연구를 수행하는 것은 무료입니다.

추가 정보를 원하시면 1 (800) 333-7777로 전화주세요.

15 ②

[정답해설] 글의 서두에 동물 질병 발병에 대한 대비가 수십 년 동안 동물보건위원회(BOAH)의 최우선 과제였다고 소개한 후 외래 동물 질병(FAD)의 피해와 동물 질병과 관련한 BOAH의 활동들을 서술하고 있다. 그러므로 ②의 'BOAH의 주요 목적은 동물 질병 유행에 대응하는 것이다.'가 윗글의 요지로 가장 적절하다.

[오답해설] ① BOAH는 FAD를 대비한 수의사 훈련에 집중한다.
→ BOAH의 수의사들이 FAD 의심 사례를 조사하기 위해 하루 24시간 대기하고 있으나, 수의사 훈련이 BOAH의 직접적인 목적은 아님

③ BOAH는 적극적으로 국제 무역 기회를 촉진한다.
→ FAD로 인한 경제적 피해로 국제 무역 기회의 박탈을 거론하고 있으나, BOAH가 국제 무역 기회를 촉진한다는 내용은 없음

④ BOAH는 FAD의 원인에 대한 실험실 연구를 주도하는 것을 목표로 한다. → BOAH의 최우선 목표는 동물 질병에 대비하는 것이지 FAD의 원인에 대한 실험실 연구 주도가 아님

[핵심어휘]
- emergency 긴급, 비상 (사태)
- preparedness 준비, 대비
- outbreak 발생, 발발
- top priority 최우선, 최우선 순위
- the Board of Animal Health(BOAH) 동물보건위원회
- decade 10년
- contagious 전염성의, 전염병에 걸린
- devastating 파괴적인, 치명적인
- security 보안, 안전
- a foreign animal disease(FAD) 외래 동물 질병
- significant 중요한, 심각한
- extensive 광범위한, 대규모의
- eliminate 없애다, 제거하다
- veterinarian 수의사
- diagnose 진단하다
- investigate 수사하다, 조사하다
- suspected 의심나는, 미심쩍은, 수상한
- trigger 촉발하다, 시작하다
- clinical sign 임상 증상
- indicative of ~을 가리키는, 나타내는
- diagnostic 진단의, 진단상의
- identify 확인하다, 알아보다
- suspicious 의심스러운, 수상한
- epidemic 유행병, 전염병

[본문해석] **동물 건강 비상사태**

동물 질병 발병에 대한 대비는 수십 년 동안 동물보건위원회(BOAH)의 최우선 순위였습니다. 전염성이 높은 동물 질병의 발발은 공중 보건 혹은 식품 안전 및 안보 결과뿐만 아니라 경제적으로 치명적인 영향을 미칠 수 있습니다.

외래 동물 질병

외래 동물 질병(FAD)은 현재 국내에서 발견되지 않는 질병으로, 동물에게 심각한 질병이나 사망을 유발하거나 다른 국가 및 주(州)와의 무역 기회를 없애 광범위한 경제적 피해를 초래할 수 있습니다.

FAD 진단 훈련을 받은 몇몇 BOAH 수의사들이 FAD 의심 사례를 조사하기 위해 하루 24시간 대기하고 있습니다. FAD를 나타내는 임상 증상이 있는 동물에 대한 보고가 접수되거나 진단 실험실에서 의심스러운 검사 결과를 확인했을 때 조사가 시작됩니다.

16 ②

[정답해설] 제시문은 일반적인 글쓰기 유형 중의 하나인 반응 글쓰기(reaction essay)에 대해 소개한 후, '프롬프트'와 관련된 사례와 과제 등에 대해 서술하고 있다. 그런데 ②는 주장을 효과적으로 변호할 수 있는 믿을 만한 자료 수집에 대해 언급하고 있으므로, 전체적인 글의 흐름과 어울리지 않는다.

[핵심어휘]
- academic discipline 학문 영역[분야]
- essay 과제물, 글, 수필
- prompt 자극, 촉진
- stimulus 자극(제)
- reliable 믿을 수 있는, 믿을 만한
- argument 논쟁, 주장
- effectively 효과적으로
- quote 인용구
- observation 관찰, 의견, 소견
- twofold 두 배의
- summarize 요약하다

[본문해석] 모든 학문 분야에서 나타나는 매우 일반적인 글쓰기 과

제 유형은 반응 또는 응답이다. ① 반응 글쓰기에서, 글쓴이는 대개 시각적 또는 문자로 된 자극제인 '프롬프트'를 제공받아 생각한 후 응답한다. ② 당신의 주장을 효과적으로 변혁할 수 있도록 믿을 만한 사실들을 수집하는 것은 매우 중요하다. ③ 이러한 글쓰기 유형의 일반적인 프롬프트 또는 자극제는 인용문, 문학 작품, 사진, 그림, 멀티미디어 자료 및 뉴스 기사가 포함된다. ④ 반응은 특정 프롬프트에 대한 글쓴이의 감정, 의견 및 개인적인 소견에 중점을 둔다. 반응 글쓰기를 작성하는 데 있어 과제는 두 가지인데, 프롬프트를 간략하게 요약하는 것과 그것에 대한 개인적인 반응을 제공하는 것이다.

17 ②

[정답해설] 제시문은 행동주의의 개념에 대해 설명한 글로, ①에서는 '몇몇 사람들(For some)'이 이해하는 행동주의의 이론적 또는 이념적 개념에 대해 서술하고 있고, 주어진 문장에서는 '다른 사람들(For others)'이 이해하는 대립적 활동으로써의 행동주의에 대해 서술하고 있다. 그러므로 'some'과 'others'의 부정대명사 용법과 행동주의에 대한 이론과 실천의 개념을 설명한 글의 흐름상 주어진 문장은 ②에 들어가는 것이 가장 적절하다.

[핵심어휘]
- activism 행동주의, 활동주의
- controversial 논쟁을 일으키는, 논란이 많은
- disruptive 분열[붕괴]시키는, 파괴적인
- manifest 나타내다, 드러내 보이다
- confrontational 대립적인, 모순되는
- define 정의하다, 규정하다
- intentional 의도적인, 고의의
- vigorous 활발한, 격렬한
- bring about 성취하다, 달성하다
- theoretically 이론적으로, 이론상으로
- ideologically 이념적으로
- perceived 인지된, 지각된
- messy 지저분한, 골치 아픈
- strenuous 몹시 힘든, 격렬한
- commitment 헌신, 전념
- folk 사람들
- workable 실행 가능한, 운용 가능한
- strategy 전략, 계획
- collective 집단의 공동의, 집합적인
- noted 유명한, 저명한

[본문해석] 다른 사람들에게 행동주의는 논란을 일으키고 파괴적인데, 결국 그것은 종종 기존 질서에 직접적으로 도전하는 대립적 활동으로 나타난다.

행동주의는 흔히 개인과 집단이 원하는 목표를 달성하기 위해 실행하는 의도적이며, 활발하고 정렬적인 행동으로 정의된다. (①) 몇몇 사람들에게 행동주의는 정치적 또는 사회적 변화에 대한 인지된 필요에 영향을 미치기 위한 이론적 또는 이념적으로 초점을 맞춘 프로젝트이다. (②) 행동주의는 불편하고, 때로는 골치 아프며, 거의 항상 격렬하다. (③) 게다가, 실행 가능한 전략을 개발하고, 특정 사안에 집단적인 스포트라이트를 집중시키고, 궁극적으로 사람들을 행동하게 만드는 사람들, 즉 행동가들의 존재와 헌신 없이 그 일은 일어나지 않는다. (④) 한 저명한 학자가 말했듯이, 유능한 행동가들 또한 때때로 큰 소리로 소음을 유발한다.

18 ③

[정답해설] Nick이 야외에서 불을 피우고 식사를 준비하는 과정을 다음의 시간적 순서에 따라 배열하면 ③의 (C)-(A)-(B) 순이 가장 적절하다.

> 주어진 글 : 불 위에 석쇠를 고정시킴
> (C) 석쇠에 프라이팬을 올리고 콩과 스파게티를 데움
> (A) 작은 거품을 내며 끓기 시작함
> (B) 석쇠에서 프라이팬을 들어 올림

[핵심어휘]
- chunk (두툼한) 덩어리, 토막
- pine 소나무
- ax 도끼
- stick 찌르다, 박다, 고정하다
- wire grill 석쇠
- stump 그루터기
- bubble 거품이 일다, 보글보글 끓다
- flame 불꽃, 불길
- stir 휘젓다, 뒤섞다

[본문해석]
> Nick은 그가 도끼로 그루터기에서 잘라 낸 소나무 장작으로 불을 피웠다. 그는 부추로 네 다리를 땅바닥에 밀어 넣어 불 위에 석쇠를 고정했다.

(C) Nick은 불길 위의 석쇠에 프라이팬을 올렸다. 그는 점점 더 배가 고팠다. 콩과 스파게티가 데워졌다. 그는 그것들을 저어 함께 섞었다.

(A) 그것들은 어렵게 표면으로 올라오는 작은 거품들을 만들며 보글보글 끓기 시작했다. 좋은 냄새가 났다. Nick은 토마토케첩 한 병을 꺼내고 빵을 네 조각으로 잘랐다.

(B) 이제 작은 거품들이 더 빨리 올라오고 있었다. Nick은 불 옆에 앉아 프라이팬을 들어 올렸다.

19 ④

[정답해설] 제시문에 따르면 기술의 발전은 한 산업에서 일자리를 잃은 노동자들이 다른 산업에서 일자리를 찾을 수 있

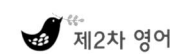

기 때문에 한 국가 전체로 볼 때 실업을 유발하지는 않는다고 서술되어 있다. 그러므로 기술의 발전이 생산성과 소득을 증가시키고, 더 높은 소득은 상품에 대한 더 높은 수요로 이어지며, 이에 따라 노동에 대한 수요도 증가할 것으로 예상된다. 그러므로 빈칸에는 ④의 'higher demand for labor(노동에 대한 더 높은 수요)' 가 들어갈 말로 가장 적절하다.

[오답해설] ① 증가하는 실직 → 상품에 대한 수요 증가가 실직의 증가를 가져오지는 않음
② 직장에서의 승진 지연 → 상품에 대한 수요 증가와 직장에서의 승진 지연은 무관한 내용임
③ 더 높은 직장 만족도 → 상품에 대한 수요 증가와 직장 만족도와는 무관한 내용임

[핵심어휘] □ textile 직물, 섬유, 방직
□ unemployment 실업(률), 실업자 수
□ as a whole 전체적으로
□ productivity 생산성
□ Luddite 러다이트, 신기술 반대자
□ end up with 결국 ~하게 되다
□ delayed 지연된
□ promotion 승진, 승격
□ labor 노동

[본문해석] 기술의 발전은 방직과 같은 단일 산업의 일자리를 빼앗을 수 있다. 그러나 역사적 증거는 기술의 발전이 한 국가 전체로 볼 때 실업을 유발하지 않는다는 사실을 나타낸다. 기술의 발전은 경제 전체에서 생산성과 소득을 증가시키고, 더 높은 소득은 상품에 대한 더 높은 수요로 이어지며 따라서 <u>노동에 대한 더 높은 수요로</u> 이어진다. 결과적으로, 그들 중 많은 사람들에게 이것은 시간이 걸릴 수도 있고 러다이트와 같은 일부 사람들은 새로운 일자리에서 더 낮은 임금을 받게 될 것이지만, 한 산업에서 일자리를 잃은 노동자들은 다른 산업에서 일자리를 찾을 수 있을 것이다.

20 ③

[정답해설] 제시문에 따르면 석유를 대체할 수 있는 에너지원이 없기 때문에, 세계 경제가 호황일 때 석유에 대한 수요가 증가하여 과잉 생산을 유발하고, 이것은 석유 가격의 폭락으로 이어진다고 진술하고 있다. 즉, 석유 가격에 따라 세계 경제가 요동치므로, ③의 '큰 호황과 깊은 불황에 빠지기 쉽다'가 빈칸에 들어갈 말로 가장 적절하다.

[오답해설] ① 자동차 산업이 번창하다 → 석유를 대체할 수 있는 것이 없기 때문에 자동차 산업이 번창하는 것은 아님
② 국경 간에 분열을 일으키다 → 석유 가격과 국경 분쟁에 대한 관련성은 언급되지 않음
④ 재생 가능 에너지에 대한 연구가 제한적이다 → 전기 생산을 위한 에너지원으로 재생 가능 에너지를 예로 들고 있으나, 재생 가능 에너지에 대한 연구는 서술되어 있지 않음

[핵심어휘] □ substitute 대체, 대리, 대용
□ generate 발생시키다, 만들어 내다
□ coal 석탄
□ renewables 재생 가능 에너지, 신재생 에너지
□ switch 바꾸다, 전환하다
□ predominant 우세한, 지배적인
□ fuel 연료
□ boost 북돋우다, 신장시키다
□ inevitably 필연적으로, 불가피하게
□ eat into 잠식하다, 부식시키다
□ overproduce 과잉 생산하다
□ crash 추락하다, 폭락하다
□ hold the bag 혼자 덮어쓰다, 빈털터리가 되다
□ plummet 곤두박질치다, 급락하다
□ uncertain 불확실한, 확신이 없는
□ lull into 안심시켜 ~하게 만들다
□ disastrous 처참한, 심각한
□ complacency 무사안일, 자기만족, 안주
□ disruption 분열, 와해, 방해
□ be prone to ~하기 쉽다
□ big booms and deep busts 큰 호황과 깊은 불황

[본문해석] 석유를 대체할 수 있는 것이 없기 때문에, 그것이 세계 경제가 <u>큰 호황과 깊은 불황</u>에 빠지기 쉬운 한 가지 이유이다. 우리가 가격에 따라 한 에너지원에서 다른 에너지원으로 전환하면서 석탄이나 천연 가스, 원자력이나 재생 가능한 에너지를 통해 전기를 생산할 수 있지만, 석유는 여전히 수송을 위한 가장 우세한 연료이다. 세계 경제가 활기를 띨 때, 석유에 대한 수요가 증가하여 가격이 상승하고 생산자들에게 더 많이 공급할 것을 주문한다. 필연적으로 이러한 높은 가격은 공급업체들이 과잉 생산을 하는 것처럼 경제 성장을 잠식하고 수요를 감소시킨다. 가격은 폭락하고, 순환은 처음부터 다시 시작된다. 그것은 가격이 곤두박질칠 때 혼자 부담을 떠안게 될 생산자들에게는 좋지 않은 일이며, 장래의 에너지 가격에 대해 확신이 없는 소비자와 산업에 피해를 입힌다. 1990년대의 저유가는 미국 자동차 회사들을 심각한 무사안일주의에 빠뜨렸고, 석유가 비싸졌을 때 판매 가능한 유효 모델이 거의 없었다.

01장 동사(Verb)/시제(Tense)

01절 문형과 동사

02절 시제(Tense)

01장 동사(Verb)/시제(Tense)

SEMI-NOTE

8품사와 4요소

명사	주어
대명사	
동사	동사
형용사	
부사	목적어
전치사	
접속사	보어
감탄사	

동사의 종류
- be동사
  - am
  - are
  - is

완전 자동사의 종류
- 동작과 관련
  - He runs well.
  - The sun rises in the east.
- 존재와 관련
  - Korea lies east of Japan.

01절 문형과 동사

1. 문장의 5형식

(1) 1형식 문형

① 문형

$$S + V \text{ (주어 + 완전 자동사)}$$

㉠ Time flies. (시간은 흘러간다[시간은 유수와 같다].)
㉡ The sun rises in the east. (해는 동쪽에서 뜬다.)
㉢ The train has just arrived. (기차가 지금 막 도착했다.)
㉣ I go to church on Sundays. (나는 일요일마다 교회에 간다.)
㉤ There lived a dwarf. (한 난쟁이가 살았다.) ※ there는 유도부사
㉥ There is nothing there. (거기에는 아무것도 없다.)
㉦ Here comes the bus! (여기 버스가 온다) ※ here는 유도부사

② 완전 자동사 : 동사만으로 의미 표현이 가능하며, 보어나 목적어가 필요하지 않은 동사

fly, fight, grow, smile, sneeze, rise, twinkle, weep 등

실력up 완전동사와 불완전동사의 구별

보어를 필요로 하지 않는 동사는 완전동사, 보어를 필요로 하는 동사는 불완전동사

③ 의미에 주의할 완전 자동사
  ㉠ do(충분하다, 도움이 되다)
     Any book will do. (아무 책이라도 됩니다.)
  ㉡ matter(중요하다, 문제가 되다)
     It doesn't matter if we flunk. (우리는 낙제해도 상관없다.)
  ㉢ count(중요하다)
     He doesn't count in our team. (그는 우리 팀에서 중요한 존재가 아니다)
  ㉣ pay(수지맞다, 이익이 되다)
     Kindness sometimes does not pay. (때때로 친절은 이익이 되지 않는다./ 때때로 친절을 베풀어도 보답을 받지 못한다.)
  ㉤ work(작동하다, 잘 돌아가다)
     This TV doesn't work. (이 TV는 작동하지 않는다.)
  ㉥ read(~이라고 쓰여 있다, ~으로 해석되다)

It reads as follows. (그것은 다음과 같이 적혀 있다.)
ⓐ sell(팔리다)
This sells for one dollars. (이것은 1달러에 팔린다.)

(2) 2형식 문형

① 문형

$$S + V + C \text{ (주어 + 불완전 자동사 + 보어)}$$

㉠ He is a doctor. (그는 의사다.)
㉡ That sounds great! (좋은 의견이에요!)
㉢ They remained silent for some time. (그들은 한동안 침묵했다.)
㉣ It proved (to be) true. (그것은 사실임이 판명되었다.)
㉤ My teacher seemed disappointed. (내 선생님은 실망한 듯 했다.)

② 불완전 자동사

한눈에 쏙~

불완전 자동사
- 감각을 표현하는 동사
- 상태의 지속을 표현하는 동사
- 상태의 변화를 표현하는 동사

㉠ 의미의 완전한 표현을 위해 동사를 보충하는 보어(형용사, 명사 및 명사 상당어구)를 필요로 하는 동사
  • 감각을 표현하는 동사 : smell, look, taste, feel, sound 등
    This flower smells sweet(sweetly ×).
  • 상태의 지속('~이다', '~있다')을 표현하는 동사(be 유형) : be, seem, appear, look, remain, keep, hold, lie, stand, sit, stay 등(※ 'be'가 완전자동사로 쓰일 때는 '존재하다'의 의미를 지님)
    – He remained silent(silently ×) for an hour.
    – The apple appears rotten(rottenly ×) inside.
㉡ 상태의 변화('~이 되다', '~해지다')를 표현하는 동사(become 유형) : become, go, get, grow, come, run, fall, make, turn, prove, turn out 등
  He grew weary(wearily ×).

(3) 3형식 문형 ⭐빈출개념

① 문형

$$S + V + O \text{ (주어 + 완전 타동사 + 목적어)}$$

SEMI-NOTE

준보어(유사보어)
• 2형식 문장의 보어와 같은 역할을 하지만, 없어도 구조(1형식)상 문제가 없는 문장 성분
  – She died a bachelor.
  – The boy returned safe.

감각동사 + 형용사
• 감각동사(feel, sound, smell, look, taste) 다음에 형용사가 오면 2형식 문장이 됨
  – I feel good. It smells nice. He looks happy. It sounds great.
• 다음과 같은 경우는 5형식 문장이 됨
  – I saw him entered the room.
  – I heard the boy singing a song.

seem
• seem + (to be) ~ (~처럼) 보이다 [생각되다], (~인) 듯하다
• seem + to do ~ (~하는 것으로) 생각되다[느껴지다], (~같은) 생각이 들다, (~한) 듯하다

SEMI-NOTE

㉠ She loves Mr. Kim. (그녀는 김 씨를 사랑한다.)
㉡ Mr. Wilson attended the meeting. (윌슨 씨는 회의에 참석했다.)
㉢ He robbed me of my watch. (그가 내 시계를 훔쳤다.)
㉣ They went on a strike. (그들은 동맹 파업에 들어갔다.)

② 완전 타동사 ★ 빈출개념

동작을 받는 목적어가 필요하고, 그 목적어만으로 표현이 가능한 동사
see, catch, smile, know, enter, attend, join, reach, marry, obey 등

③ 4형식 동사(수여동사)로 혼동하기 쉬운 3형식 동사
  ㉠ explain, introduce, announce, admit, describe, confess, complain, suggest, propose, rob, deprive, rid, cure, remind, notify 등
  ㉡ 구조 : 동사 + 목적어 + 전치사 + 사람 / 동사 + 전치사 + 사람 + 목적어(목적어가 후치될 때)
    • The investor explained us the situation. (×) → They explained the situation to us.
    • He introduced me his parents. (×) → He introduced his parents to me.
    • He suggested me that I apply for a scholarship. (×) → He suggested to me that I (should) apply for a scholarship.

④ 3형식 동사의 특수한 유형
  ㉠ 동족목적어 : 자동사가 그 동사와 같은 의미의 목적어와 어울리며 타동사로 변하는 경우, 같은 의미의 목적어를 동족목적어라고 함
    • live, sleep, dream, nod, fight, die, smile, sing, sigh, breathe 등
    • The boy lived a happy life. (그 소년은 행복한 삶을 살았다.)
    • I dreamed a weird dream. (나는 이상한 꿈을 꾸었다.)
    • They fought a good battle. (그들은 잘 싸웠다.)
  ㉡ 군동사(群動詞)의 타동사화 : look at, call up, call off, give in, bring up, make out, account for, make up for, make use of, put up with, pay attention to, find fault with 등

자동사와 타동사의 구별
동사가 목적어를 필요로 하면 타동사, 목적어를 필요로 하지 않으면 자동사. 자동사는 동사의 작용이 다른 것에 미치지 않고 오직 주어 자신에서만 끝남

4형식 동사로 혼동하기 쉬운 3형식 동사
수여동사로 착각하기 쉬운 3형식 동사는 타동사로서 반드시 목적어를 갖지만 수여동사처럼 간접목적어와 직접목적어를 동시에 사용할 수 없음

군동사의 타동사화의 종류
• 전치사적 동사 : 동사 + 전치사
  – A taxi ran over a dog.
  – She depends on her husband.
• 어구 동사 : 동사 + 부사
  – I called off the meeting.
  – We put off the conference.

실력UP 군동사(群動詞)의 타동사화 예문

• The union called off the strike. (노조는 파업을 중지했다.)
• They could not account for the missing funds. (그들은 없어진 자금에 대해 설명하지 못했다.)
• He must make up for the loss. (그는 손실을 변상해야 한다.)
• We should pay attention to the fact. (우리는 그 사실에 유의해야 한다.)

(4) 4형식 문형

① 문형

S + V + IO + DO (주어 + 수여동사 + 간접 목적어 + 직접 목적어)

㉠ She gave me her necklace. (그녀는 내게 자신의 목걸이를 주었다.)
㉡ He bought her a book. (그는 그녀에게 책을 한 권 사주었다.)
㉢ I envy him his bravery. (나는 그의 용기를 부러워한다.)

② 수여동사

어떤 것을 주고받는다는 의미를 가진 타동사로서, 간접 목적어와 직접 목적어를 필요로 함

ask, bring, buy, give, lend, make, show, send 등

③ 4형식 문장의 전환(4형식 ⇔ 3형식)
  ㉠ 4형식 문장의 「주어 + 동사 + 간접 목적어 + 직접 목적어」형식을 「주어 + 동사 + 직접 목적어 + 전치사 + 간접 목적어」로 바꾸어 3형식 문장으로 전환 가능
  ㉡ 4형식 전환 시의 전치사 유형
    • 'to' 사용 : give, pay, hand, sell, send, lend, show, teach, write, offer, mail, owe 등
      – I send her my baggage. (나는 그녀에게 내 짐을 보냈다.) [4형식] → I send my baggage to her. [3형식]
      – I owe him my success. [4형식] → I owe my success to him. [3형식]
    • 'for' 사용 : buy, build, make, get, order, find, choose, save, spare, do(~을 베풀다) 등
      – I will buy my father an overcoat. (나는 아버지에게 외투를 사드릴 것이다.) [4형식] → I will buy an overcoat for my father. [3형식]
      – Will you do me a favor? (부탁하나 들어줄래?) [4형식] → Will you do a favor for me? [3형식]
    • 'on' 사용 : play, impose, bestow 등
    • 'of' 사용 : ask, beg, inquire 등
      – The student asked me a question. [4형식] → The student asked a question of me. [3형식]

④ 4형식 형태로만 사용되는 동사(3형식으로 쓸 수 없는 수여동사) : '주어 + 수여동사 + 간접목적어 + 직접목적어'의 형태로만 쓰이며, '주어 + 수여동사 + 직접목적어 + 전치사 + 간접목적어'의 형태는 불가함
  ㉠ envy, pardon, forgive, save, spare, cost, charge, grudge, answer, deny, take, strike 등
  ㉡ I envy you your fortune. [4형식] / I envy your fortune to you. [3형식] (×)
  ㉢ That saves me much time. [4형식]
  ㉣ It costs me ten dollars. [4형식]

(5) 5형식 문형

① 문형

S + V + O + OC (주어 + 불완전 타동사 + 목적어 + 목적보어)

SEMI-NOTE

수여동사
• 수여동사
  – 수여동사에서 수여는 준다를 의미
  – '누군가'에게 '무엇을' 주어야만 성립 가능함
• 수여동사 뒤에 오는 두 개의 목적어
  – '사람'에 해당하는 간접목적어
  – '물건'에 해당하는 직접목적어

do의 4형식 전환 시 전치사 유형

• 'to' 사용 : harm, damage, good 을 직접 목적어로 취할 경우
  – Too much light does the eyes harm. [4형식]
    → Too much light does harm to the eyes. [3형식]
• 'for' 사용 : favor를 직접 목적어로 취할 경우
  – Will you do me a favor? [4형식]
    → Will you do a favor for me? [3형식]

4형식 동사

4형식 형태로만 사용되는 동사들이 사용된 4형식 문장에서는 간접목적어를 생략 가능함

for와 직접목적어

• 'I envy you your fortune.'에서 직접 목적어 앞에 for를 쓸 수도 있음
  – I envy you for your fortune.

SEMI-NOTE

불완전 타동사
– 주어 + 동사 + 목적어 + 목적격 보어

목적보어가 'to be + 형용사[분사]'인 경우 'to be'는 생략 가능
- want 유형(want, like, wish, get, find) → 일반적으로 'to be'를 생략
  - We want it (to be) ready.
- think 유형(think, consider, order, feel, prove, believe, imagine) → 'to be' 생략 가능
  - I thought him (to be) wise.
- know 유형(know, allow, permit, expect) → 일반적으로 'to be' 생략 불가
  - He expected her to be reliable.

목적보어 to부정사의 that절 전환
- to부정사를 that절로 전환할 수 있는 동사 : admit, ask, beg, believe, consider, expect, feel, find, know, report, suppose, warn
- to부정사를 that절로 전환할 수 없는 동사 : allow, appoint, cause, compel, condemn, dare, get, help, mean, permit, require

---

㉠ I believe him honest. (나는 그가 정직하다고 믿는다.)
㉡ I saw her play the piano. (나는 그녀가 피아노 연주하는 것을 보았다.)
㉢ Willy heard his name called. (Willy는 그의 이름이 불리는 것을 들었다.)

② 불완전 타동사

목적어와 더불어 그 목적어를 설명하는 목적보어(명사, 형용사, 분사, to부정사 등)를 필요로 하는 동사 call, elect, find, leave, make, name 등

③ 목적보어와 동사 유형

㉠ '명사(구)'가 목적보어인 동사 : make, elect, appoint, call, name, think 등
  - We elected John president. (우리는 John을 의장으로 선출했다.)
  - I thought him a man of ability. (나는 그가 능력 있는 사람이라 생각했다.)

㉡ '형용사'와 '분사'가 목적보어인 동사 : make, believe, leave, hold, have, render, keep, see, push, paint, strike, set 등
  - Please leave the door open. (문을 열어두세요.)
  - They painted their house blue. (그들은 집을 파란색으로 칠했다.)
  - I found the boys playing baseball. (나는 그 아이들이 야구를 하고 있는 것을 발견했다.)

㉢ 'to부정사'가 목적보어인 동사 : allow, ask, expect, cause, enable, encourage, order, force, forbid, believe 등
  - Professor Kim ordered me to do this first. (김 교수는 나에게 이것을 먼저 하라고 명령했다.)
  - The rain caused the river to rise. (비는 그 강이 넘치게 했다.)

㉣ 'as + (동)명사' 형태가 목적보어인 동사(S + V + O + as + OC) : consider, treat, describe, look on[upon], regard, think of, refer to, define
  - They considered her (as) stupid. (그들은 그녀를 우둔한 사람으로 간주했다.)
  - We treated it as a joke. (우리는 그것을 농담으로 여겼다.)
  - We regard his argument as logical. (우리는 그의 주장이 논리적이라 생각한다.)

㉤ 'for + 형용사·분사·명사' 형태가 목적보어인 동사 : take, mistake, give up 등
  She took his help for granted. (그녀는 그의 도움을 당연한 것으로 생각했다.)

④ 사역동사와 지각동사 ★ 빈출개념

㉠ 사역동사
  - 종류 : make, let, have
  - 용법 : 목적어와 목적보어의 관계가 능동일 때 목적보어는 원형부정사(동사원형)가 되며, 목적어와 목적보어의 관계가 수동일 때 목적보어는 과거분사가 됨
    - I will make him change his plans.(= I will compel him to change his plans.) (나는 그가 계획을 바꾸도록 만들 것이다.)

- The police let the boys go. (= The police permitted the boys to go.) (경찰은 그 소년들이 가도록 허가했다.)
- She won't let you go alone. (그녀는 네가 혼자 가도록 내버려두지 않을 것이다.)
- My parents had me clean the room. (= My parents got me to clean the room.) (내 부모님은 내가 방 청소를 하게 했다.)
- He had[got] his watch stolen. (그는 그의 시계를 도둑맞았다.)

> **실력up** have[get] + 사물 + 과거분사(have + 사람 + (to) 동사원형, get + 사람 + to 동사원형)
>
> - '~을 시키다, ~하여 받다'
>   - I had [got] my manuscripts typed.
> - '~되다', '~을 당하다'
>   - She got[had] her knees skinned.

ⓒ 지각동사
- 종류 : see, watch, notice, observe, hear, feel, smell, taste, listen to
- 용법 : 목적어와 목적보어의 관계가 능동일 때 목적보어는 원형부정사(동사원형)가 되는데, 목적보어가 목적어의 진행 동작을 나타내는 경우는 목적보어가 진행형(-ing)이 됨. 목적어와 목적보어의 관계가 수동일 때 목적보어는 과거분사가 됨
  - I saw him cross the road. (나는 그가 길을 건너는 것을 보았다.)
  - I smell something burning. (무엇인가 타고 있는 냄새가 난다.)
  - He saw his room cleaned. (그는 그의 방이 청소되어 있는 것을 보았다.)

⑤ 목적어와 목적보어의 도치
ⓐ 목적어가 부정사 · 동명사구, 명사절인 경우 : 가목적어 'it'을 두고 도치됨
They thought it their duty[목적보어] to serve their country[목적어]. (그들은 조국에 봉사하는 것이 그들의 의무라 생각했다.)

ⓑ 목적어가 명사구인 경우 : 목적어와 목적보어가 도치됨
It can make visible[목적보어] details in our body[목적어]. (그것은 우리 몸의 상세한 부분이 보이도록 할 수 있다.)

ⓒ 관용적으로 도치될 수 있는 경우(동사 + 목적보어) : make possible, make clear, cut short, push open, wash clean
It will make possible[목적보어] our success[목적어]. (그것은 우리의 성공이 가능하도록 할 것이다.)

2. 동사의 주의해야 할 용법

(1) 타동사로 착각하기 쉬운 자동사

① 중요 자동사
ⓐ graduate 졸업하다, 승진하다, 자격을 얻다

SEMI-NOTE

지각동사
「S + 지각동사 + O + 동사원형/현재분사/과거분사」 형태로 나타나며, 외부의 상황에 대해서 보고, 듣고, 느끼는 것을 나타내는 불완전 타동사의 대표적인 동사임

사역동사의 목적보어가 자동사인 경우
- 사역동사의 목적보어가 자동사인 경우 원형부정사(동사원형)을 씀
  - He had his cat die yesterday.

기타 자동사의 용법
- head for ~로 향하다
- return to ~로 돌아가다
- speak to ~에게 말을 걸다, ~에게 말하다, ~에 언급하다
- talk to ~에게 말을 걸다
- account for ~에 대해 설명하다
- listen to ~에 귀 기울이다, 경청하다
- agree with ~와 의견이 일치하다, ~에 맞다
- agree to ~에 동의하다

SEMI-NOTE

When did you graduate college? (×)
→ When did you graduate from college? (언제 대학을 졸업하셨습니까?) (○)

ⓒ complain 불평하다, 푸념하다
I have nothing to complain. (×)
→ I have nothing to complain of. (나는 불만 없습니다.) (○)

ⓒ wait 기다리다(~for), 시중들다(~on, at)
Who are you waiting? (×)
→ Who are you waiting for? (누구를 기다리고 있니?) (○)

(2) 자동사로 착각하기 쉬운 타동사

① 중요 타동사(3형식 동사)

㉠ resemble ~을 닮다
The boy resembles with his father. (×)
→ The boy resembles his father. (그 소년은 아버지를 닮았다.) (○)

㉡ attend 출석[참석]하다
cf. attend to (〈자동사〉 보살피다, 돌보다, 전념하다, 귀를 기울이다, 주의하여 듣다)
I forgot to attend to the meeting. (×)
→ I forgot to attend the meeting. (그 회의에 참석할 것을 잊었다.) (○)

㉢ discuss 논의하다, 토의하다
We will discuss about the situation tomorrow. (×)
→ We will discuss the situation tomorrow. (그 상황에 대해서는 내일 논의할 것이다.) (○)

② 기타 타동사

㉠ approach ~에 다가가다
cf. approach to (×)

㉡ enter 들어가다, 참가하다
cf. enter into (~에 착수하다), enter for an examination(시험에 응시하다)

㉢ marry ~와 결혼하다
cf. marry with (×)

㉣ mention 언급하다, 간단히 말하다
cf. mention about (×)

(3) 4형식 동사(수여동사)로 착각하기 쉬운 3형식 동사

① 중요 3형식 동사

㉠ explain 설명하다
John explained me the situation. [4형식] (×)
→ John explained the situation to me. [3형식] (○)

완전타동사로 착각하기 쉬운 완전 자동사

- happen 일어나다
- occur 일어나다
- emerge 나타나다
- apologize 사과하다
- arrive 도착하다
- wait 기다리다

attend
- attend의 경우 '~에 참석하다'의 의미로는 타동사지만 다른 의미의 자동사로 쓰이기도 함
- attend on 시중들다, 수반하다
- attend to ~을 처리하다, ~을 돌보다

기타 타동사
- reach ~에 도책[도달]하다(= get to)
  cf. reach to[at] (X)
- attack 공격하다, 착수하다
- survive 살아남다
- inhabit ~에 살다, 거주[서식]하다
- obey 복종[순종]하다, 준수하다

3형식 동사 explain, introduce
explain/introduce + 목적어(사물) + to 사람 [3형식]

ⓒ introduce 소개하다, 도입하다

He introduced us his family. [4형식] (×)
→ He introduced his family to us. [3형식] (○)

02절 시제(Tense)

1. 현재시제와 과거시제

(1) 현재시제

① 현재형의 구조

- be 동사의 경우에는 am, are, is
- have 동사의 경우에는 have, has
- 그 외의 경우에는 동사의 원형과 같음
- 단, 주어가 3인칭 단수인 경우에는 동사의 원형에 -s나 -es를 붙임

👓 한눈에 쏙~

현재형
과거 ← 현재 → 미래

② 현재시제의 용법
   ㉠ 일반적 사실이나 불변의 진리·격언
   - Teachers teach students at schools. (교사들은 학교에서 학생들을 가르친다.)
   - Honesty is the best policy. (정직이 최선의 방책이다.)
   - The moon goes around the earth. (달은 지구 주위를 돈다.)
   - The early bird catches the worm. (일찍 일어나는 새가 벌레를 잡는다.)
   ㉡ 현재의 반복적·습관적인 일이나 현재의 동작·상태(사실)
   - I usually leave for work at 7:00 A.M. (나는 아침 7시에 출근한다.)
   - She goes to school. (그녀는 학교에 다닌다.)
   - We live in an apartment. (우리는 아파트에 산다.)
   - Mary has beautiful eyes. (Mary는 아름다운 눈을 가지고 있다.)
③ 현재시제의 미래시제 대용
   ㉠ 시간·조건의 부사절(※ 명사절·형용사절에서는 미래시제 사용)
   ㉡ 시간·조건의 부사절에서 현재(현재완료)시제가 미래(미래완료)시제를 대신함

SEMI-NOTE

기타 3형식 동사

- suggest 암시하다, 제의[제안]하다
- propose 제의하다, 작정하다, 꾸미다, 신청하다
- announce 알리다, 공고하다
- admit 들이다, 넣다, 허락하다
- describe 묘사하다, 기술하다
- confess 자백[고백]하다, 인정하다
- complain 불평하다, 호소하다
- provide, supply, furnish 공급하다

시제
- 대과거
  - had gone
- 과거
  - went
- 현재
  - go
- 미래
  - will go

왕래발착동사
- 왕래발착동사의 현재형(현재진행형) + 가까운 미래를 나타내는 부사·부사구
- 왕래발착동사 : go, come, start, leave, return, arrive, depart, reach, open, close, begin, end 등
  - He comes back tonight.
  - She returns next Monday.

시간·조건의 부사절 예문
- I will go if he comes[will come(×)] back. (그가 돌아오면 나는 갈 것이다.)
- Do you mind if I open[will open(×)] the window? (제가 창문을 열어도 괜찮을까요?)
- I will have read this book four times if I read[will read(×)] it once again. (내가 이 책을 한 번 더 읽으면 네 번째 읽는 셈이 될 것이다.)

SEMI-NOTE

- The next time I go[will go(×)] to New York, I am going to see a ballet. (다음번에 내가 뉴욕에 갈 때에, 나는 발레를 볼 것이다.)
- When he comes[will come(×)], I will talk with him. (그가 돌아올 때, 나는 그와 대화할 것이다.)

실력UP 시간·조건 부사절을 이끄는 접속사

- 시간 · 때 : after, before, when, as soon as
- 조건 : if, unless

(2) 현재진행형

① 구조

- 주어 + be + 동사의 진행형
- I + am + going / doing
- He / She / It + is + going / doing
- You / We / They + are + going / doing

한눈에 쏙~

현재진행형 — 과거 / 현재 / 미래

② 현재진행시제의 용법
  ㉠ 현재 이루어지고 있는 일
   - Please don't make so much noise. I'm reading. (시끄럽게 하지 말아 주세요. 지금 책 읽고 있습니다.) → I read. (×)
   - "Where's Mr. Park?" "He's taking a bath." ("박 씨는 어디 있죠?" "지금 목욕 중입니다.") → He takes a bath. (×)
  ㉡ 반드시 현재 일어나는 일일 필요는 없음
   I'm reading the book. I'll lend it to you when I'm done with it. (지금 그 책을 읽고 있습니다. 다 읽으면 당신에게 빌려드리죠.)
   ※ 화자는 말하는 현재 책을 읽고 있지 않음. 책 읽기를 시작했지만 아직 끝나지 않은 상태이기 때문에 현재진행시제를 사용

③ 진행형으로 쓸 수 없는 동사
  ㉠ 진행형이 가능한 동사 : 반복행위나 활동, 변이 등을 표현하는 동적 동사
   - That girl is always grumbling. (저 소녀는 항상 불평한다.)
   - My father is watering the flowers. (아버지는 꽃에 물을 주고 있다.)

진행 시제

- 과거진행
  - was going
  - were going
- 현재진행
  - am going
  - are going
  - is going
- 미래진행
  - will be going

현재진행형 + 빈도부사

- 현재진행형 + 빈도부사(always, continuously 등)는 습관·성질, 반복된 동작의 표현
  - They are always quarrelling. (그들은 항상 다툰다.)
  - He is constantly complaining that he cannot find time to do what he wants to. (그는 항상 하고 싶은 일을 할 시간이 없다고 불평한다.)

ⓛ 진행형 불가 동사 : 지각·인식·감정·상황·소유 등을 표시하는 상태 동사

무의식적 지각동사	see, hear, smell, taste, feel cf. 의지가 포함된 지각동사(look, watch, listen 등)는 진행형 가능
인식·사고 동사	know, suppose, mean, think, believe, doubt, understand, remember, wonder(※ wonder는 구어체에서 진행형 가능)
감정·심리 동사	like, love, prefer, hate, want, hope, fear
소유·존재·소속 동사	have, belong, possess, seem, appear, exist, consist, contain cf. 소유의 의미가 아닌 다른 의미로 사용되는 경우 진행형 가능
기타 상태 동사	be, resemble, differ, lack 등

- Are you seeing the girl walking down the street? (×)
  → Do you see the girl walking down the street? (길을 걸어가는 저 소녀를 보고 있습니까?)
  cf. She is seeing a doctor. (○) (seeing = consulting)
- I'm knowing Mr. Kim very well. (×)
  → I know Mr. Kim very well. (나는 김 씨를 잘 알고 있습니다.)
- Tony is resembling his grandfather. (×)
  → Tony resembles his grandfather. (Tony는 그의 할아버지를 닮았다.)
- I'm wanting to eat something because I'm hungry. (×)
  → I want to eat something because I'm hungry. (배가 고파서 무언가 먹고 싶다.)

(3) 과거시제 ★빈출개념

① 과거형
  ㉠ 일반적 형태 : 일반적으로 동사 뒤에 -ed를 붙여줌. 의문문은 「Did + you/she + 원형 ~ ?」의 형태로만 만듦
  ㉡ 주의할 동사의 변화형(불규칙 형태) : 현재형 - 과거형 - 과거분사형
    bite(물다) - bit - bitten / creep(기다) - crept - crept / dig(파다) - dug - dug / fight(싸우다) - fought - fought / forbid(금지하다) - forbade - forbidden / hang(매달다) - hung - hung / hang(교수형에 처하다) - hanged - hanged / lay(눕히다) - laid - laid / lie(눕다) - lay - lain

② 과거시제의 용법 : 과거의 동작이나 상태, 경험, 습관
  ㉠ He was born in 1972. (그는 1972년에 태어났다.)
  ㉡ Do you remember the incident that took place at our first meeting? (우리의 첫 회의에서 일어났던 사고를 기억합니까?)
  ㉢ The recital was a great success. (그 연주회는 큰 성공을 거두었다.)

SEMI-NOTE

have가 '소유하다'의 의미일 때
- 진행형으로 쓸 수 없음
- I have a good laptop computer. (나는 좋은 휴대용 컴퓨터를 가지고 있다.)
  → I'm having a good laptop computer. (×)
- I'm having a great time. (나는 즐거운 시간을 보내고 있다.) (○)

resemble
- resemble은 진행형을 쓸 수 없는 상태동사/타동사
- 전치사 with 불가
- 수동태 불가

지각동사가 본래의 의미 이외의 뜻을 가진 경우
- 진행형을 쓸 수 있음
- I'm seeing my client next Monday. (오는 월요일에 내 고객을 만날 것이다.)

주의할 동사의 변화형
- lie(거짓말하다) - lied - lied
- ride(타다) - rode - ridden
- seek(찾다) - sought - sought
- sink(가라앉다) - sank - sunk
- slide(미끄러지다) - slid - slid
- sting(찌르다) - stung - stung
- swear(맹세하다) - swore - sworn
- swim(수영하다) - swam - swum

역사적 사실
- Columbus discovered America in 1492. (콜럼버스는 1492년 미국을 발견했다.)
- The Korean War broke out in 1950. (한국전은 1950년 발발했다.)

SEMI-NOTE

과거
- 과거에 같은 기간에 걸쳐 발생한 두 가지의 사건이나 행동에 대해 말할 때, 과거진행형 또는 단순 과거 사용 가능
- 과거진행형을 사용하면 어떤 행동이나 사건이 과거의 해당 기간 중에 진행되는 상황이었음을 강조

과거형
- I walked home after the class. (수업이 끝난 후 나는 집에 걸어갔다.) [집까지 걸어가는 행위가 끝났다.]

완료시제
- 과거완료
  - had gone
- 현재완료
  - have[has] gone
- 미래완료
  - will have gone

been (to)
- 방문하다(= visit)
  - I've never been to the Republic of South Africa.

(4) 과거진행형

① 구조

- 주어 + be동사의 과거형 + -ing
- I / He / She / It + was + going / doing
- We / You / They + were + going / doing

② 과거진행시제의 용법 : 과거의 특정 시점에 진행 중이었던 일
  ㉠ Allen was reading a book when Jamie entered the room. (Jamie가 방에 들어갔을 때 Allen은 책을 읽고 있었다.)
  ㉡ What were you doing at 8 : 00 P.M. last night? (어제 밤 8시에 무엇을 하고 있었니?)

③ 과거형과의 비교
  ㉠ 구분 : 과거형에서 행위는 진행이 끝나지만 과거진행형에서는 행위가 진행중에 있음을 표현
  ㉡ 예문
    과거진행형
    I was walking home when I met Kelly. (Kelly를 만났을 때 나는 집으로 걸어가고 있었다.) [집으로 걸어가고 있는 도중에 만났다.]

2. 완료시제

(1) 현재완료시제 ★ 빈출개념

① 현재완료형의 구조

- 현재완료 : 주어 + have[has] + p.p.(과거분사형)
- I / We / You / They + have(= 've) + gone / done
- He / She / It + has(= 's) + gone / done
- 현재완료 진행 : 주어 + have[has] + been + -ing
- I / We / You / They + have(= 've) + been + going / doing
- He / She / It + has(= 's) + been + going / doing

② 현재완료시제의 용법
  ㉠ 경험 : 과거부터 현재까지의 경험(→ 주로 ever, never, often, once, seldom, before, sometimes 등과 함께 쓰임)
    • Have you ever been to London? (런던에 가 본적이 있습니까?)
    • This is the first time I've flown an airplane. (비행기를 조종하는 건 처음입니다.)
    • I'm surprised that you haven't heard of Mark Twain, the American novelist. (당신이 미국 소설가 Mark Twain에 대해 들어본 적이 없다는 것은 놀랍습니다.)

ⓒ 계속 : 과거부터 현재까지 계속되는 일이나 사실(→ 주로 how long, for, since, always, so far, these days 등이 함께 사용됨)
- How long have you been in Busan? (부산에는 얼마나 오랫동안 계셨습니까?)
- I have lived here for a year. (나는 여기에 일 년째 살고 있다.)
- I've known Corey very well since I was in high school. (나는 고등학교 때부터 Corey를 잘 알았다.)
- It has been raining for three hours. (비가 세 시간 동안 내리고 있다.)

ⓒ 완료 : 과거 사실이 현재 완료되어 있음을 강조(→ 주로 already, yet, just, lately, this week, today, this year, recently, by the time 등의 표현과 함께 사용됨)
- He has just finished the work. (그는 막 그 일을 끝냈다.)
- The investors have already arrived. (투자자들이 이미 도착했다.)

ⓔ 결과 : 과거 사실이나 행위의 결과가 현재 나타남을 강조할 때
- Hank has lost his eyesight. (Hank는 시력을 잃었다.) → 그 결과 현재 앞을 볼 수 없다.
- The old man has cut his finger. (그 노인은 손가락을 베었다.) → 현재 손가락이 아프다.
- Mr. Jung has gone out. (정 씨는 밖에 나갔다.) → 현재 밖에 있다.

(2) 과거완료시제

① 과거완료형의 구조

- 과거완료 : 주어 + had + p.p.(과거분사형)
- I / We / You / They / He / She / It + had(= 'd) + gone / done
- 과거완료 진행 : 주어 + had + been + -ing
- I / We / You / They / He / She / It + had(= 'd) + been + going / doing

② 과거완료시제의 용법 : 과거의 기준이 되는 시점보다 과거에 일어난 일을 표현
ⓐ The train had left when I got to the station. (내가 역에 도착했을 때 기차는 이미 떠났었다.)
ⓑ I was very tired when I got home. I had been studying hard all day. (집에 돌아갔을 때 굉장히 피곤했다. 그날 하루는 열심히 공부했었다.)

③ No sooner, scarcely, hardly 구문 : ~하자마자 ~했다

- No sooner + had + 주어 + 과거분사 + than + 과거형 = Scarcely[Hardly] + had + 주어 + 과거분사 + when / before + 과거형

SEMI-NOTE

for와 since
- for 다음에는 기간, since 다음에는 기간의 특정한 시작점이 옴
  - Darren has been waiting for 5 hours.
  - I haven't seen Yumi since 9 A.M.

현재완료를 쓰지 못하는 경우
- 현재완료는 정확한 과거를 나타내는 부사와 사용 불가
- 명백한 과거를 나타내는 부사들은 과거시제와 사용
- ago
- last
- past

과거완료
- 완료 : 대과거부터 과거 사이에 일어난 사건이나 상태의 완료
- 계속 : 대과거부터 과거 사이에 일어난 사건이나 상태의 계속
- 경험 : 대과거부터 과거 사이에 일어난 사건 및 상태의 경험의 빈도
- 결과 : 대과거부터 과거 사이에 일어난 사건이나 상태가 과거 시제의 영향을 미치는 상황

No sooner, scarcely, hardly 구문

No sooner had she heard the news, than she began to cry. (그 소식을 듣자마자 그녀는 울기 시작했다.)
= Scarcely[Hardly] had she heard the news when[before] she began to cry.

SEMI-NOTE

실력up No sooner had I arrived at home, than it began to rain. (내가 집에 도착하자마자 비가 내리기 시작했다.)

= I had no sooner arrived at home than it began to rain.
= Hardly[Scarcely] had I arrived at home, before[when] it began to rain.
= I had hardly[scarcely] arrived at home before[when] it began to rain.
= The minute[moment, instant] I arrived at home, it began to rain.
= Immediately[Directly, Instantly] I arrived at home, it began to rain.
= As soon as I arrived at home, it began to rain.
= On my arriving at home, it began to rain.

3. 미래시제

(1) 미래시제의 다양한 표현

① will / shall의 용법

㉠ 행위를 하기로 결정한 경우
- I'll have some vanilla milk shake. (바닐라 밀크셰이크로 주세요.)
- I'll let you have this magazine. (내가 이 잡지 너 줄게.)

㉡ 이미 결정한 사실에 대해 말할 때는 will을 사용하지 않음
- Will you work next Sunday? (×)
  → Are you working next Sunday? (다음주 일요일에 일하세요?)
- I will watch the football game this evening. (×)
  → I'm going to watch the football game this evening. (오늘 저녁에는 축구 경기를 볼 생각이다.) ※ 이미 결정한 사실(가까운 시간에 일어날 것)에 대해서는 'be going to'를 사용하는 것이 일반적임

㉢ 미래에 일어날 일을 예측하는 경우에 will을 사용
- Where will you be this time next year? / I'll be in France.
  (내년 이맘때에 어디에 계실 건가요? / 프랑스에 있을 겁니다.)
- Ron won't pass the exam for he hasn't studied hard.
  (공부를 열심히 안 했기 때문에 Ron은 시험을 통과하지 못할 것이다.)

② 미래시제를 대신하는 주요 표현

㉠ be going to + 동사원형(~할 예정이다)
- It is going to rain. (비가 올 것이다.)
- He is going to buy a new car. (그는 새 자동차를 살 것이다.)

㉡ be to + 동사원형(하기로 되어 있다, ~할 예정이다)(= be supposed to + 동사원형)
- The concert is to be held in November. (콘서트는 11월에 열릴 것이다.)
- We are to meet there at 9. (우리는 그곳에서 9시에 만나기로 되어 있다.)
- So what are we supposed to do? (그럼 우리는 어떻게 해야 되죠?)

---

will의 표현
- 타인의 의견을 물을 때는 「Shall[Should] I …? / Shall[Should] we …?」의 형식을 취함
  - Shall I telephone her and ask her to come here? (그녀에게 전화를 해서 여기로 오라고 할까요?)
  - What should we do? (우리는 무엇을 해야 하죠?)

was going to do
- 과거에 행위를 하려고 했으나 하지 않은 경우를 표현
  - Bill was going to meet Jane, but he changed his mind. (Bill은 Jane을 만날 예정이었지만 생각을 바꾸었다.)

ⓒ be about to + 동사원형(막~ 하려고 한다)(= be ready to + 동사원형 = be on the point[brink, verge] of –ing)
  • I'm about to go to the airport. (나는 공항으로 가려고 한다.)
  • The film is about to start. (영화가 곧 시작하려고 한다.)
  • What are you about to do? (뭘 하려는 겁니까?)
  • I am on the point of posting the letter. (나는 지금 막 편지를 보내려한다.)

(2) 미래진행시제와 미래완료시제

① 미래진행형
  ㉠ 미래의 진행 중인 동작 등을 표현
  ㉡ 'will be + –ing'
    • He will be working at 2P.M. tomorrow. (내일 오후 2시에 그는 일하고 있을 것이다.)
    • I will be watching TV if they go out. (그들이 나가면 나는 TV를 보고 있을 것이다.)

② 미래완료형
  ㉠ 미래의 어느 시점을 기준으로 그때까지의 완료 · 경험 · 계속 · 결과를 표현
  ㉡ 'will have + p.p.(과거분사)'
    • She will have finished her work by tonight. (그녀는 오늘 밤까지 일을 끝내게 될 것이다.)
    • The task will have been done by me. (그 일은 나에 의해 완수될 것이다.) [미래완료형수동태]

실력UP 동사의 12시제

현재	am, are, is	현재진행	am, are, is + ing
과거	was, were	과거진행	was, were + –ing
미래	will + 동사원형	미래진행	will be + –ing
현재완료	have[has] p.p	현재완료진행	have[has] been + –ing
과거완료	had p.p	과거완료진행	has been + –ing
미래완료	will have p.p	미래완료진행	will have been + –ing

SEMI-NOTE

미래시제를 대신하는 주요 표현

• be bound to + 동사원형(반드시 ~하다, ~할 의무가 있다)
  – They are bound to lose in the game. (그들은 반드시 경기에서 지게 될 것이다.)
  – You are bound to observe the regulation. (너는 그 규정을 준수해야 한다.)
• be likely to + 동사원형(~할 [일] 것 같다)
  – It is likely to rain (= It looks like rain). (비가 올 것 같다.)
  – The event is likely to be a great success. (그 행사는 대단한 성공을 이룰 것 같다.)
• be supposed + to동사원형 (~하기로 되어있다)
• intend to ~할 작정이다

미래의 어느 시점을 기준으로 그때까지의 완료 · 경험 · 계속 · 결과를 표현

The train will already have started by the time we get to the station.
(우리가 역에 도착했을 때 이미 기차는 떠난 뒤일 것이다.)

9급공무원
영어

나두공

02장 조동사(Auxiliary Verb)

01절 조동사 표현

조동사(Auxiliary Verb)

SEMI-NOTE

조동사 + 동사원형
- 조동사 다음에는 동사원형의 형태로 본동사가 와야 함
  - The energy can be transferred to power.
  - All students must keep quiet in the library.

can과 be able to
- 의미상 유사하나, can이 사람이나 사물을 주어로 할 수 있음에 비해 'be able to'는 사람이 주어인 경우에만 사용
- can의 미래의 의미는 'will be able to'를 사용

과거의 능력
- He could pass the test. (그는 시험에 합격할 수 있었다.) [실제로 합격했다는 것을 의미하지는 않음]
  cf. 과거에 실제로 일어난 일은 'was able to', 'managed to', 'succeeded in –ing' 등으로 나타냄
  단, 부정문에 쓰인 could는 실제로 일어난 일을 나타냄
- I could not pass the exam. (나는 시험에 합격할 수 없었다.) [실제로 합격하지 못했음]

01절 조동사 표현

1. Can/Could

(1) 주요 용법

① 능력 · 가능성 : can(~할 수 있다)(= be able to do = be capable of doing)
  ㉠ Can you speak Japanese? (일본어를 말할 수 있습니까?)
  ㉡ I can help you if you want. (원한다면 너를 도와줄 수 있다.)
  ㉢ Anyone can make mistakes. (누구나 실수를 할 수 있다.)
  ㉣ The word 'water' can be a noun or a verb. ('water'라는 단어는 명사도, 동사도 될 수 있다.)
  ㉤ You can take a horse to the water, but you cannot make him drink. (말을 물가로 몰고 갈 수는 있지만 그 말에게 물을 먹게 할 수는 없다.)

② 추측 · 추정
  ㉠ cannot(~일[할] 리 없다) (↔ must)
  ㉡ cannot have p.p. (~이었을[했을] 리 없다)
  ㉢ It cannot be true. (그것은 사실일 리 없다.) (↔ It must be true)
  ㉣ He cannot have said so. (그가 그렇게 말했을 리 없다.)

③ 허가
  ㉠ Can I go back now? (지금 돌아가도 되나요?)
  ㉡ Can I stay here a little longer? (여기 조금 더 머무를 수 있을까요?)
  ㉢ Could I borrow your book? (책 좀 빌려도 되겠습니까?) ['Can ~', 'Will~' 보다 공손한 표현]

④ could의 주요 용법
  ㉠ 과거의 능력 : '~할 수 있었다'는 의미의 could는 마음만 먹으면 언제든지 발휘할 수 있는 일반적인 능력을 나타내며, 반드시 '(과거에) 실제로 ~했다'를 의미하지는 않음
  ㉡ 가능성 · 추측 : 현재나 미래에 가능한 일에 대해 말할 때(can도 사용 가능)
  What would you like to do this evening? We could go to a ballpark. (오늘 저녁에 뭐하실래요? 야구장에 가는 건 어때요.)
  ㉢ 정중한 표현 : 정중히 요청하거나 부탁할 때 사용
  Could you help you in any way? (어떻게든 도와드릴 수 있을까요?)

(2) 관용적 표현

① cannot but + 원형부정사

> cannot (choose) but + 원형부정사(~하지 않을 수 없다)
> = cannot help + doing
> = cannot help but do
> = have no choice but to do
> = have no other way but to do
> = have no alternative[option] but to do

② cannot[never] … without ~

> cannot[never] … without ~(…하면[할 때마다] 반드시 ~한다) [부정어 + without]
> = cannot[never] … but + 주어 + 동사
> = Whenever 주어 + 동사, 주어 + 동사
> = When 주어 +동사, 주어 + always + 동사

③ cannot … too

> cannot … too(아무리 …해도 지나치지 않다)
> = It is impossible to … enough

You cannot study too hard. (너는 아무리 공부를 열심히 해도 지나치지 않다.)

2. May/Might

(1) 주요 용법

① 추측 · 추정
  ㉠ may + 동사원형(~일[할]지도 모른다)
  ㉡ may have + 과거분사(~이었을[하였을]지 모른다)
   • Tom may have been hurt. (Tom은 다쳤을지 모른다.)(= Perhaps Tom was hurt.)
   • I may have left the book in my room. (그 책을 내 방에 둔 것 같다.)

실력up may와 might

- 둘은 일반적으로 같은 용법으로 사용되지만 현실이 아닌 것에 관해 말할 때는 might를 사용
  – If I knew him better, I might invite him to the party.
    (내가 그를 더 잘 알았다면, 그를 파티에 초대할 것이다.) → 그를 잘 모르므로 그를 초대하지 않을 것이다. (may ✗)

SEMI-NOTE

cannot but + 원형부정사
- I cannot but laugh at his hairdo. (나는 그의 머리 모양을 보고 웃지 않을 수 없다.)
  = I cannot help laughing at his hairdo.

cannot[never] … without ~
- I cannot[never] see her without thinking of my mother. (그녀를 볼 때마다 내 어머니가 생각난다.)
  = Whenever I see her, I think of my mother.
  = When I see her, I always think of my mother.

SEMI-NOTE

May/Might 양보 용법

- The businessman may be rich, but he is not refined. (그는 부자인지는 몰라도 세련되지는 못하다.)[뒤에 등위접속사 but 등을 동반]
 = Though the businessman may be rich, he is not refined.
- Try as she may, she will not succeed. (그녀가 아무리 노력해 보았자 성공하지 못할 것이다.)[양보의 부사절에서 사용됨]
- Whatever you may say, I will not believe you. (당신이 무슨 말을 한다 해도 나는 당신을 믿지 않을 것이다.)

명사 might

- (강력한) 힘[에너지], 권력
  - I pushed the rock with all my might. (나는 온 힘을 다해 그 바위를 밀었다.)

might의 용법

- 과거사실을 반대로 추측 예문
  - World history might have been changed if they had won the war. (만약 그들이 전쟁에서 이겼더라면 세계의 역사가 바뀔 수도 있었을 텐데.)
  - She might have come to meet him. (그녀가 그를 만나러 왔을 수도 있었는데. – 그렇지 못했다.)

so that … may ~ (~하기 위해서)

= in order that … may ~
= that … may ~
- He studied hard so that he might pass the exam.
 (그는 시험에 통과하기 위해서 열심히 공부했다.)

---

② 허가 · 가능 · 기원(소망)
  ㉠ 허가(= can)
    - You may leave now. (지금 가도 됩니다.)
    - Might I smoke in here? (여기서 담배를 피워도 될까요?)['may ~'보다 공손한 표현]
    - You may not borrow my car. (제 차를 빌릴 수 없습니다.)[may not : 불허가, 금지]
  ㉡ 가능(= can)
    - The road may be blocked. (길이 막혔을 것이다.)
    - Gather roses while you may[can]. (할 수 있을 때 장미꽃을 모아라. 즐길 수 있을 때[젊을 때] 즐겨라.)
  ㉢ 기원(소망)
    - May you live long! (오래 사시길 바랍니다!)
    - May you always be happy and healthy! (언제나 행복하시고 건강하시길 바랍니다!)

③ might의 용법
  ㉠ 현재 · 미래에 관한 추측 : may보다는 자신이 없는 추측
  ㉡ 과거사실의 불확실한 추측 : 'might have + p.p.'(어쩌면 ~했을지도 모른다) ['may have + p.p.'보다 약한 가능성을 나타냄]
    She might have left yesterday. (그녀는 어제 떠났을지도 모른다.)
  ㉢ 과거사실을 반대로 추측 : 가정법 과거완료(might have p.p.)에 사용되어 '어쩌면 ~할 수도 있었는데 실제로는 ~하지 않았다'는 의미가 됨, 주로 과거사실에 대한 '유감'의 뜻을 나타낼 때가 많으며, 조건절은 생략되는 경우가 많음

(2) 관용적 표현

① may well(~하는 것이 당연하다)
  = have good reason to + 동사원형
  = It is natural that + 주어 + should 동사원형
  He may well refuse the offer. (그가 그 제안을 거절하는 것이 당연하다.)
  = He has good reason to refuse the offer.
  = It is natural that he should refuse the offer.

② might(may) as well(~하는 편이 낫다)
  = had better + 동사원형
  ㉠ We might as well begin at once. (지금 즉시 시작하는 게 낫겠다.)
  ㉡ You may as well consult your lawyer. (변호사와 상의하는 게 좋겠습니다.)
    (= You had better consult your lawyer.)

③ might[may] as well A as B(B하느니 차라리 A하는 편이 낫다)
　㉠ You might as well reason with the wolf as try to persuade him. (그를 설득하려고 하느니 늑대를 설득하는 편이 더 낫다.) ※ reason with ~을 설득하다
　㉡ You might as well expect the river to flow back as expect me to change my mind. (내가 마음을 바꾸기를 기대하기보다는 차라리 강물이 거꾸로 흐르기를 기대하는 것이 더 낫다.)

3. Must

(1) 강한 추측

① 현재의 추측 : must + be(~임에 틀림없다) [↔ cannot + be(~일 리가 없다)]
　㉠ He has been working all day. He must be tired.
　　(그는 하루 종일 일했다. 그는 피곤해할 것이다.)
　㉡ She must be honest. (그녀는 정직한 사람임이 틀림없다.)
　㉢ He must be a liar. (그는 거짓말쟁이임에 틀림없다.)
　　(↔ He cannot be a liar.)
② 과거의 추측 : must have + p.p.(~이었음에[하였음에] 틀림없다)
　㉠ It must have rained during the night. (간밤에 비가 왔음에 틀림없다.)
　㉡ She must have been beautiful. (그녀는 예전에 예뻤던 것이 틀림없다.)
　㉢ He must have been smoking too much when he was young. (그는 젊었을 때 담배를 너무 많이 피운 것이 틀림없다.)

(2) 의무, 필연

① 의무 · 필요
　㉠ 의무 · 필요(~해야 한다)(= have to)
　　• I must get up early tomorrow. (나는 내일 아침 일찍 일어나야 한다.)
　　• You must hurry for it's too late. (너무 늦었으니 서둘러야 한다.)
　㉡ 명령 · 금지 : must not(~해서는 안 된다)
　　• You must not accept their offer. (당신은 그들의 제안을 수용해서는 안 된다.)(= You are not allowed to accept their offer.)
　　cf. need not(= don't have to)(~할 필요가 없다 ; 불필요)
　　• You need not accept their offer.
　　　= You don't have to accept their offer.

실력up 필연(반드시 ~하다, ~하기 마련이다)
Man must die sometime. (인간은 언젠가 죽기 마련이다.)

SEMI-NOTE

may/might

	may	might
추측	○	○
허가	○	
능력	○	
공손		○
목적	○	○
양보	○	○
기원문	○	

must
- must + 동사원형 : 의무(~해야 한다)
- must + not + 동사원형 : 금지(~하면 안 된다)

must와 have to

같은 의미이나 과거의 경우는 'had to', 미래의 경우는 'will have to'를 사용

추측의 확신 정도
• must > should > may
　– The boy must be hungry.
　　(그 소년은 배고픔에 틀림없다.)
　– The boy should be hungry.
　　(그 소년은 배고플 것이다.)
　– The boy may be hungry.
　　(그 소년은 배고플지도 모른다.)

SEMI-NOTE

현재의 습관·습성

He will often go to school without eating breakfast.
(그는 자주 아침을 먹지 않고 학교에 가곤 한다.)

would 주요 용법

- 과거에 대한 추측
  - I suppose it would be the first time I saw the girl. (그것이 내가 그 소녀를 처음 본 것이었을 것이다.)
- 소원·소망(= wish to, want to)
  - If you would pass the test, you might follow my advice. (당신이 그 테스트를 통과하고 싶다면 내 조언을 따라야 한다.)

would rather + 절(~하면 좋을텐데)
= would that ~
= I wish ~

would like + 명사 (~을 가지고 싶다)
Would you like another cup of coffee?
(커피 한 잔 더 하시겠습니까?)

shall

- ~일(할) 것이다 (단순미래)
  - Article 6 : The president shall preside at all meetings. (제6조. 의장은 모든 회의에서 사회를 본다.)
- ~하여야 한다(법률·규칙)
- 예언·운명(성경 등에서)
  - Ask, and it shall be given to you. (구하라, 그러면 얻을 것이다.)

4. Will/Would

(1) 주요 용법

① will
  ㉠ 단순미래(~할[일] 것이다)
    You'll be in time if you hurry. (서두르면 제시간에 도착할 수 있을 것이다.)
  ㉡ 의지미래(~할 작정이다[~하겠다])
    • I will do as I like. (내가 원하는 대로 할 것이다.)
    • I will do my best. (최선을 다하겠습니다.)
  ㉢ 현재에 대한 추측
    Mom will be downstairs now. (어머니는 지금 아래층에 계실 것이다.)

② would
  ㉠ will의 과거
  ㉡ 고집·강한거절
    • He would not listen to my advice. (그는 내 충고를 들으려 하지 않았다.)
    • His income was still small, but she would marry him. (그의 수입은 여전히 적었지만 그녀는 기필코 그와 결혼하려 했다.)
  ㉢ 공손한 표현
    Would you please help me? (저를 도와주시지 않겠습니까?)
  ㉣ 과거의 불규칙적 습관·습성(~하곤 했다, 흔히 ~하였다)
    I would often swim in this river when I was a child. (내가 어렸을 때 이 강에서 종종 수영을 하곤 했다.)

(2) 관용적 표현

① would like to + 동사원형(~하고 싶다)
  I would like to see her. (나는 그녀가 보고 싶다.)
② would rather A(동사원형) than B(동사원형)(B 하느니 차라리 A 하겠다)
  I would rather[sooner] go than stay. (여기 머무르느니 떠나겠다.)
  = I had better go than stay.
  = I prefer going to staying.
  = I prefer to go than (to) stay.
③ A would rather B + C(과거동사)(A는 B가 차라리 C 하기를 바란다.)
  I'd rather he didn't know my name. (나는 그가 내 이름을 몰랐으면 좋겠다.)

5. Should/Ought to

(1) should의 일반적 용법

① 의무(~해야 한다)(= ought to) → must보다 약한 의미를 지님

㉠ You should take this medicine. (이 약을 먹어야 한다. → 이 약을 먹으면 좋다.)
㉡ You must take this medicine. (이 약을 먹어야 한다. → 반드시 이 약을 먹어야 한다.)
㉢ You should take the responsibility for your own conduct. (당신은 당신 자신의 행위에 대해 책임을 져야 한다.)

② 충고, 가능성·기대·양보
  ㉠ 충고·의견
  • You should take a bus to go there. (그곳에 가려면 버스를 타야 한다.)
  • We should do more to improve the quality of the products. (우리는 제품의 질을 높이기 위해 더 노력해야 한다.)
  ㉡ 가능성·기대·당연한 추측
  Since they left at noon, they should have arrived there. (그들은 정오에 출발했으니까 그곳에 도착해 있을 것이다.)
  ㉢ 실현 가능성이 적은 사항에 대한 가정·양보
  If you should leave me, I will miss you forever. (당신이 나를 떠난다면, 나는 당신을 영원히 그리워할 것이다.)

(2) 감정에 관한 표현

① 과거 사실에 대한 후회·유감·원망

> should[ought to] have + p.p.(~했어야 했는데)
> → 과거에 이루어지지 않은 일이나 사실에 대해 사후에 후회하는 표현

㉠ You should have come to the party last night. (네가 어젯밤 파티에 왔어야 하는데.)(= You had to come to the party, but you didn't.)
㉡ She should have been here one hour ago. (그녀는 한 시간 전에는 여기 왔어야 하는데.)

② 걱정·염려·두려움

> lest … should ~(…가 ~하지 않도록)
> = so that … may not ~
> = for fear of + -ing
> = for fear (that) … should ~

She woke up early lest she (should) be late at work. (그녀는 직장에 늦지 않도록 일찍 일어났다.)
= She woke up early so that she may not be late at work.
= She woke up early for fear of being late at work.
= She woke up early for fear that she should be late at work.

SEMI-NOTE

should와 must
- must는 반드시 해야 하는 의무를 표현
- should는 하는 편이 좋겠다는 의견을 표현

'should[ought to] have + p.p.'의 부정
'should[ought to] have + p.p.'의 부정문은 'should not have + p.p.'와 'ought not to have + p.p.'이다. [~하지 말았어야 했다(그런데 했다)]

'lest … should ~' 구문
• 부정어 'not'을 함께 사용하지 않도록 주의
• I hurried to the station lest I should not miss the train. (X)
  → I hurried to the station lest I (should) miss the train. (O)

SEMI-NOTE

유감·놀람(수사적 감정표현)
- Who should come in but your mother?
  (당신의 어머니 말고 과연 누가 들어 오겠는가?)
  * 여기서 but은 except의 의미
- I'm surprised that your wife should object.
  (당신의 아내가 반대했다니 놀랐다.)

이성적 판단의 형용사 구문
- It is necessary + that + S + should + 동사원형
- It is necessary + that + S + 동사원형
- It is necessary + that + S + be

해당동사
- insist that : ~을 주장하다(앞으로의 일에 대한 주장)
- suggest that : ~을 제안하다(앞으로의 일에 대한 제안)

요구·주장·명령·제안·충고·희망·기대 동사가 있는 경우
- I proposed that the loan (should) be reduced. (나는 대부금을 감액할 것을 제의했다.)
- The doctor advised that she (should) stop smoking. (그 의사는 그녀가 담배를 끊어야 한다고 충고했다.)

실력up ought to의 용법

- 의무(~해야 한다)(= should)
- 추측(~임이 분명하다)(= must)
- 과거사실에 대한 후회·유감 (~했어야 했는데) : ought to have + p.p.(= should have p.p.)
- 과거사실에 대한 추정(~하였음이 분명하다) : ought to have + p.p.(= must have p.p.)

(3) should 중요 용법

① 이성적 판단의 형용사가 있는 경우
  ㉠ 구조 : 이성적 판단의 형용사가 주절에 있는 경우 다음의 that절의 동사는 '(should) + 동사원형'이 됨
  ㉡ 해당 형용사 : impossible, necessary, important, essential, imperative, mandatory, urgent, natural, good, right, proper, wrong 등
    It is necessary that he (should) stop drinking. (그는 금주할 필요가 있다.)

② 감정적 판단의 형용사가 있는 경우
  ㉠ 구조 : 주절에 감정적 판단을 표현하는 형용사가 있는 경우 that절의 동사는 '(should) + 동사원형'이 됨
  ㉡ 해당 형용사 : strange, surprising, regrettable, wonderful, depressed, sorry, a pity, no wonder 등
    It is strange that she (should) do such a thing. (그녀가 그런 일을 하다니 이상하군.)

③ 요구·주장·명령·제안·충고·희망·기대 동사가 있는 경우

- 구조 : 요구·주장·명령·제안·충고·희망·기대 동사 + that + S + (should) + 동사원형
- 해당 동사
  - 요구 : demand, require, request, ask, desire
  - 주장·결정 : insist, urge, decide, determine
  - 명령 : order, command
  - 제안·충고 : suggest, propose, move, recommend, advise

  ㉠ He required that I (should) pay the money. (그는 나에게 돈을 지불하라고 말했다.)
  ㉡ He insisted that the plan (should) be reconsidered. (그는 그 계획이 재고되어야 한다고 주장했다.)
  ㉢ The commander ordered that the deserter (should) be shot to death. (지휘관은 그 탈영병을 총살하라고 명령했다.)

6. 기타 조동사

(1) do 동사

① 조동사
  ㉠ 의문문과 부정문 : be 동사 이외의 동사의 문장에서 의문문과 부정문을 만듦
   • Do you have any money? (돈이 좀 있습니까?)
   • Did he phone? (그가 전화했습니까?)
  ㉡ 강조·도치구문 : 긍정문을 강조하거나 강조·균형 등을 위하여 술어를 문두에 놓을 때 사용됨

② 일반동사 : 주로 '(행)하다', '(이익·손해 등을) 주다'의 의미로 사용됨
  ㉠ You can do what you like. (당신은 하고 싶은 일을 해도 좋습니다.)
  ㉡ Do your duty. (당신의 의무를 다해라.)
  ㉢ The medicine will do you good. (그 약을 먹으면 나을 겁니다.)

(2) need와 dare

① 조동사 : need와 dare는 의문문, 부정문에서 조동사의 역할을 할 수 있음
  ㉠ Need we go that place? (우리가 거기 갈 필요가 있는가?)
  ㉡ How dare you speak to me like that? (어찌 감히 나에게 그렇게 말할 수 있는가?)
  ㉢ He need not go there. (그는 거기에 갈 필요가 없다.)(= He doesn't need to go there.)

② 일반동사 : need와 dare는 긍정문에서 일반동사(본동사)로 쓰임
  Her composition needs correction. (그녀의 작문은 고칠 필요가 있다.)

(3) 기타 준조동사

① used to + 동사원형 : 과거의 규칙적 행동·습관
  cf. would : 과거의 불규칙적 습관
  ㉠ I used to drink much when I was young. (나는 젊었을 때 술을 많이 마셨다.)
  ㉡ She used to call on me every Sunday. (그녀는 일요일마다 나를 방문하곤 했었다.)

② had better + 동사원형(~하는 것이 낫다)
  ㉠ We had better streamline our bureaucracy. (우리의 관료제를 보다 효율화 하는 것이 낫다.)
  ㉡ You had better take an umbrella with you. (우산을 가져가는 게 좋겠습니다.)

③ be going to + 동사원형
  ㉠ 할 작정이다(= will)
  What are you going to do tonight? (당신은 오늘밤 무엇을 할 것입니까?)

SEMI-NOTE

의문문과 부정문
• She doesn't eat meat. (그녀는 고기를 먹지 않는다.)
• They didn't go there. (그들은 그곳에 가지 않았다.)

강조·도치구문
• Do be quiet. (조용히 해.)
• He did say so. (그가 정말 그렇게 말했다.)
• Little did I dream a letter would come from him. (그에게서 편지가 오리라고는 생각지 못했다.)
• Never did I see such a genius. (나는 일찍이 겨런 천재를 본 적이 없다.)

일반동사 예문
• We need to go that place. (우리는 거기 갈 필요가 있다.)
• He dared to tell us the truth. (그는 용기 있게 우리에게 진실을 말했다.)

be used to + (동)명사
• be used to + 명사/동명사(~에 익숙하다)
• become[get] used to + 명사/동명사(~에 익숙해지다)

had better + 동사원형(~하는 것이 낫다)
cf. had better A than B(= would rather[sooner] A than B = may[might] as well A as B)(B 하는 것 보다 A 하는 것이 낫다)[A와 B는 동사원형 또는 have + p.p.]
• I would rather die than live like that. (나는 그렇게 사느니 죽겠다.)
• You may as well leave as stay with your husband. (당신은 남편과 머무는 것보다 떠나는 게 더 낫다.)

SEMI-NOTE

ⓒ 막 ~하려 하다(= be about to)
They are going to leave. (그들은 막 떠나려 한다.)

실력UP be supposed to + 동사원형(~하기로 되어 있다, ~할 것으로 예상된다 / (부정문에서) ~해서는 안 된다)

- Were we supposed to do something? (우리가 뭔가 하기로 했었나?)
- We are supposed to obey the rule. (우리는 그 규칙에 따라야 한다.)

03장 법(Mood)/태(Voice)

01절 법(Mood)

02절 태(Voice)

03장 법(Mood)/태(Voice)

01절 법(Mood)

1. 직설법과 명령법

(1) 법의 의의 및 종류

① 법(Mood)의 의미 : 말하는 사람의 심리·태도에 의한 동사의 표현 형식
② 종류 : 일반적으로 법에는 직설법, 명령법, 가정법이 있음
  ㉠ She always tells a lie. [직설법] (그 여자는 항상 거짓말을 한다.)
  ㉡ Open your eyes. [명령법] (눈을 떠라.)
  ㉢ If I were a bird, I could fly to you. [가정법] (내가 새라면 너에게 날아갈 수 있을 텐데.)

(2) 직설법·명령법

① 직설법
  ㉠ 실제 사실을 있는 그대로 진술하는 법
  ㉡ 평서문, 의문문, 감탄문, 조건문 등이 있음
  ㉢ I have two sisters. [평서문] (나에게는 두 명의 누이가 있다.)
  ㉣ Should I take the 9 : 30 train? [의문문] (9시 반 기차를 타야 합니까?)
  ㉤ What a beautiful flower it is! [감탄문] (꽃이 정말 아름답군요!)

② 명령법
  ㉠ 상대방에 대한 명령·요구·금지 등을 진술하는 법(명령문)
  ㉡ 보통 주어를 생략하고 문장을 동사의 원형으로 시작하며, 상대방의 주의를 끌려고 할 때는 주어 'You'를 사용
  ㉢ 강조의 의미를 나타낼 때에는 감탄부호를 쓰기도 함
    • Look at those children. (저 아이들을 보아라.)
    • You open the door, Rick. (네가 문을 열어, Rick.)
    • Be careful! (조심해!)
  ㉣ 조건 명령
    • 「명령문 + and」: ~ 하라, 그러면 ~ 할 것이다
      – Work hard, and you will succeed. (열심히 일하라, 그러면 너는 성공할 것이다.)
        = If you work hard, you will succeed.
    • 「명령문 + or」: ~ 하라, 그렇지 않으면 ~ 할 것이다
      – Work hard, or your life will be meaningless. (열심히 일하라, 그렇지 않으면 너의 삶은 의미가 없어질 것이다.)
        = If you do not work hard, your life will be meaningless.
        = Unless you work hard, your life will be meaningless.

SEMI-NOTE

명령문 + 관계사 + will[may]~한다 해도[양보명령]

Go where you will, you will not be employed.
= Wherever you may go, you will not be employed.

명령법
• 직접 명령
• 간접 명령
• 청유 명령

조건명령
• Let us
  – Let us go. (→ Let's go.)
    [권유] (갑시다.)
  – Let us go.
    [허가] (우리들을 보내주시오.)

2. 가정법

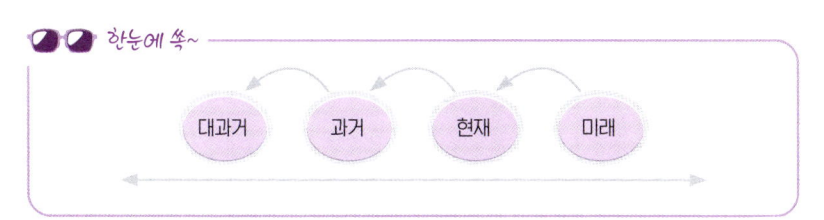

👓 한눈에 쏙~

대과거 ↔ 과거 ↔ 현재 ↔ 미래

(1) 가정법 현재

① 현재 또는 미래에 대한 단순한 가정이나 불확실한 상상, 의심 등을 표현

> 가정법 현재의 기본구조 : If + 주어 + 동사원형[현재형], 주어 + 현재형 조동사 + 동사원형

㉠ If it be[is] true, he will be disappointed. (그것이 사실이라면 그는 실망할 것이다.) (현재의 불확실한 사실)

㉡ If she come[comes] this weekend, I will go to meet her. (그녀가 이번 주말에 온다면 나는 그녀를 보러 가겠다.) [미래의 불확실한 사실]

② 요구, 주장, 제안, 추천, 명령, 충고, 결정 등을 나타내는 동사

> • 기본구조 : 주어 + 동사 + that + 주어 + (should) + 동사원형
> • 해당 동사 : demand, require, request, ask, desire, insist, urge, suggest, propose, recommend, order, command, advise 등

㉠ He insisted that the plan (should) be reconsidered. (그는 그 계획이 재고되어야 한다고 주장했다.)

㉡ I suggested that he (should) be stay there another day. (그가 거기서 하루 더 머물러야 된다고 주장했다.)

③ 당연, 의무, 권고 등을 나타내는 형용사(이성적 판단의 형용사)

> • 기본구조 : It is + 형용사 + that + 주어 + (should) + 동사원형
> • 해당 형용사 : impossible, necessary, important, essential, imperative, mandatory, urgent, natural, good, right, desirable, proper, wrong 등

It is necessary that the bill (should) be passed. (그 법안은 통과되는 것이 마땅하다.)

④ 놀람·후회·유감 등을 나타내는 형용사(감정적 판단의 형용사)

> • 기본구조 : It is + 형용사 + that + 주어 + (should) + 동사원형
> • 해당 형용사 : strange, surprising, wonderful, depressed, regrettable, sorry, a pity, no wonder 등

SEMI-NOTE

가정법

일반적으로 가정법은 실제 사실에 대한 의심·반대의 가정을 표현한 것으로, 가정법 현재와 미래, 과거, 과거완료, 특수한 형태의 가정법 등이 있음

가정법 현재

• 현대 영어의 경우 가정법 현재의 경우에 직설법 현재를 쓰는 경향이 더 많음
 - If it rains tomorrow, I will stay at home.
  (= If it rain tomorrow, I will stay at home.)
  (내일 비가 온다면 나는 집에 있겠다.)

당연, 의무, 권고 등을 나타내는 형용사(이성적 판단의 형용사) 예문

• It is natural that they (should) get angry. (그들이 화내는 것은 당연하다.)
• It is desirable that you (should) be there by seven o'clock. (당신은 7시까지 그곳에 가는 것이 좋겠다.)

놀람·후회·유감 등을 나타내는 형용사 예문

I am sorry that the child (should) be so weak. (그 아이가 그렇게 약하다니 유감이다.)

기원문

God bless you. (신의 가호가 있기를.)

SEMI-NOTE

㉠ It is strange that she (should) do such a thing. (그녀가 그런 일을 하다니 이상하군.)
㉡ It is regrettable that the teacher (should) get angry with me. (그 선생님이 나에게 화를 내다니 유감이다.)

(2) 가정법 과거

① 현재의 사실과 반대되는 가정이나 상상 · 희망을 표현(시점 : 현재)

> • 기본구조
> – If + 주어 + were ~, 주어 + 과거형 조동사(would, could, should, might) + 동사원형
> – If + 주어 + 과거형 동사 ~, 주어 + 과거형 조동사 + 동사원형
> • 가정법 과거의 경우 be동사는 인칭이나 수에 관계없이 were를 사용하며, If가 생략되면 주어와 동사가 도치됨

가정법 과거
• If I had enough money, I could buy a house. (충분한 돈이 있다면 집을 한 채 살 수 있을 텐데.)
= As I don't have enough money, I cannot buy a house. [직설법]
= Had I enough money, I could buy a house. [도치]

If I were rich, I could go abroad. (내가 부자라면 해외에 갈 수 있을 텐데.)
= As I am not rich, I cannot go abroad. [직설법]
= Were I rich, I could go abroad. [도치]

② If it were not for ~

가정법 현재와 가정법 과거 비교
• 가정법 현재
– If + 주어 + 현재 동사~
– 주어 + will[can/may] + 동사원형
• 가정법 과거
If + 주어 + 과거 동사/were~
– 주어 + would[should/could/might] + 동사원형

> If it were not for ~ : (사실은 있지만) ~이 없다면(가정법 과거)
> = Were it not for ~ = If there were no ~
> = But for ~ = Without ~

If it were not for water, nothing could live. (물이 없다면 어떤 것도 살 수 없다.)
= Were it not for water, nothing could live. [도치]
= But for[Without] water, nothing could live.
= If there were no water, nothing could live.

③ 「It is time + 가정법 과거동사(should + 동사원형)」: ~할 시간[때]이다(당연, 필요의 뜻을 나타냄)

It is time you went to bed. (잠자리에 들 시간이다.)
= It is time you should go to bed.
= It is time for you to go to bed.

It is time + 가정법 과거
'It is time + 가정법 과거'는 'It is high time + 가정법 과거', 'It is about time + 가정법 과거'의 형태로 쓰이기도 함

(3) 가정법 과거완료

① 과거의 사실과 반대되는 가정이나 상상 · 희망을 표현(시점 : 과거)

> • 기본구조 : If + 주어 + had + 과거분사(p.p.) ~, 주어 + 과거형 조동사 (would · could · should · might) + have + 과거분사
> • If가 생략되면 주어와 동사가 도치 : Had + S + 과거분사(p.p.) ~, 주어 + 과거형 조동사 + have + 과거분사

But for[Without] ~
가정법 과거와 가정법 과거완료 양쪽에 모두 사용됨

㉠ If I had been rich, I could have gone abroad. (내가 부자였다면 해외에 나갈 수 있었을 텐데.)
  = As I was not rich, I could not go abroad. [직설법]
  = Had I been rich, I could have gone abroad. [도치]
㉡ If I had had enough money, I could have bought a house. (내게 돈이 많았더라면 집을 한 채 살 수 있었을 텐데.)
  = As I didn't have enough money, I could not buy a house. [직설법]
  = Had I had enough money, I could have bought a house. [도치]
㉢ If (only) I had listened to her advice then. (내가 그때 그녀의 충고를 들었더라면.) [주절의 생략]
㉣ You should have left. (당신은 떠났어야 했다.) [조건절의 생략]
② If it had not been for ~

> If it had not been for ~ : (사실은 있었지만) ~이 없었더라면(가정법 과거완료)
> = Had it not been for ~ = If there had been no ~
> = But for ~ = Without ~

(4) 가정법 미래

① 미래에 대한 강한 의심을 나타내는 경우(가능성이 희박한 경우)

> • 기본구조 : If + 주어 + should / would + 동사원형 ~, 주어 + 과거형 조동사(should, would 등) + 동사원형

㉠ If she should smile at you, I would give you her first solo album. (그녀가 너에게 (그럴 리 없겠지만) 미소를 보내면 너에게 그녀의 첫 번째 솔로앨범을 주겠다.)
㉡ If you should fail the exam, your parents would be disappointed. (네가 시험에 불합격한다면 너의 부모님께서는 실망하실 것이다.)

② 실현 불가능한 미래 사실을 가정하는 경우(순수가정)

> If + 주어 + were to + 동사원형 ~, 주어 + 과거형 조동사(should, would등) + 동사원형

3. 주의해야 할 가정법

(1) 혼합 가정법

① 의의
  ㉠ 가정법 과거완료 ~ 과거완료와 가정법 과거가 혼합된 가정법으로, 종속절(조건절)은 가정법 과거완료, 주절(귀결절)은 가정법 과거의 형태로 표현

SEMI-NOTE

If it had not been for ~ 예문

If it had not been for your help, I would have failed. (당신의 도움이 없었더라면 나는 실패했을 것이다.)
= Had it not been for your help, I would have failed. [도치]
= But for[Without] your help, I would have failed.

가정법 미래 용법
• 미래에 강한 의심
• 조건절에 should를 사용하는 것이 원칙
• if절의 조동사는 were to > would > should 순으로 실현 가능성이 희박

실현 불가능한 미래 사실을 가정하는 경우(순수가정)

If the sun were to rise in the west, I would never change my mind. (태양이 서쪽에서 떠오른다 해도 나는 내 마음을 바꾸지 않겠다.)

SEMI-NOTE

가정법 현재·과거·미래
- 가정법 현재와 가정법 미래 : 가정법 현재는 미래에 대한 추측에 있어 가능성이나 기대치가 일정 정도 있는 경우 주로 사용하며, 가정법 미래는 가능성이나 기대치가 희박한 경우 사용
- 가정법 과거와 가정법 미래 : 가정법 과거는 현재 사실에 대한 반대되는 가정을 표현하는데 비해, 가정법 미래는 미래의 실현 가능성이 희박하거나 불가능한 내용을 가정할 때 주로 사용

명령문 + or ~(하라, 그렇지 않으면 ~할[일] 것이다)

Work hard, or you will fail in the exam. (열심히 노력하라, 그렇지 않으면 당신은 그 시험에 실패할 것이다.)
= If you do not work hard, you will fail in the exam.
= Unless you work hard, you will fail in the exam.

I wish (that) ~

= I would(= I'd) rather (that) ~

I wish + 가정법 과거완료 예문
- I wished it had been true. (그것이 사실이었다면 좋았을 텐데.)
  = I was sorry it had not been true.
- I wish/wished I had been a bird.

ⓒ 과거 사건의 결과가 현재에 영향을 주는 경우로서, 종속절이 주절보다 앞선 시제인 경우 사용됨

② 기본구조 : If + 가정법 과거완료, S + 가정법 과거

> If + 주어 + had + 과거완료, 주어 + 조동사 과거형 + 동사원형(과거에 ~했더라면, 현재 …할[일] 것이다)

㉠ If she had married the first lover, she would be happier now. (그녀가 첫사랑과 결혼을 했더라면 지금 더 행복할 것이다.)

㉡ If you had not helped me, I would not be alive now. (네가 나를 돕지 않았다면, 나는 지금 살아있지 않을 것이다.)(→ You helped me, so I can be alive now.)

㉢ If they had listened to me, they wouldn't be in danger. (그들이 내 말을 들었더라면 위기에 처하지 않을 텐데.)

(2) '명령문 + and'

명령문 + and ~(하라, 그러면 ~할[일] 것이다)
Work hard, and you will pass the exam. (열심히 노력하라, 그러면 당신은 시험을 통과할 것이다.)
= If you work hard, you will pass the exam.

(3) I wish 가정법

① I wish + 가정법 과거 : 현재에 실현할 수 없는 일을 나타내며, 종속절의 시점이 주절과 동일

㉠ I wish you told me that. (당신이 나에게 그것을 말해주면 좋을 텐데.)(현재사실에 대한 유감)
  = I am sorry you don't tell me that.

㉡ I wish it were fine today. (오늘 날씨가 좋으면 좋을 텐데.)
  = I am sorry it is not fine today.

㉢ I wished it were true. (그것이 사실이라면 좋았을 텐데.)
  = I was sorry it was not true.

㉣ I wish/wished I were a bird. (내가 지금 새라면 좋겠다./내가 새였으면 하고 바랐다.)

② I wish + 가정법 과거완료 : 과거에 실현하지 못한 일을 나타내며, 종속절의 시점이 주절의 주어보다 앞선 시점임

㉠ I wish you had told me that. (당신이 그것을 말했더라면 좋을 텐데.)(과거사실에 대한 유감)
  = I am sorry you didn't tell me that.

㉡ I wish I could have bought the house. (그 집을 살 수 있었더라면 좋을 텐데.)

= I am sorry I could not buy the house.

(4) as if[as though] + 가정법

① as if + 가정법 과거(마치 ~ 처럼) : 주절의 동사와 같은 때의 내용을 나타냄, 즉 종속절의 시점이 주절과 동일
  ㉠ She talks as if she knew it. (그녀는 그것을 아는 것처럼 말한다.)
    → In fact she doesn't know it.
  ㉡ The old man talked as if he were rich. (그 노인은 마치 부자인 것처럼 말했다.)

② as if + 가정법 과거완료(마치 ~ 이었던(했던) 것처럼) : 주절의 동사보다 이전의 내용을 나타냄, 즉 종속절의 시점이 주절보다 앞선 시점임
  ㉠ She talks as if she had seen it. (그녀는 그것을 보았던 것처럼 말한다.)
    → In fact she didn't see it.
  ㉡ The old man talked as if he had been rich. (그 노인은 마치 부자였던 것처럼 말했다.)

(5) 'If'를 대신하는 표현

① unless, suppose, provided, otherwise, in case 등은 if절을 대신해서 조건절을 이끎
  ㉠ unless(~하지 않으면)(= if … not ~)
    You'll miss the train unless you make haste. (서두르지 않으면 당신은 기차를 놓칠 것이다.)
    = You'll miss the train if you don't make haste.
  ㉡ suppose(만약 ~이라면)(= supposing, provided, providing)
    • Suppose you were left alone on a desert island, what would you do? (네가 무인도에 홀로 있다고 한다면 무엇을 하겠는가?)
      = If you were left alone on a desert island, what would you do?
    • Providing that all your task is done, you may go home. (만약 당신의 일이 끝난다면 집에 가도 좋습니다.)
  ㉢ otherwise(그렇지 않다면)(= or, or else)
    • I was poor; otherwise I could have bought it. (나는 가난했다; 그렇지 않다면 그것을 살 수 있었을 것이다.)
      = If I had not been poor, I could have bought it.
    • in case (that) (~하는 경우에는, ~의 경우에 대비하여)
      In case I am late, don't wait to start dinner. (제가 늦을 경우엔 저녁을 먼저 드십시오.)

② 전치사구가 if절을 대신하는 경우
  ㉠ With more experience, he would succeed. (경험이 더 많다면 그는 성공할 것이다.)
    = If he had more experience, he would succeed.

SEMI-NOTE

I wish ~와 as if(though) 구문
'I wish ~' 가정법 구문과 'as if(though)' 가정법 구문의 경우, 종속절의 시점이 주절과 동일하면 가정법 과거동사를 쓰며, 종속절의 시점이 주절보다 앞서면 가정법 과거완료를 씀

as if 절
• seem, look 등의 동사 뒤에 오는 as if 절에서 실제로 그렇게 보이는 경우의 내용을 나타낼 때에는 직설법 동사를 사용하기도 함
  - It seems as if the quarrel will never end.
  - It looks as if it is going to snow.

'If'를 대신하는 표현
• 부정사구가 if절을 대신하는 경우
  - To hear him speak French, you would take him for a Frenchman. (그가 불어로 말하는 것을 들으면 너는 그를 프랑스 인으로 생각할 것이다.)
  = If you heard him speak French, you would take him for a Frenchman.
• 분사구문이 if절을 대신하는 경우
  - Left to himself, he could not have accomplished it. (그가 혼자 남았더라면 그 일을 이루지 못했을 것이다.)
  = If he had been left to himself, he could not have accomplished it.

SEMI-NOTE

'if' 대용의 'given that'

- I will take you to the party if you come home by 6.
 = I will take you to the party given that you come home by 6.

ⓛ With guns, they could defend themselves. (총이 있다면 그들은 자신들을 방어할 수 있을 것이다.)
= If they had guns, they could defend themselves.

③ 명사구가 if절을 대신하는 경우(조건절이 없는 경우로 주어에 조건의 의미가 있는 경우)

㉠ A man of sense would not do such a thing. (지각 있는 사람이라면 그런 일을 하지 않을 텐데.)
= If he were a man of sense, he would not do such a thing.

ⓛ A more cautious driver could have avoided the accident. (좀 더 조심성 있는 운전자라면 그 사고를 피할 수 있었을 것이다.)
= If he had been a more cautious driver, he could have avoided the accident.

02절 태(Voice)

1. 수동태와 능동태 ★ 빈출개념

(1) 태(Voice)의 의미와 종류

① 태의 의미 : 태는 동작의 관점 차이에 의해 생기는 동사의 표현 형식, 능동태는 동작을 하는 쪽에 중점을, 수동태는 동작을 받는 쪽에 중점

② 태의 종류

㉠ 능동태 : 주어가 동작을 하는 어법으로, 'S(주어) + V(동사) + O(목적어)'의 구조를 취함(여기서 동사는 목적어를 취하는 타동사)
He painted this house. (그가 이 집을 칠했다.)

ⓛ 수동태 : 주어가 동작을 받는 어법으로, 'S + be동사 + p.p.(과거분사) + by + O'의 구조를 취함
This house was painted by him. (이 집은 그에 의해 칠해졌다.)

(2) 수동태로 쓸 수 없는 동사

수동태 만드는 방법
- 능동태의 목적어를 수동태의 주어 자리에 씀
- 동사를 be + p.p.로 씀
- 주어를 by + 목적격의 형태로 씀

- 자동사
- have, possess, belong to, own 등의 소유동사
- resemble, lack(부족하다), become(어울리다), befall, hold(유지하다, 수용하다), reach, escape, suit(맞다, 어울리다), meet, cost(소요되다), weigh, let 등의 상태동사
  cf. have가 '먹다'의 의미인 경우와 hold가 '붙잡다', '개최하다'의 의미인 경우 등은 수동태 가능

have(시키다), let(허락하다)의 수동태 사용 시 형태 변화

- have → be asked to
  – She had me sing. → I was asked to sing by her.
- let → be allowed to
  – She let me go. → I was allowed to go by her.

① He resembles his mother. (그는 그의 어머니를 닮았다.)
→ His mother is resembled by him. (×)
② We can't let you go. (우리는 너를 보낼 수 없다.)
→ You can't be let to go. (×)
③ Thanks to the newly invented vaccine, that disease has now disappeared. (새로 발명된 백신 덕분에, 그 질병은 이제 사라졌다.)
→ Thanks to the newly invented vaccine, that disease has been disappeared. (×)[disappear는 자동사이므로 수동태 불가]

(3) 관용적인 수동 동사구

① be born (태어나다)
② be wounded (= be hurt, be injured, 부상을 입다)
③ be starved to death (굶어 죽다)
④ be drowned (익사하다)
⑤ be burnt to death (타 죽다)
⑥ be frozen to death (얼어 죽다)
⑦ be seated (앉아 있다)
⑧ be held (개최되다)
　　The meeting will be held tomorrow. (그 회의는 내일 개최될 것이다.)

2. 문장 형식과 수동태

(1) 3형식(S + V + O)의 수동태 전환

① 수동태 구조 : 능동태의 목적어 + be동사 + 과거분사 + by + 능동태 주어

- 능동태의 목적어는 수동태의 주어가 됨(→ 주격으로 전환)
- 능동태의 동사는 수동태에서 'be + p.p.'의 구조가 됨(→ be동사는 주어의 수와 인칭, 시제에 따라 적절히 전환)
- 능동태의 주어는 'by + 목적어'의 구조가 됨(→ 목적격으로 전환)

② 구동사(phrasal verb)가 있는 문장의 수동태 전환
　㉠ '자동사 + 전치사'의 전환
　　• The spectators laughed at him. (구경꾼들은 그를 비웃었다.) (laugh at : 비웃다)
　　→ He was laughed at by the spectators.
　　• A car ran over the child. (자동차가 그 아이를 쳤다.) (run over : (차가 사람·물건을) 치다)
　　→ The child was run over by a car.
　　cf. account for(설명하다), depend on(~에 의존하다), look after(보살피다, 돌보다), send for(데리러(가지러, 부르러) 보내다)

SEMI-NOTE

관용적인 수동 동사구

- be possessed of (소유하다)
  - She was possessed of magical power. (그녀는 마법의 힘을 갖고 있었다.)
- be situated (= be located, 위치하다)
  - The house is situated on the hill. (그 집은 언덕에 위치해 있다.)
- be engaged in (~에 종사하다)
  - He is engaged in foreign trade. (그는 해외 무역에 종사하고 있다.)
- be engaged to (~와 약혼한 상태이다)
  - He is engaged to Jane.(그는 Jane과 약혼한 상태이다.)

수동태 가능 문장
수동태의 문장이 되기 위해서는 능동태의 문장이 목적어가 포함된 3형식 이상의 문장이어야 함

3형식(S + V + O)의 수동태 전환

- Shakespeare wrote Hamlet. (셰익스피어가 햄릿을 썼다.)
  → Hamlet was written by Shakespeare.
- He repaired the bike. (그는 자전거를 수리했다.)
  → The bike was repaired by him.

SEMI-NOTE

'타동사 + 명사 + 전치사'의 전환
- My mother took good care of the baby. (나의 어머니는 그 아기를 잘 돌봤다.) (take care of : 돌보다, 소중히 하다)
  → The baby was taken good care of by my mother. [주로 사용되는 형태]
  → Good care was taken of the baby by her.
  cf. catch sight of(찾아내다), make fun of(놀리다, 조소하다), make use of(사용하다), pay attention to(유의하다), take notice of(주의하다, 알아차리다), take (a) pride in(자랑하다)

직접목적어를 주어로 하는 수동태
- 3형식 문장으로 전환 후 수동태 전환
  - She sold me a pretty doll.
    → She sold a pretty doll for me. [3형식 전환]
    → A pretty doll was sold for me by her. [수동태 전환]

간접목적어만 수동태 주어로 할 수 있는 경우
I envied her beauty. (나는 그녀의 미모를 부러워했다.)
→ Her beauty was envied her by me. (×)
→ She was envied her beauty by me. (○)

목적격 보어의 원형부정사 형태
지각동사, 사역동사가 있는 5형식 문장에서 목적격 보어가 원형부정사인 경우 수동태로 전환 시 보어는 to부정사로 써야함

ⓒ '자동사 + 부사 + 전치사'의 전환
- We looked up to the professor. (우리는 그 교수를 존경했다.) (look up to : 존경하다)
  → The professor was looked up to by us.
  cf. look down on(낮추어보다, 경멸하다), do away with(폐지하다), keep up with(지지 않다), make up for(벌충하다), put up with(참다, 견디다)

(2) 4형식(S + V + IO + DO)의 수동태 전환

① 2개의 수동태로 전환할 수 있는 경우
  ㉠ 간접목적어(IO)와 직접목적어(DO)를 주어로 하는 2개의 수동태가 가능
  ㉡ 4형식 동사 중 일부의 경우만 가능하며, 일반적으로는 직접목적어만 주어가 될 수 있음
  My uncle gave me an English book. (나의 삼촌이 나에게 영어책을 주었다.)
  → I was given an English book by my uncle. [능동태의 IO가 수동태의 주어]
  → An English book was given (to) me by my uncle. [능동태의 DO가 수동태의 주어]

② 직접목적어만을 수동태 주어로 할 수 있는 경우
  ㉠ 간접목적어는 수동태의 주어로 할 수 없으며 직접목적어만 가능
  ㉡ bring, buy, do, make, pass, read, sell, sing, throw, write 등 대부분의 4형식 동사
  ㉢ He bought me a book. (그는 나에게 책 한 권을 사주었다.)
  → I was bought a book by him. (×)
  → A book was bought for me by him. (○)
  ㉣ She made me a doll. (그녀는 나를 위해 인형을 만들어주었다.)
  → I was made a doll by mother. (×)
  → A doll was made me by her. (○)

③ 간접목적어만 수동태 주어로 할 수 있는 경우
  ㉠ 직접목적어는 수동태의 주어로 할 수 없으며 간접목적어만 가능
  ㉡ answer, call, deny, envy, kiss, refuse, save 등의 동사

(3) 5형식(S + V + O + O.C)의 수동태 전환

① 목적어를 수동태의 주어로 하는 수동태만 가능
  ㉠ They elected Lincoln President of the United States. (링컨은 미국의 대통령으로 선출되었다.)
  → Lincoln was elected President of the United States (by them). (○)
  → President of the United States was elected Lincoln (by them). (×)
  → [목적보어는 수동태의 주어가 될 수 없음]

ⓛ They thought him to be clever. (그들은 그가 영리한 사람이라 생각했다.)
　→ He was thought to be clever.
ⓒ I often heard him sing a song. (나는 종종 그가 노래하는 것을 들었다.)
　→ He was often heard to sing a song by me.
② 지각동사가 있는 문장의 수동태
　㉠ 지각동사의 목적보어(원형부정사)는 수동태에서 to부정사로 전환됨
　　I saw her enter the room. (나는 그가 방으로 들어가는 것을 보았다.)
　　→ She was seen to enter the room by me.
　㉡ 분사가 지각동사의 목적보어인 경우는 수동태에서도 그대로 사용됨
　　We saw the car stopping. (우리는 차가 멈추는 것을 보았다.)
　　→ The car was seen stopping[to stop (×)/to be stopping (×)].
③ 사역동사가 있는 문장의 수동태
　사역동사의 목적보어(원형부정사)는 수동태에서 to부정사로 전환됨
　My mother made me clean the room. (어머니가 방을 청소하라고 시켰다.)
　→ I was made to clean the room by my mother.

3. 주의해야 할 수동태

(1) 부정문의 수동태

「be동사 + not + 과거분사」의 형태로 쓰임
Nobody paid much attention to his speech. (아무도 그의 연설에 주의를 기울이지 않았다.)
→ His speech was paid no attention to by anybody. (○)
→ His speech was paid much attention to by nobody. (×)

(2) 의문문의 수동태

① 의문사가 이끄는 의문문의 수동태
　㉠ Who broke the window? (누가 창을 깼느냐?) (the window가 목적어)
　　→ By whom was the window broken? [By whom + be + S + p.p.]
　㉡ What do you call this in English? (this가 목적어이며 what은 목적보어)
　　→ What is this called in English (by you)?
② 의문사 없는 의문문의 수동태
　Did she write a letter? (그녀는 편지를 썼나요?)
　→ Was a letter written by her?

(3) 명령문의 수동태

① 긍정문 : Let + 목적어 + be + 과거분사 (+ by ~)
　Do the homework at once. (당장 숙제를 해라.)
　→ Let the homework be done at once.

SEMI-NOTE

사역동사 중 let과 have
- 수동태에서 그대로 사용되지 못하고, 'be allowed to', 'be asked to'의 형태로 쓰임
  - My parents let me go there with her. (나의 부모님은 내가 그녀와 같이 거기에 가도록 허락했다.)
    → I was allowed to go there with her.

부정문의 수동태
- The mayor did not give an address this morning. (시장은 오늘 아침 연설을 하지 않았다.)
  → An address was not given by the mayor this morning.

의문문 수동태
- 의문문을 수동태로 전환할 경우
  - 평서문 → 수동태 → 의문문 순으로 진행

조동사가 있는 문장의 수동태
- 「조동사 + be동사 + 과거분사」의 형태로 쓰임
- We will elect a new chairman. (우리는 새로운 의장을 선출할 것이다.)
  → A new chairman will be elected by us.
- He must do the work. (그는 그 일을 해야 한다.)
  → The work must be done by him.

SEMI-NOTE

목적어와 목적보어 간의 수동태 전환

- 목적보어가 to부정사이고 그 to부정사가 다른 목적어를 갖는 경우 원래의 목적어와 목적보어 사이에 수동태 전환이 가능
  - No one expected Jason to marry Kathy.
    → No one expected Kathy to be married to Jason.

명사절 수동태 예문

They say that he was rich. (그는 부자였다고 한다.)
→ It is said that he was rich.
→ He is said to have been rich. [완료부정사]

steal과 rob

- steal은 사물을 주어로 한 수동태 문장에, rob은 사람을 주어로 한 문장에 주로 사용됨
  - He stole the car from me. (그는 나에게서 차를 훔쳤다.)
    → The car was stolen from me by him.
  - He robbed me of my wallet. (그는 내 지갑을 털었다(훔쳤다).)
    → I was robbed of my wallet by him.

---

② 부정문
  ㉠ Let + 목적어 + not + be + 과거분사 (+ by ~)
  ㉡ Don't let + 목적어 + be + 과거분사 (+ by ~)
    Don't open the door. (문을 열지 마라.)
    → Let the door not be opened.
    → Don't let the door be opened.

(4) 명사절 수동태(목적어가 절인 문장의 수동태 : They say ~ 구문)

일반인 주어(They/People) + 완전타동사 + that + 주어 + 동사
→ It + be + 과거분사 + that + 주어 + 동사
→ 주어 + be + 과거분사 + to 부정사
※ to 부정사의 경우 시제가 주절과 명사절의 시제가 같으면 단순부정사(to + 동사원형), 명사절의 시제가 주절의 시제보다 앞선 시제이면 완료부정사(to + have + 과거분사)를 씀

They say that he works 11 hours a day. (그는 하루에 11시간을 일한다고 한다.)
→ It is said that he works 11 hours a day.
→ He is said to work 11 hours a day. [단순부정사]

(5) 완료형, 진행형의 수동태

① 완료형 수동태 : have + been + p.p.
  ㉠ He has written a poem. (그를 시를 썼다.)
    → A poem has been written by him. [현재완료형 수동태]
  ㉡ I will have done the task. (나는 그 일을 끝낼 것이다.)
    → The task will have been done by me. [미래완료형 수동태]
② 진행형 수동태 : be + being + p.p.
  ㉠ She is cleaning her room. (그녀는 그녀의 방을 청소하고 있다.)
    → Her room is being cleaned by her. [현재진행형 수동태]
  ㉡ The doctor was treating the patient. (그 의사는 환자를 치료하고 있었다.)
    → The patient was being treated by the doctor. [과거진행형 수동태]

(6) 기타 주의할 수동태

① 「have + 목적어 + 과거분사」의 수동태 : 피해(~당하다)를 나타냄
    I had my pocket picked. (소매치기를 당했다.) [pick a person's pocket : ~의 호주머니에서 소매치기하다]
② 혼동하기 쉬운 능동 · 수동 표현
  ㉠ 형태상 능동이나 의미상 수동인 경우
    These oranges peel easily. (이 오렌지는 잘 벗겨진다.)
  ㉡ 형태상 수동이나 의미상 능동인 경우
    • I was born in Seoul. (나는 서울에서 태어났다.)(be born : 태어나다)

- Are you married? (당신은 결혼했습니까?)(be married : 결혼하다)
- The girl was drowned in the river. (그 소녀는 강에서 익사했다.) (be drowned : 익사하다)

4. 수동태에서의 전치사 by

(1) by의 생략

① 행위자가 we, you, they, people, one 등 일반인인 경우 종종 생략
They[People] speak English in Australia. (호주에서는 영어를 사용한다.)
→ English is spoken in Australia (by them).

② 행위자가 불분명한 경우 생략
He was hurt in a traffic accident. (그는 교통사고로 다쳤다.)

③ 행위자가 유추할 수 있거나 중요하지 않은 경우 생략
He passed by a beehive and was stung (by bees). (그는 벌집을 지나치다가 벌에 쏘였다.)

(2) by 이외의 전치사를 사용하는 수동태

① be surprised/astonished at(~에 놀라다)
I was surprised at the news. (나는 소식을 듣고 놀랐다.)

② be frightened at(~에 겁먹다, 질겁하다)
The woman was frightened to death at the sight. (그 여성은 그 광경을 보고 까무러칠 만큼 놀랐다.)

③ be interested in(~에 흥미[관심]가 있다)
He is much interested in music. (그는 음악에 흥미를 느끼고 있다.)

④ be absorbed in(~에 몰두하다)
He was absorbed in thought. (그는 생각에 깊이 잠겼다.)

⑤ be caught in(~에 걸리다, ~에 빠지다)
I was caught in a shower. (나는 소나기를 만났다.)

⑥ be made of/from
 ㉠ be made of(~로 만들어지다 : 물리적 변화)
 Formerly all ships were made of wood. (전에 모든 배는 나무로 만들었다.)
 ㉡ be made from(~로 만들어지다 : 화학적 변화)
 Cheese is made from milk. (치즈는 우유로 만들어진다.)

⑦ be beloved of(~에게 사랑받다)
He is beloved of all. (그는 모든 사람들에게 사랑을 받는다.)

⑧ be tired of/with
 ㉠ be tired of(~에 싫증나다, 지겹다)
 I am tired of feeling sick. (나는 아픔을 느끼는 것이 지겹다.)
 ㉡ be tired with(~에 지치다)
 I am tired with walking. (나는 걷는 데 지쳤다.)

SEMI-NOTE

by + 행위자를 사용하지 않는 예외의 경우

능동태의 주어는 수동태의 대개 전치사구로 나타나는데 그때의 대표적인 전치사는 by이지만, 동사에 따라 다른 전치사가 오는 경우도 있음

수동태에서의 전치사 at

- 놀람이나 충격의 감정을 나타내는 경우
  – be alarmed at, be amazed at, be astonished at, be frightened at, be shocked at, be surprised at 등

by 이외의 전치사를 사용하는 수동태

- be filled with(~로 가득 차다)
  - The room was filled with smoke. (그 방이 연기로 가득 찼다.)
- be surrounded with(~에 둘러싸이다)
  - It was surround with a wall. (그것은 담에 둘러싸여 있었다.)
- be disappointed at[in](~에 실망하다)
  - I was disappointed in him. (나는 그에게 실망했다.)
- be delighted at[with](~에 기뻐하다)
  - We are just absolutely delighted with it. (우리는 그것에 너무나 기쁩니다.)

SEMI-NOTE

수동태에서의 전치사 to
- 동등이나 지향의 관계를 나타내는 경우
  - be engaged to, be married to, be known to 등

수동태에서의 전치사 with
- 행위자가 동작을 가하는 도구일 경우
  - The bottle was broken with a bullet.
- 기쁨이나 실망 등의 감정을 나타내는 경우
  - be delighted with, be pleased with, be satisfied with, be disappointed with 등

⑨ be ashamed of(~을 부끄러워하다)
  I am ashamed of what I did. (나는 내가 했던 일을 부끄러워한다.)
⑩ be married to(~와 결혼하다)
  She is married to a rich man. (그녀는 돈 많은 남자와 결혼해 살고 있다.)
⑪ be known to/as/for/by
  ㉠ be known to(~에 알려져 있다)
    The story is known to everybody. (그 이야기는 모든 사람들에게 알려져 있다.)
  ㉡ be known as(~로 알려지다 : 자격)
    He is known as a movie star. (그는 영화배우로 알려져 있다.)
  ㉢ be known for(~로 유명하다 : 이유)
    He is known for his savage. (그는 잔인한 사람으로 유명하다.)
  ㉣ be known by(~으로 알 수 있다)
    A man is known by the company he keeps. (사람은 그가 어울리는 사람에 의해 알 수 있다.)
⑫ be pleased with(~에 기뻐하다)
  She was pleased with his present. (그녀는 그의 선물에 기뻐했다.)
⑬ be satisfied with(~에 만족하다)
  He was satisfied with my answer. (그는 나의 대답에 만족했다.)
⑭ be covered with(~로 덮여 있다)
  ㉠ The top of the mountain is covered with snow. (산마루는 눈으로 덮여 있다.)
  ㉡ The ground was covered with snow. (땅이 눈으로 덮였다.)

04장 일치(Agreement)/화법(Narration)

01절 일치(Agreement)

02절 화법(Narration)

04장 일치(Agreement)/화법(Narration)

01절 일치(Agreement)

1. 주어와 동사의 수의 일치

(1) 기본적 일치 원칙

① 주어와 동사의 일치 : 주어의 인칭과 수에 따라서 동사의 형태가 결정됨
② 수의 일치
  ㉠ 원칙적으로 주어가 단수이면 단수동사(is, was, does, has 등)로, 주어가 복수이면 복수동사(are, were, do, have 등)로 받음
    • That pretty girl is very sick. (저 예쁜 소녀는 많이 아프다.)[단수동사]
    • They are playing baseball. (그들은 야구를 하고 있다.)[복수동사]
  ㉡ 예외적으로 주어의 형태가 아닌 의미에 따라 동사의 수가 결정되는 경우도 많이 있음

(2) A and B

① 주어가 'A and B'인 경우 원칙적으로 복수 취급
  ㉠ You and I are the only survivors. (당신과 내(우리)가 유일한 생존자이다.)
  ㉡ Oil and water do not mix. (기름과 물은 섞이지 않는다.)
② 동일인이나 불가분의 단일 개념인 경우 예외적으로 단수 취급
  ㉠ 동일인 : 한 사람을 의미하므로 단수 취급
    A poet and novelist was present. (시인 겸 소설가가 참석하였다.)(동일인을 의미)
    cf. A poet and a novelist were present. (시인과 소설가가 참석하였다.) (다른 사람을 의미)
  ㉡ 불가분의 단일 개념 : 하나 또는 하나의 단위를 가리키므로 단수 취급
    Bread and butter is his usual breakfast. (버터를 바른 빵이 그의 일상적인 아침식사이다.)

(3) 근접주어의 일치

A or B, either A or B, neither A nor B, not only A but also B, not A but B 등은 동사를 동사와 가까운 쪽(일반적으로 B)의 주어와 일치(다만, 오늘날 이를 구분하지 않고 쓰는 경향이 있음에 유의)

① A or B(A 또는 B) : 동사는 B에 일치시킴
  You or he has to attend the meeting. (너 아니면 그가 그 회의에 참석해야 한다.)
② Either A or B(A든 B든 어느 하나; 양자택일) : 동사는 B에 일치시킴

SEMI-NOTE

일치

주어	전명구	동사
	to부정사	
	분사구	
	관계사절	
	동격 that	

단일 개념으로 보아 단수 취급되는 표현

a needle and thread(실을 꿴 바늘, 실과 바늘), ham and eggs(계란을 넣은 햄, 햄에그), curry and rice(카레라이스), brandy and water(물 탄 브랜디), a watch and chain(줄 달린 시계), a horse and cart(말 한 마리가 끄는 마차), trial and error(시행착오), all work and no play(일[공부]만 하고 놀지 않는 것) 등

A (together) with B 'A (together) with B(= A as well as B)'는 A에 동사를 일치시킴

A bat together with some balls is missing. (공 몇 개와 함께 야구 배트가 없어졌다.)

㉠ Either you or Tom is in the wrong. (당신과 Tom 어느 한 사람이 틀렸다.)
㉡ Either you or she is in the wrong. (너와 그녀 어느 한 사람이 틀렸다.)
③ Neither A nor B(A도 B도 ~아니다; 양자부정) : 동사는 B에 일치시킴
Neither he nor I am responsible for the accident. (그도 나도 그 사고에 대해 책임이 없다.)
④ not only A but also B(= B as well as A)(A뿐만 아니라 B도) : 동사는 B에 일치시킴
Not only he but also I am right. (그뿐만 아니라 나도 옳다.)
= I as well as he am[is] right.

(4) 집합명사의 일치

① 집합명사 + 단수동사
  ㉠ 단수 취급 : 집합명사는 사람·사물의 집합체를 나타내는 명사로, 집합체를 의미한다는 측면에서 단수동사로 받음
  ㉡ 해당 명사 : family, class, public, nation 등
  ㉢ My family is a large one. (나의 가족은 대가족이다.)[family는 가족 전체를 말하므로 집합명사]
② 군집명사 + 복수동사
  ㉠ 복수취급 : 군집명사는 집합명사의 일종으로, 집합체의 구성원을 개별적으로 표현하는 명사를 말하므로 복수동사로 받음
  ㉡ 집합명사 중 어떤 것이 군집명사가 되는지는 문맥의 의미를 통해서 판별

> **실력up 군집명사와 정관사**
> - 정관사 the를 동반하는 군집명사 : the police, the English, the gentry 등
>   – The police are chasing the criminal.
> - 무관사로 사용하는 군집명사 : cattle, poultry, vermin 등
>   – Cattle are grazing on grass.

(5) 전체나 일부를 나타내는 표현에서의 일치

[all, most, more than, some, half, one, the part, the rest, the remain, 분수, a lot, plenty 등] + of + 명사 + 동사
⇒ 앞의 명사가 복수명사인 경우 복수동사가, 단수명사인 경우 단수동사가 됨

① Most of them are his friends. (그들 대부분은 그의 친구들이다.)
② Half of this apple is rotten. (이 사과의 반은 썩었다.)[한 개의 사과]
③ Half of these apples are rotten. (이 사과들의 반은 썩었다.)[여러개의 사과]
④ The rest of the students were absent. (학생들 중 나머지는 결석을 했다.)
⑤ Two-thirds of the task has finished. (직무의 2/3가 완료되었다.)

SEMI-NOTE

동사를 A에 일치시키는 표현
- A accompanied with B
- A along with B
- A as well as B
- A occupied with B
- A together with B
- A with B

군집명사 + 복수동사 예문
My family are all early risers. (나의 가족들은 모두 일찍 일어난다.)[이 문장에서 family는 가족 구성원 개개인을 의미하므로 군집명사]

부분, 일부를 표현하는 대명사
half, some, most 등 부분이나 일부를 표현하는 대명사 다음에 'of the + 복수명사'가 오는 경우는 복수 동사를, 'of the + 불가산 명사(단수형)'가 오는 경우는 단수 동사를 사용

SEMI-NOTE

many, all

- many + 복수명사 / many + of + 복수명사 : 복수동사로 받음
  - Many people have to move before the coming spring.
  - Many of us were tired.
- all : 사람('모든 사람', '모두')을 의미할 때는 복수 취급, '모든 것(만사)'을 의미할 때는 단수 취급
  - All were happy.
  - All I want is money.

every 관련 영어 숙어 표현
- every day 매일, 날마다
- every year 매년
- every week 매주
- in every case 모든 경우에

주어와 동사의 수의 일치
- 주격 관계대명사가 이끄는 절의 동사는 선행사의 수에 일치시킴
  - 주격 관계대명사(who, which, that 등)가 이끄는 절의 동사의 경우는 주어가 선행사이므로, 선행사의 수와 인칭에 일치시켜야 함
  - Mr. Kim, who has a lot of teaching experience, will be joining the school in September.
  [관계대명사(who) 다음의 동사(has)는 선행사(Mr. Kim)에 일치]
  (김 선생님은, 가르쳐 본 경험이 많은 분인데, 9월에 우리 학교에서 함께 일하게 됩니다.)

---

(6) 「the number of ~」와 「a number of ~」에서의 일치

① the number of ~(~의 수) : 단수동사로 받음
  The number of students has been increasing. (학생들의 수가 증가하고 있다.)
② a number of ~(다수의 ~, 많은 ~) : 복수동사로 받음
  A number of students were injured in the traffic accident. (수많은 학생들이 그 교통사고로 다쳤다.)

(7) 「many + a + 단수명사」는 단수 취급

① Many a young man has tried and failed. (많은 젊은이들이 시도했으나 실패했다.)
② Many a landowner has become bankrupt due to the law. (그 법률 때문에 많은 지주들이 몰락했다.)

(8) 「every + 단수명사」와 「every + 단수명사 + and + (every) + 단수명사」는 단수 취급

① Every dog has his day. (쥐구멍에도 볕 들 날이 있다.)
② Every boy and (every) girl wants to see the movie. (모든 소년 소녀들이 그 영화를 보고자 한다.)
  cf. Everyone[Everybody] knows that. (모두 그것을 알고 있다.)(everyone[everybody]도 단수 취급)
  cf. each, no로 수식받는 명사도 단수 취급
③ Each boy and each girl was given a book. (각 소년소녀들은 책을 한권 받았다.)
④ No student is to leave the room. (어떤 학생도 교실을 나갈 수 없다.)

(9) 복수형의 학문명, 병명, 게임명 등은 단수 취급

① 복수형의 학과·학문명 : ethics(윤리학), politics(정치학), economics(경제학), statistics(통계학), mathematics(수학), linguistics(언어학), phonetics(음성학) 등 → 단수 취급
② 복수형의 병명 : measles(홍역), mumps(유행성 이하선염), blues(우울증), rickets(구루병) 등 → 단수 취급
③ 복수형의 오락·게임명 : billiards(당구), bowls(볼링), checkers(체커, 서양장기), cards 등 → 단수 취급

> **실력up 지명·국가명을 나타내는 복수 고유명사의 수**
>
> - 단수 취급 : Athens(아테네), Naples(나폴리), the United Nations(유엔), the United States(미국) [※복수형의 국가명은 대부분 단수 취급]
> - 복수 취급 : the Netherlands(네덜란드), the Alps(알프스) 등

(10) 「시간, 거리, 금액, 중량」 등이 한 단위 또는 단일 개념을 나타내는 경우 단수 취급

① Thirty years is a long time. (30년은 긴 세월이다.)
   cf. Thirty years have passed since my mother died. (어머니가 돌아가신 지 30년이 지났다.)[시간의 경과를 나타내는 경우 복수 취급]
② Twenty miles is a long way to walk. (20마일은 걸어가기에 먼 길이다.)
③ Five thousand dollars is a big money. (5천 달러는 거금이다.)

(11) 명사절이나 명사구 등이 주어 역할을 하는 경우 단수 취급

① That he said so is true. (그가 그렇게 말했다는 것은 사실이다.)[명사절(That ~ so)이 주어이므로 단수동사(is)로 받음]
② Whether he will succeed is doubtful. (그가 성공할 것인지는 의심스럽다.)
③ Beating a child does more harm than good. (아이를 때리는 것은 득보다 해가 크다.)[동명사(구)가 주어가 되는 경우 단수 취급하므로 단수동사(does)로 받음]
④ To know oneself is not easy. (자신을 아는 것은 쉽지 않다.)[부정사(구)가 명사기능을 하여 주어가 되는 경우 단수 취급]

2. 시제의 일치

(1) 시제 일치의 일반원칙

① 주절의 시제가 현재, 현재완료, 미래인 경우에는 종속절의 시제는 어느 것이든 가능
   ㉠ I think that he is rich. (나는 그가 부자라고 생각한다.)
   ㉡ I think that he will be rich. (나는 그가 부자가 될 거라고 생각한다.)
   ㉢ I think that he was rich. (나는 그가 부자였다고 생각한다.)
   ㉣ He will say that he was busy. (그는 바빴었다고 말할 것이다.)
   ㉤ He has said that he will be busy. (그는 바쁠 것이라고 말했다.)
② 주절의 시제가 과거인 경우 종속절의 시제는 과거나 과거완료가 됨(단, 과거완료는 주절의 시제(과거)보다 먼저 일어난 경우)
   ㉠ I thought that he was rich. (나는 그가 부자라고 생각하였다.)
   ㉡ I thought that he would be rich. (나는 그가 부자가 될 거라고 생각하였다.)
   ㉢ I thought that he had been rich. (나는 그가 부자였었다고 생각하였다.)

(2) 시제일치의 예외

① 불변의 진리, 격언 등은 주절의 시제와 관계없이 종속절에서 현재를 씀
   ㉠ We were taught that the earth is round like a ball. (우리는 지구가 공처럼 둥글다고 배웠다.)
   ㉡ The professor said that time is money. (그 교수는 시간이 돈이라고 말했다.)

SEMI-NOTE

한 단위 또는 단일 개념을 나타내는 문장
한 단위 또는 단일 개념을 나타내는 문장의 구별시간, 거리, 금액, 중량 등이 한 단위 또는 단일 개념을 나타내는 경우에는 형태상으로 시간, 거리, 금액, 중량 등을 나타내는 어구 다음에 be동사가 옴

「There be ~」는 다음의 주어 수에 따라 be동사가 결정 됨
- There is a man who wants to go with you. (당신과 같이 가고자 하는 사람이 있습니다.)[`There be' 다음의 주어가 단수인 경우 be동사도 단수]
- There are some nice gold rings. (예쁜 금반지가 꽤 있다.)[`There be' 다음의 주어가 복수인 경우 be동사도 복수]

시제 일치란
- 주절과 종속절로 이루어진 복문 구조에서 주절의 시제와 종속절의 시제를 일치시키는 것을 의미
- 종속절의 시제 일치
  - 주절 시제
  - 현재, 현재완료, 미래
  - 과거
- 종속절 시제
  - 어느 시제나 사용 가능
  - 과거, 과거완료

시제 일치의 예외 조동사 must, should, ought to 등[의무 · 추측]
- must가 의무(~해야 한다)를 나타내는 경우 `have to`로 바꾸어 쓸 수 있음
  - His father said that he must[had to] work hard. (그의 아버지는 그가 열심히 공부해야 한다고 말했다.)

SEMI-NOTE

주의할 시제 일치 관련 어구
- in + (과거) 시간명사 : 과거시제에 쓰임
  - The foundation was founded in 2009. (그 재단은 2009년에 설립되었다.)
- during : 주로 과거의 특정한 기간 동안에 관하여 씀
  - The renowned singer stayed in Hawaii during a six-year gap. (그 유명한 가수는 6년간의 공백 기간 동안 하와이에 머물렀다.)
- since : 앞의 주절 동사는 완료시제를 씀
  - I have known him since he was a child. (나는 그가 어릴 때부터 그를 알고 있다.)
- so far : 현재완료시제에 쓰임
  - She has written only two novel so far. (그녀는 지금까지 단지 두 편의 소설만을 썼다.)
- by this time : 주로 미래완료시제에 쓰임
  - He should have arrived by this time. (그는 지금쯤 도착했을 것이다.)

② 현재의 습관·관례, 현재의 사실은 주절의 시제와 관계없이 종속절에서 현재를 씀
  ㉠ My grandfather said that he takes a walk everyday. (내 할아버지는 매일 산책을 한다고 말씀하셨다.)
  ㉡ It is an accepted custom to say 'Excuse me' when he sneezes. (재채기를 할 때 'Excuse me'라고 말하는 것은 일반적으로 받아들여지는 관례이다.)
  ㉢ He said that he has breakfast at seven every morning. (그는 매일 아침 7시에 아침을 먹는다고 말하였다.)
③ 역사적 사실은 주절의 시제와 관계없이 종속절에서 과거를 씀
  ㉠ She said that Columbus discovered America in 1492. (그녀는 1492년 Columbus가 미국을 발견했다고 말했다.)
  ㉡ We learned that World War II broke out in 1939. (우리는 1939년에 2차 세계대전이 일어났다고 배웠다.)
④ 가정법의 시제는 주절의 시제와 관계없이 종속절에서 원래 그대로 씀
  ㉠ He said, "If I were well, I could swim in the river."
    → He said that if he were well he could swim in the river. (그는 자신이 건강하다면 강에서 수영을 할 수 있다고 말하였다.)
  ㉡ I wish I were a bird. (나는 내가 새라면 하고 바란다.)
    → I wished I were a bird. (나는 내가 새라면 하고 바랐다.)
⑤ 비교의 부사절에서는 내용에 따라 시제를 씀
  ㉠ She was then more generous than she is now. (그녀는 지금보다 그때 더 관대했다.)
  ㉡ She speaks English better than you did. (그녀는 예전의 당신보다 영어를 더 잘한다.)

02절 화법(Narration)

1. 화법전환(직접화법 ⇒ 간접화법)의 일반 공식

(1) 전달동사 등의 전환

① 전달동사 : say(said) → say(said), say(said) to → tell(told)
② 인용부호를 없애고 접속사 that을 사용

(2) 피전달문의 인칭 및 시제의 전환

① 직접화법에서의 1인칭은 간접화법에서 주어와 일치시킴
   He said to me, "I will do my best."
   → He told me that he would do his best.
② 2인칭은 목적어와 일치시키며, 3인칭은 그대로 둠
   I said to her, "You look fine."

화법(Narration)

화법이란 사람의 말을 전하는 방식을 말하는 것으로, 어떤 사람이 한 말을 그대로 인용부호로 전하는 것을 직접화법(Direct narration), 말의 의미·내용만을 자신의 말로 고쳐서 전하는 것을 간접화법(Indirect narration)이라 함

→ I told her that she looked fine.
③ 전달동사의 시제가 과거일 경우 종속절의 시제는 시제 일치 원칙에 따라 바뀜
   She said, "It is too expensive."
   → She said that it was too expensive.
④ 지시대명사나 부사(구) 등을 문맥에 맞게 전환함
   ㉠ She said, "I am busy today."
      → She said that she was busy that day.
   ㉡ He said, "I reached here yesterday."
      → He said that he had reached there the day before.

2. 문장의 종류에 따른 화법전환

(1) 평서문의 화법전환
① 전달동사 say는 say로, say to는 tell로 전환
② 전달동사 뒤에 접속사 that을 놓음. 이 that은 생략이 가능
③ 전달동사가 과거인 경우 종속절의 시제를 일치시킴
④ 피전달문의 인칭대명사를 문맥에 맞도록 고침
⑤ 부사나 부사구, 지시대명사 등을 문맥에 맞도록 고침

실력up 문맥에 맞게 고치기

- now → then / ago → before
- today → that day / tonight → that night
- yesterday → the day before(the previous day)
- last night → the night before(the previous night)
- tomorrow → the next day(the following day)
- next week → the next week(the following week)
- this → that / these → those / here → there / thus → so

SEMI-NOTE

의문사 있는 의문문의 간접화법 어순
- 의문사가 접속사 역할을 하므로 '의문사 + 주어 + 동사'의 순서가 됨
  - I said to the boy, "What is your name?"
    → I asked the boy what his name was.
    (나는 그 소년에게 이름이 무엇이냐고 물었다.)

9급공무원
영어

나두공

05장 부정사(Infinitive)/동명사(Gerund)/분사(Participle)

01절 부정사(Infinitive)

02절 동명사(Gerund)

03절 분사(Participle)

부정사(Infinitive)/동명사(Gerund)/분사(Participle)

01절 부정사(Infinitive)

1. 부정사의 의의

(1) 부정사의 의미

① 부정사는 복문을 단문으로 만들어 문장을 간결하게 하는 준동사의 일종
② 부정사는 동사의 성질을 지니므로 목적어나 보어를 취할 수 있음
③ 부정사는 그 용법에 따라 문장에서 명사(구), 형용사(구), 부사(구)의 역할을 함
④ 부정사는 '~하는 것', '~하기 위해', '~할' 등과 같은 미래의 의미가 내포되어 있음
⑤ 문장의 간결성 차원에서 부정사가 있는 문장에서는 같은 단어의 반복이 안 됨

(2) 부정사의 종류

① to부정사 : to + 동사원형(기본형) / to + be + p.p(수동형) / to + have + p.p(완료형)
② 원형부정사 : 동사원형
③ 기타 : 대부정사(to), 분리부정사(to + 부사 + 동사원형)

(3) 부정사의 시제

① 단순부정사
  ㉠ 동사의 시제와 같거나 늦은 시제를 나타냄
  ㉡ 'to + 동사원형' 또는 'to be + p.p(단순형 수동부정사)'의 형태를 지님
  ㉢ He seems to be ill. (그는 아픈 것처럼 보인다.)
    = It seems that he is ill.
  ㉣ He seemed to be ill. (그는 아픈 것처럼 보였다.)
    = It seemed that he was ill.
  ㉤ He seemed to be shocked. (그는 충격을 받은 것처럼 보였다.)
    = It seemed that he was shocked.

② 완료부정사
  ㉠ 동사의 시제보다 앞선 시제를 나타냄
  ㉡ 'to have + p.p' 또는 'to have been + p.p(수동형 완료부정사)'의 형태를 지님
  • He seems to have been ill. (그는 아팠던 것처럼 보인다.)
    = It seems that he was ill.
  • He seemed to have been ill. (그는 아팠던 것처럼 보였다.)
    = It seemed that he had been ill.

SEMI-NOTE

미래(소망)에 관한 동사의 과거형 + 완료부정사

• expected, forgot, hoped, intended, promised, wanted, remembered, wished 등 미래(소망)에 관한 동사의 과거형 뒤에 오는 완료부정사는 과거에 ~했으나 이루어지지 않은 동작 등을 나타냄
  − I intended to have met her.
  = I had intended to meet her.
  = I intended to meet her, but I didn't.

'to have + p.p' 또는 'to have been + p.p(수동형 완료부정사)'

• He seemed to have been shocked. (그는 충격을 받았던 것처럼 보였다.)
  = It seemed that he had been shocked.

(4) 부정사의 부정 : 부정사 앞에 부정어(not, never 등)를 사용

① I told him not to go out. But he went out. (나는 그에게 나가지 말라고 하였다. 그러나 그는 나갔다.)
② He made it a principle never to be late for school. (그는 학교에 지각하지 않는 것을 원칙으로 삼았다.)

2. 부정사를 목적어나 목적보어로 취하는 동사

(1) to부정사를 목적어나 목적보어로 취하는 동사

① 소망 · 기대 · 요구 · 노력동사 등은 to부정사를 목적어로 취함(⇒ S + V + to부정사[-ing(×)]) : want, wish, hope, long(간절히 바라다), desire, expect, ask, demand, endeavor, contrive, learn, manage, decide 등
   ㉠ We want to get back to the six-party talks as soon as possible. (우리는 가능한 한 빨리 6자회담에 복귀하기를 바란다.)
   ㉡ We expect to succeed. (우리는 성공할 것이다.)
   ㉢ They contrived to escape from the castle. (그들은 성을 빠져나갈 궁리를 했다.)
   ㉣ Tom did not choose to accept their proposal. (Tom은 그들의 제안을 받아들이려 하지 않았다.)
   ㉤ The president promised to clean up government. (대통령은 정부를 일소할 것이라 약속했다.)
   ㉥ He arranged to start early in the morning. (그는 아침 일찍 출발할 준비를 했다.)
② (준)사역동사 get, cause, induce, persuade, compel, force 등은 목적보어로 to부정사를 취함(⇒ S + V + O + to부정사)
   ㉠ Get your parents to help you. (당신의 부모님께 도와 달라고 하시오.)
   ㉡ The policeman compelled Tom to confess. (그 경찰관은 Tom이 자백하도록 강요했다.)

(2) 원형부정사를 취하는 동사

① 조동사 뒤에 오는 동사는 원형부정사(동사원형)를 취함
   Cancer can be cured when it is discovered in its earliest stages. (암은 초기 단계에 발견되면 치료될 수 있다.)
② 사역동사 make, have, let, bid(명령하다) 등은 목적보어로 원형부정사를 취함 (⇒ S + 사역동사 + O + 원형부정사)
   ㉠ Her song always makes me feel happy. (그녀의 노래는 언제나 나를 행복하게 한다.)
   ㉡ Our teacher made us learn the poem by heart. (우리 선생님은 우리에게 그 시를 암송하라고 시켰다.)

SEMI-NOTE

부정사구를 취하는 주요 구문
- 형용사 + to부정사
  - I'm happy to meet you. (만나서 반갑습니다.)
- 명사/대명사 + to부정사
  - He has a book to read. (그는 읽을 책을 갖고 있다.)
- 술어동사 + to부정사
  - I have decided to buy it. (나는 그것을 사기로 결심했다.)
- 술어동사 + 목적어 + to부정사
  - No one expected him to pass the exam. (아무도 그가 시험에 통과하리라고 예상하지 않았다.)
- 수동태 + to부정사
  - She was forced to quit her job. (그녀는 직장을 그만두도록 강요받았다.)
- for(of) + 목적격 + to부정사
  - It was a mistake for Tom to marry Sue. (Tom이 Sue와 결혼한 것은 잘못이었다.)

원형부정사 사용
- 동사원형
  - 조동사
  - 지각동사
  - 사역동사
  - 관용구

SEMI-NOTE

지각동사

see, watch, behold, look at, observe, hear, listen to, smell, taste, feel, find, notice 등

had better 구문 정리

- 기본형 : had better + 동사원형 (~하는 편이 낫다)
- 부정형 : had better not + 동사원형 (~하지 않는 편이 낫다)
- 과거형 : had better have + p.p(~하는 편이 나았을 텐데)
- 과거부정형 : had better not have + p.p(~하지 않는 편이 나았을 텐데)

원형부정사를 취하는 기타 구문

- but, except + 원형부정사 (~ 제외하면)
  - I will do anything but work on a construction site. (나는 건설 현장에서 일하는 것만 제외하면 무엇이든 하겠다.)

→ We were made to learn the poem by heart (by our teacher). [수동태가 되면 원형부정사가 아닌 to부정사가 사용됨]

③ 지각동사는 목적보어로 원형부정사를 취함(⇒ S + 지각동사 + O + 원형부정사)
  ㉠ I heard the singer sing on TV last night. (나는 어젯밤 TV에서 그 가수가 노래하는 것을 들었다.)
  ㉡ I saw him cross the street. (나는 그가 길을 건너는 것을 보았다.)
    → He was seen to cross the street (by me).[수동태가 되면 원형부정사가 아닌 to부정사가 사용됨]

④ 원형부정사(동사원형)를 취하는 관용적 표현
  ㉠ had better + 원형부정사(~하는 편이 낫다)
    You had better not say anything. (아무 말도 하지 않는 것이 낫다.)
  ㉡ do nothing but + 원형부정사(단지[오직] ~할 뿐이다[~만 하다])
    cf. nothing but = only
    She did nothing but complain. (그녀는 오직 불평만 했다.)
  ㉢ cannot (choose) but + 원형부정사(~하지 않을 수 없다)
    = cannot help V -ing
    = have no choice but + to부정사
    = have no other way but + to부정사
    = have no alternative[option] but + to부정사
  ㉣ I cannot (choose) but accept the offer. (나는 그 제안을 받아들이지 않을 수 없다.)
    = I have no choice[alternative, option, other way] but to accept the offer.
  ㉤ would rather + 원형부정사 (than 원형부정사) ((~하느니) 차라리[오히려] ~하고 싶다)
    I would rather stay here alone. (나는 여기 혼자 있는 것이 낫겠다.)

실력up would rather 구문 정리

- 기본형 : would rather + 동사원형(차라리 ~하고 싶다)
- 부정형 : would rather not + 동사원형(차라리 ~하지 않겠다)
- 과거형 : would rather have + p.p(차라리 ~했어야 했다)
- 과거부정형 : would rather not have + p.p(차라리 ~하지 말았어야 했다)

⑤ 원형부정사를 취하는 기타 구문
  ㉠ let go (놓아주다)
    Don't let go the rope. (줄을 놓지 마라.)
  ㉡ make believe (~하는 체하다)
    The kids are making believe that they are bride and bridegroom. (애들이 신랑 신부 놀이를 하고 있다.)

㉢ Why not + 원형부정사? (~하지 그래? ~하세요.)

Why not put an ad in the paper? (신문에 광고를 내지 그래? = 신문에 광고를 내세요.)

3. 부정사의 용법

(1) 명사적 용법 : 부정사가 명사의 역할(주어·목적어·보어 등)을 함

① 문장에서 주어 역할을 함
  ㉠ To know oneself is not easy. (자신을 아는 것은 쉽지 않다.)
  ㉡ To get up early is good for the health. (일찍 일어나는 것은 건강에 좋다.)
  = It is good for the health to get up early.
  = Getting up early is good for the health.

② 문장에서 목적어 역할을 함
  ㉠ She likes to play the piano. (그녀는 피아노 치는 것을 좋아한다.)
  ㉡ I hate to accept it. (나는 그것을 받아들이고 싶지 않다.)

③ 문장에서 보어 역할을 함
  ㉠ My desire is to be a pilot. (나의 소망은 조종사가 되는 것이다.)
  ㉡ His hobby is to collect stamps. (그의 취미는 우표 수집이다.)
  = His hobby is collecting stamps.

④ 명사와 '동격'이 되는 경우
  My desire, to be a pilot, never came true. (조종사가 되고자 하는 나의 소망은 결코 실현되지 않았다.)

⑤ 「의문사 + to부정사」
  ㉠ What to do is very important. (무엇을 하느냐가 아주 중요하다.)[주어]
  ㉡ I don't know what to do. (나는 무엇을 해야 할지를 모르겠다.) [목적어]
  ㉢ The difficulty is what to do. (어려운 것은 무엇을 하느냐이다.) [보어]

(2) 형용사적 용법

① 한정적 용법 : 부정사가 명사(주어 · 목적어 · 보어)를 수식
  ㉠ 부정사가 수식하는 명사가 부정사의 의미상의 주어인 경우
  • She has no friend to help her. (그녀는 도와줄 친구가 없다.)[to부정사가 명사(friend)를 수식]
  • He is the last man to betray his friends. (그는 자기 친구들을 배신할 사람이 결코 아니다.)
  = He is not a man who will betray his friends.
  ㉡ 부정사가 수식하는 명사가 부정사의 의미상의 목적어인 경우
  • I bought a book to read. (나는 읽을 책을 샀다.)[to부정사가 명사(book)을 수식]

SEMI-NOTE

준동사
- 부정사, 동명사, 분사와 같은 준동사는 동사에 준해서 사용되는 것으로, 기본적인 동사 기능 외에 명사나 형용사, 부사의 기능을 수행
- 준동사는 주어에 따라 인칭이나 수가 결정되는 정동사(be동사나 일반 동사 등)와는 달리 주어에 따른 인칭과 수의 변화가 없음
- 정동사가 일반적 의미의 주어와 함께 사용되는 데 비해, 준동사는 의미상의 주어와 함께 사용

의문사구(의문사 + to부정사)
- what to do : 무엇을 해야 할지
- how to do : 어떻게 해야 할지
- where to do : 어디서 해야 할지
- when to do : 언제 해야 할지

한정적 용법
명사 뒤에서 수식하며 형용사와 같은 역할을 하는 부정사를 의미
- money to buy a car
  - 차 한 대 살 돈
- time to go home
  - 집에 갈 시간
- money to live on
  - 생활비

SEMI-NOTE

준동사의 부정

- 준동사(부정사·동명사·분사)를 부정할 때, not, never 등의 부정어를 준동사 앞에 붙이는데, 이는 부정어가 부사로서 형용사로 기능하는 준동사 앞에 위치하기 때문임
  - I made up my mind not to oversleep again.

불완전자동사(2형식 동사)의 주격 보어가 되는 경우

- He seems to be sad. (그는 슬픈 것 같다.)
- His wound turned out to be fatal. (그의 상처는 치명적인 것으로 판명되었다.)
- We soon came to like her. (우리는 곧 그녀를 좋아하게 되었다.)

be + to부정사 용법

예정 : ~을 하려고 하다(will, be going to)
의무 : ~해야 한다(should)
가능 : ~할 수 있다(can)
운명 : ~할 운명이다
의도 : ~할 작정이다

부사적 용법 지정(~하기에, ~하기가)

- The book is easy to read. (그 책은 읽기가 쉽다.)
  = It is easy to read the book.
- This river is dangerous to swim in. (이 강은 수영하기에 위험하다.)
  = It is dangerous to swim in this river.
- cf. 부사적 용법은 to부정사가 형용사를 수식하는 경우, 이러한 구문에 사용되는 형용사에는 easy, hard, difficult, good, dangerous, convenient, impossible가 있음

- Please give me something hot to drink. (제게 뜨거운 음료를 주세요.)
  [to부정사가 대명사(something)를 수식]
  = Please give me something hot that I can drink.

ⓒ '부정사 + 전치사'가 수식하는 명사가 전치사의 목적어인 경우

- The child had a spoon to eat with. (아이는 갖고 먹을 스푼이 있었다.)
  [명사(spoon)는 전치사(with)의 목적어]
- I have no house to live in, nor money to buy a house with. (나는 살 집이 없고, 집을 살 돈도 없다.)
  - a chair to sit on, paper to write on, a pencil to write with 등

ⓔ 부정사가 수식하는 명사가 부정사와 동격 관계

- Give me your promise never to smoke. (절대 금연하겠다고 약속해라.)[to부정사와 명사(promise)가 동격]
- I have no opportunity to speak English these days. (나는 요즈음 영어를 말할 기회가 없다.)
  = I have no opportunity of speaking English these days.

실력UP 수식 관계

It is time to go to bed now. (이제 잠자리에 들 시간이다.)

② 서술적 용법 : 부정사가 동사의 보어가 됨

㉠ 불완전자동사(2형식 동사)의 주격 보어가 되는 경우

- The news proved to be false. (그 뉴스는 거짓임이 판명되었다.)
- I happened to meet her. (나는 우연히 그녀를 만났다.)

㉡ 불완전타동사(5형식 동사)의 목적격 보어가 되는 경우

- He thought her to be unkind. (그는 그녀가 불친절하다고 생각했다.)
- I believe him to be cruel. (나는 그가 잔인하다고 믿는다.)

㉢ be + to부정사 : 의무·예정·운명·가능·소망·의도를 표현

- We are to observe the law. (우리는 법을 지켜야 한다.)[의무]
- He is to make a speech this weekend. (그는 이번 주말에 연설을 할 예정이다.)[예정]
- Nothing was to be seen but waves and gulls. (파도와 갈매기 외에는 아무 것도 볼 수 없었다.)[가능]
- If you are to get a high score, you have to study hard. (당신이 높은 점수를 얻으려 한다면, 열심히 공부해야 한다.)[의도]

(3) 부사적 용법

① 부정사가 부사처럼 동사·형용사·다른 부사 등을 수식하는 경우

㉠ 목적(~하기 위하여)(= in order to ~ = so as to ~)

We eat to live, not live to eat. (우리는 살기 위해 먹는 것이지 먹기 위해 사는 것이 아니다.)

ⓛ 원인(~하니, ~하고서)
   I am glad to meet you. (당신을 만나서 반갑습니다.)
ⓒ 이유·판단의 근거(~하는 것을 보니, ~을 하다니)
   He must be a liar to say such a thing. (그런 말을 하는 것을 보니 그는 분명히 거짓말쟁이다.)
ⓔ 결과(~해서 …하다 / ~하여[하지만] …하다)(= and ~ / = but ~)
   - He grew up to be a great scientist. (그는 커서 위대한 과학자가 되었다.)
   - She worked hard only to fail. (그녀는 열심히 일했지만 실패했다.)
     = She worked hard but she failed.
   - The good old days have gone never to return. (좋은 시절은 가고 다시는 돌아오지 않는다.)
ⓜ 조건(~하다면)(= if ~)
   - I should be very glad to go with you. (당신과 함께 간다면 나는 아주 기쁠 것이다.)
     = I should be very glad if I could go with you.
   - To hear him speak English, you would mistake him for an American. (너는 그가 영어로 말하는 것을 들으면 그를 미국인으로 착각할 것이다.)
ⓗ 양보(~에도 불구하고)(= though ~)
   To do my best, I couldn't help it. (최선을 다했지만 어쩔 수 없었다.)
ⓢ 형용사 + enough to + 원형부정사(~할 정도로 …하다)(= so … that + S + can ~)
   It is hot enough to swim today. (오늘은 수영하기에 충분히 덥다.)
   = It is so hot that we can swim today.
   cf. 여기서의 부사적 용법은 to부정사가 앞의 부사(enough)를 수식하는 경우임
ⓞ too ~ to + 원형부정사(너무 ~해서 …할 수 없다)(= so ~ that + S + can't + 원형부정사)
   You are too young to understand it. (너는 너무 어려서 그것을 이해할 수 없다.)
   = You are so young that you can't understand it.

② 독립부정사 : 문장 전체를 수식

to tell the truth 사실[진실]을 말하자면(= truth to tell = to be honest) / to be frank with 솔직히 말하면, 사실은 / to do ~ justice 공평히 말해서 / to be brief[short] 간단히 말하면(= to make a long story short) / to begin with 우선, 무엇보다도 / to be sure 확실히 / to say nothing of ~은 말할 것도 없이(= not to speak of = not to mention) / to say the least (of it) 적어도, 줄잡아 말하더라도 / to make matters worse 설상가상으로 / so to speak 말하자면 / strange to say 이상한 말이지만 / needless to say 말할 필요도 없이

SEMI-NOTE

부정사가 부사처럼 동사·형용사·다른 부사 등을 수식하는 경우

- so ~ as to …(…할 만큼 ~하다[정도] / 너무 ~해서 …하다[경과])
  - She was so kind as to show me around the town. (그녀는 내게 시내를 구경시켜 줄 만큼 친절하였다.)[정도]
  - He got up so late as to miss the train. (그는 너무 늦게 일어나서 기차를 놓쳤다.)[경과]

'too ~ to' 구문의 특수용법

- not too ~ to …(…할 수 없을 정도로 ~하지는 않다)(= not so ~ that …not)
- too ~ not to …(대단히 ~하므로 …할 수 있다)(= so ~ that can[cannot but])
- only too(매우, 대단히)(= very, exceedingly)

독립부정사 예문

- To tell the truth, I can't understand what you are saying. (진실을 말하면, 나는 네가 말하는 것을 이해할 수가 없다.)
- To do him justice, the work does not suit him. (공평히 말해서 그 일에 그는 어울리지 않는다.)
- He is, so to speak, a celibate. (그는 말하자면 독신주의자이다.)

SEMI-NOTE

> **실력up** to부정사가 포함된 관용구
>
> be likely[apt, liable, inclined] to ~(~하는 경향이 있다) / be ready to ~(~할 준비가 되어 있다) / be sure to ~(반드시 ~하다) / be willing to ~(기꺼이 ~하다) / be anxious[eager] to ~(~을 바라다) / be free to ~ (자유롭게 ~하다)

4. 기타 부정사 관련 용법

(1) 대부정사 : 같은 동사의 반복을 피하기 위하여 to부정사에서 to만을 쓰는 것을 의미

You may smoke if you want to smoke. (원한다면 담배를 피워도 좋습니다.)

(2) 분리 부정사 : to와 원형 사이에 to부정사를 수식하는 부사를 두는 것을 의미

I failed to entirely understand the poem. (나는 그 시를 완전히 이해하지 못했다.)

(3) 과거에 이루지 못한 희망·기대

> • 희망 · 기대 동사 + 완료부정사 : 희망 · 기대 · 의지 등을 나타내는 동사가 완료부정사의 형태를 취하여 과거에 이루지 못한 희망 · 기대 등을 표현
> • wanted[hoped, wished, intended, expected 등] + to have p.p.
>   = had wanted[hoped, wished, intended, expected 등] + to부정사

I hoped to have seen her before her death. (나는 그녀가 죽기 전에 그녀를 보기를 바랐다. (그러나 보지 못했다.))
= I had hoped to see her before her death.
= I hoped to see her before her death, but I couldn't.

5. 부정사의 의미상 주어

(1) 의미상 주어를 따로 쓰지 않는 경우

① 의미상 주어가 문장의 주어(술어동사의 주어)와 일치하는 경우
  ㉠ I want to go to Japan. (나는 일본에 가고 싶다.)
  ㉡ He intended to visit there. (그는 그곳을 방문하려고 했다.)
② 의미상 주어가 일반주어(people, we, they 등의 일반인)인 경우
  ㉠ This book is easy to read. (이 책은 읽기 쉽다.)
  ㉡ It is wrong to cheat on an exam. (시험에서 부정행위를 하는 것은 잘못된 것이다.)
③ 독립부정사 구문의 경우
  ㉠ To make matters worse, he lost his money. (설상가상으로 그는 돈을 잃어버렸다.)

흔히 사용되는 대부정사의 예

- want to
- wish to
- hope to
- like to
- love to
- hate to
- need to
- try to
- have to
- be going to
- would like to
- be sorry to

현수부정사

문장 앞 부정사의 의미상 주어는 주절의 주어가 되어야 함

ⓒ To be frank with you, I think he has little chance of passing the exam.
(솔직히 말하면, 나는 그가 시험에 통과할 가능성이 거의 없다고 생각한다.)

④ 의미상 주어가 문장의 목적어와 일치하는 경우

- 일반적으로 'S + V + O + OC(to부정사)'의 5형식 문장이 됨
- 해당 동사
  - 희망 · 기대 동사 : want, wish, desire, expect, intend, mean 등
  - 명령 · 권고 동사 : tell, order, warn, ask, beg, advise, require 등
  - 생각 · 사유 동사 : believe, think, consider, suppose, imagine 등
  - 허용 · 금지 동사 : allow, permit, forbid 등
  - 사역동사 : get, cause, compel, force, lead, enable, encourage 등

(2) 의미상 주어를 따로 쓰는 경우

① 의미상 주어가 'for + 목적어'가 되는 경우(for + 목적어 + to부정사)

- 부정사의 의미상 주어를 'for + 목적어(사람)' 형태로 따로 씀
- 해당 유형 : 의미상 주어를 따로 쓰지 않는 경우나 'of + 목적어'가 의미상 주어가 되는 경우를 제외하고 대부분 이러한 형태로 씀 → to부정사가 (대)명사의 역할(문장의 주어, 목적어, 보어 역할)을 하는 경우, to부정사가 명사를 수식하는 형용사 역할을 하는 경우 등

② 의미상 주어가 'of + 목적어'가 되는 경우(of + 목적어 + to부정사)

- 사람의 성품 · 성향, 감정표현의 형용사가 있는 경우 부정사의 의미상 주어를 'of + 목적어(사람)' 형태로 씀
- 사람의 성품 · 성향, 감정표현의 형용사가 있는 경우 부정사의 의미상 주어를 'of + 복적어(사람)' 형태로 씀
- 해당 형용사 : good, nice, kind, generous, polite, considerate, careful, selfish, impudent, cruel, rude, wrong, wise, clever, foolish, silly, stupid 등

실력up 의미상 주어가 'of + 목적어'가 되는 경우 예문

- It is kind of you to invite us to the party. (우리를 잔치에 초대하여 주셔서 고맙습니다.)
  = You are kind to invite us to the party.
- It was wise of her not to spend the money. (그녀가 돈을 낭비하지 않은 것은 현명했다.)
- It is foolish of him to do such a thing. (그가 그런 일을 하다니 어리석다.)

SEMI-NOTE

의미상 주어가 문장의 목적어와 일치하는 경우
- I want you to go to Japan. (나는 네가 일본에 가기를 원한다.)
- He advised Jennifer to tell the truth. (그는 Jennifer에게 진실을 말하라고 충고했다.)
- I believed him (to be) honest. (나는 그가 정직하다고 생각했다.)
  = I believed (that) he was honest.

의미상 주어가 'for + 목적어'가 되는 경우(for + 목적어 + to부정사)
- It is necessary for you to go there at once. (네가 거기에 즉시 가는 것이 필요하다.)
  = It is necessary that you should go there at once.
- It is impossible for you to do so. (네가 그렇게 하는 것은 불가능하다.)
- It is very difficult for me to speak Spanish. (내가 스페인어를 하는 것은 아주 어렵다.)
- It is time for us to begin that work. (우리가 그 일을 시작할 시간이다.)
- I opened the door for them to enter. (나는 그들이 들어오도록 문을 열었다.)

SEMI-NOTE

동명사(動名詞, Gerund)

- 동명사는 동사의 원형(R)에 '-ing'를 붙인 형태로서, 명사로 쓰이는 것을 의미
- 동명사도 부정사와 같은 준동사의 일종으로 동사의 성질을 가지고 있으므로, 문장 내에서 목적어·보어·수식 어구를 동반할 수 있음
- 동명사는 명사의 기능을 하므로 문장 내에서 주어·목적어·보어로 사용
- 동명사는 동명사와 형태가 유사하나 형용사로 쓰이는 현재분사와 구별됨

전치사 'to'이므로 동명사를 목적어로 취하는 구문

- 전치사 'to' 다음에 반드시 v-ing가 와야 하며, 동사원형이 올 수 없음
  - look forward to V-ing (~하는 것을 기대하다)
  - be used[accustomed] to V-ing (~하는 데 익숙해져 있다)
  - be opposed to V-ing (~하는 데 반대하다)
  - with a view to V-ing (~할 의도를 가지고)
  - object to V-ing (~하는 것을 반대하다)

전치사 in이 자주 생략되는 구문

- have no trouble (in) V-ing (애쓰지 않고[수월하게] ~하다)
- have a hard time (in) V-ing (~하는 데 어려움을 겪다)

02절 동명사(Gerund)

1. 동명사의 성질 및 기능

(1) 동명사가 가진 동사의 성질

① 시제와 수동형이 있음
  ㉠ **시제** : 단순동명사(V-ing), 완료동명사(having+p.p.)
  ㉡ **수동형** : 단순 수동형(being+p.p.), 완료 수동형(having been+p.p.)

② 동사처럼 목적어를 취할 수 있음
  My hobby is collecting stamps. (나의 취미는 우표 수집이다.)[동명사 collecting은 stamps를 목적어로 취함]

③ 동사처럼 보어를 취할 수 있음
  Becoming a singer is her dream. (가수가 되는 것이 그녀의 꿈이다.)

④ 동사처럼 부사(구) 등의 수식어를 동반할 수 있음
  Playing on the field is forbidden. (운동장에서 노는 것은 금지되어 있다.)
  [부사구 'on the field'가 동명사 playing을 수식]

(2) 동명사의 명사 기능

① 문장의 주어로 쓰임
  ㉠ Walking in the snow is very romantic. (눈 위를 걷는 것은 아주 낭만적이다.)
  ㉡ Speaking English fluently is very difficult. (영어를 유창하게 말하는 것은 매우 어렵다.)
    = To speak English fluently is very difficult.

② 문장의 보어로 쓰임
  My hobby is collecting stamps. (나의 취미는 우표 수집이다.)
  = My hobby is to collect stamps.

③ 동사의 목적어로 쓰임
  ㉠ This car needs washing. (이 차는 세차를 할 필요가 있다.)
    = This car needs to be washed.
  ㉡ I regret having said so. (나는 그렇게 말했던 것을 후회한다.)

④ 전치사의 목적어로 쓰임
  ㉠ The woman went out without saying. (그 여자는 말없이 나갔다.)
  ㉡ He is proud of being an engineer. (그는 기술자인 것을 자랑스럽게 여긴다.)
    전치사 'in'이 자주 생략되는 구문
    spend[waste] money[time] (in) V-ing (~하는 데 돈[시간]을 쓰다[허비하다])

(3) 동명사의 부정

① 동명사의 부정은 부정어(not, never 등)를 동명사 바로 앞에 위치시켜 표현

② I can't excuse her for not having answered my letter. (나는 그녀가 내 편지에 답장하지 않은 것을 용서할 수 없다.)

실력UP 동명사와 현재분사

동명사	현재분사
• 명사이므로 문장 내에서 주어·목적어·보어 등 명사의 역할을 함	• 형용사이므로 문장 내에서 주로 명사를 수식하거나 보어가 됨
• 주로 '용도·목적'을 나타내며, '~ 것'으로 해석됨	• 주로 '상태나 동작'을 나타내며, '~하고 있는', '~주는', '~한' 등으로 해석됨
• 「동명사 + 명사」는 「동사 + 주어」의 관계가 성립하지 않는 경우가 많음	• 「현재분사 + 명사」는 「동사 + 주어」의 관계가 성립하는 경우가 많음

2. 동명사의 시제 및 수동형

(1) 동명사의 시제

① 단순동명사(V-ing) : 일반적으로 동사의 시제와 같은 시제이거나 이후 시제
I know his being rich. (나는 그가 부자라는 것을 안다.)
= I know (that) he is rich.

② 완료동명사(having + p.p) : 동사의 시제보다 앞선 시제
I know his having been rich. (나는 그가 부자였다는 것을 안다.)
= I know (that) he was rich.

(2) 동명사의 수동형

① 단순 수동형(being + p.p)
㉠ He is afraid of being scolded. (그는 꾸중들을 것을 두려워하고 있다.)
= He is afraid that he will be scolded.
㉡ After being interviewed, the applicant was employed in the company. (인터뷰 후에, 그 지원자는 그 회사에 채용되었다.)

② 완료 수동형(having been + p.p)
She was not aware of her husband having been fired. (그녀는 남편이 해고되었다는 것을 알지 못했다.)
= She was not aware that her husband had been fired.

3. 동명사의 의미상 주어

(1) 의미상 주어를 따로 쓰지 않는 경우

① 의미상 주어가 문장의 주어와 같은 경우
㉠ I am sorry for being late. (늦어서 미안합니다.)[의미상 주어와 문장의 주어(I)가 동일]

SEMI-NOTE

동명사와 현재분사

• 동명사의 예
 – a sleeping car(= a car for sleeping)
 – a smoking room(= a room for smoking)
• 현재분사의 예
 – a sleeping baby(= a baby who is sleeping)
 – a smoking chimney(= a chimney which is smoking)

능동 동명사가 수동의 의미를 표현하는 경우

• 의미상 수동태이나 능동형 동명사를 쓰는 것을 의미
• need [want, require, deserve 등] + 동명사(= to be + p.p.)
 – My phone needs[wants] repairing.
 = My phone needs [wants] to be repaired.
 – Your opinion deserves thinking.
 = Your opinion deserves to be thought.

의미상 주어를 따로 쓰지 않는 경우

• 의미상 주어가 일반인(our, your, their 등)인 경우
 – Teaching is learning. (가르치는 것은 배우는 것이다.)
 – Seeing is believing. (보는 것이 믿는 것이다.)

SEMI-NOTE

ⓛ I am sure of winning the first prize. (나는 1등 상을 받을 것이라 확신하고 있다.)
= I am sure that I will win the first prize.

② 의미상 주어가 목적어와 일치하는 경우
㉠ Excuse me for being late. (늦어서 죄송합니다.)[의미상 주어와 목적어 (me)가 동일]
㉡ Thank you for coming to my birthday party. (제 생일 파티에 와주셔서 감사합니다.)

(2) 의미상 주어의 일반적 형태

① 동명사의 의미상 주어는 소유격으로 나타내는 것이 원칙
㉠ I am sure of his passing the exam. (나는 그가 시험에 합격하리라는 것을 확신한다.)
= I am sure that he will pass the exam.
㉡ I don't like your speaking ill of your mother. (나는 당신이 당신의 어머니를 비난하는 것을 좋아하지 않는다.)
= I don't like that you should speak ill of your mother.

② 의미상 주어는 소유격이 원칙이나, 오늘날 구어체 등에서 목적격으로 나타내기도 함
㉠ I don't like his/him coming here. (나는 그가 여기에 오는 것을 좋아하지 않는다.)
㉡ I can't understand your brother/brother's refusing to join our club. (나는 너의 남동생이 우리 클럽에 가입하기를 거부하는 것을 이해할 수 없다.)

의미상 주어(examination)가 무생물인 경우

We were glad of the examination being over. (우리는 시험이 끝나서 기뻤다.) [의미상 주어(examination)가 무생물인 경우 목적격으로 씀]

4. 동명사와 부정사를 목적어로 취하는 동사

(1) 동명사를 목적어로 취하는 동사

① '동사 + 동명사(-ing)'의 구조를 취하며, '동사 + to부정사(to do)'의 구조는 불가능한 동사
② 해당 동사

admit, anticipate, appreciate, avoid, consider, defer, delay, deny, dislike, dispute, doubt, enjoy, escape, excuse, finish, forgive, give up, imagine, involve, keep, mention, 등

동명사를 목적어로 취하는 동사 예문

- The company can consider hiring him. (그 회사는 그를 고용하는 것을 고려할 수 있다.)[to hire (×)]
- They dislike listening to jazz. (그들은 재즈음악 듣는 것을 싫어한다.)
- Would you mind closing the window? (창문을 닫아도 괜찮겠습니까?)
- Are you going to postpone going home? (당신은 집에 가는 것을 미룰 것입니까?)

(2) 부정사를 목적어로 취하는 동사

① '동사 + to부정사(to do)'의 구조를 취하며, '동사 + 동명사(-ing)'의 구조는 불가능한 동사
② 해당 동사

afford, agree, arrange, ask, choose, contrive, decide, demand, desire, endeavor, expect, fail, hope, learn, long, manage, offer, pretend, promise, refuse, threaten, want, wish 등

㉠ He arranged to start early in the morning. (그는 아침 일찍 출발할 준비를 했다.)
㉡ Tom did not choose to accept their proposal. (Tom은 그들의 제안을 받아들이려 하지 않았다.)
㉢ I promised to write to her soon. (나는 편지를 그녀에게 곧 쓰겠다고 약속하였다.)

(3) 목적어로 동명사와 부정사가 모두 가능한 동사
① 목적어로 동명사·부정사 모두 가능하며, 의미상의 차이도 거의 없는 동사
② 해당동사 : begin, start, commence, continue, intend, neglect 등
㉠ They began borrowing[to borrow] money. (그들은 돈을 빌리기 시작했다.)
㉡ It started raining[to rain]. (비가 내리기 시작했다.)
㉢ I intend going[to go]. (나는 갈 작정이다.)

(4) 동명사와 부정사를 목적어로 취할 때 의미상의 차이가 있는 동사
① 일반적·구체적 의미 차이가 있는 경우
㉠ 동사가 일반적 기호를 나타내는 경우는 동명사를 목적어로 가지며, 구체적·특정적 기호를 나타내는 경우는 to부정사를 목적어로 가짐
㉡ 해당 동사 : like, prefer, love, hate, dread, intend 등 [호불호·기호 동사]
• I hate getting up early in the morning. (나는 아침에 일찍 일어나는 것이 싫다.) [일반적 의미]
• I hate to get up early that cold morning. (나는 그렇게 추운 아침에는 일찍 일어나는 것이 싫다.) [구체적·특정적 의미]
② 시차에 따른 의미 차이가 있는 경우
㉠ 해당 동사보다 과거의 일인 경우에는 동명사를 목적어로 하며, 동사와 동일시점이나 미래의 일인 경우에는 to부정사를 목적어로 함
㉡ 해당 동사 : remember, recall, forget, regret 등[기억·회상·회고 동사]
• I remember mailing the letter. (편지를 보낸 것을 기억한다.)[동사(remember)보다 과거의 일인 경우 동명사(mailing)를 목적어로 함]
= I remember that I mailed the letter.
• I remember to mail the letter. (편지를 보내야 하는 것을 기억한다.) [동사(remember)보다 미래의 일인 경우 to부정사(to mail)를 목적어로 함]
= I remember that I will have to mail the letter.
• She forgot going to the bank. 그녀는 그 은행에 갔던 것을 잊어버렸다(갔었다는 사실을 잊어버렸다.).

SEMI-NOTE

동명사와 부정사를 목적어로 취할 때 문맥상 의미 차이가 있는 경우
• 동명사는 그 자체가 해당 동사의 목적어가 되며, to부정사는 부정사의 '목적'(부사적 용법)의 의미를 나타냄
• 해당 동사 : stop, propose 등
 - He stopped eating. (그는 먹는 것을 멈추었다.)
 - He stopped to eat. 그는 먹기 위해서 멈추었다(그는 먹기 위해 하던 것을 멈추었다).

try + 동명사, try + to부정사
• try ~ing(시험 삼아 ~하다), try to do(~하려고 애쓰다)
 - He tried writing in pencil. (그는 연필로 (시험삼아서) 써 보았다.)
 - He tried to write in pencil. (그는 연필로 써보려고 했다.)

시차에 따른 의미 차이가 있는 경우
• I'll never forget hearing her say so. (나는 그녀가 그렇게 말한 것을 결코 잊지 않겠다.)
= I'll never forget that I heard her say so.
• Don't forget to turn off the light. (전등을 끄는 것을 잊지 말아라.)
= Don't forget that you will have to turn off the light.

SEMI-NOTE

전치사 to이므로 동명사를 취하는 구문
- what do you say to ~ing (~하는 것은 어떻습니까?)
  - What do you say to eating out tonight? (오늘 밤 외식하는 거 어때?)
- when it comes to ~ing (~에 관해서라면)
  - He's really handy when it comes to fixing cars. (그는 차를 고치는 것에 관해서라면 정말 손재주가 있다.)
- contribute to ~ing (~에 기여하다)
  - Scholars contribute to passing on the lamp. (학자들은 지식의 진보에 기여한다.)
- fall to ~ing (~하기 시작하다)
  - The teacher and his students fell to talking. (선생님과 그의 학생들이 대화를 시작했다.)

동명사 관용표현
- prevent[keep] … from ~ing (…가 ~하는 것을 막다[못하게 하다])
  - The heavy rain prevented him from going out[his going out]. (폭우 때문에 그는 외출할 수 없었다.)
- lose no time (in) ~ing (~하는 데 지체하지 않다, 지체 없이 ~하다)
  - I lost no time in preparing the test. (나는 지체 없이 시험을 준비했다.)
- How about ~ing (~하는 것이 어떻습니까?)
  - How about going to the park this afternoon? (오늘 오후에 공원에 가는 것이 어때요?)
  - = Shall we go to the park this afternoon?
- not[never] … without ~ …할 때마다[하면] (반드시) ~하다
  - I never see this picture without thinking of my mother. (나는 이 그림을 볼 때마다 어머니 생각이 난다.)
  - = I never see this picture but I think of my mother.
  - = Whenever I see this picture, I think of my mother.

- She forgot to go to the bank. 그녀는 은행에 가는 것을[가야 한다는 것을] 잊어버렸다(잊고 가지 못했다).

5. 동명사 관련 중요 표현

(1) 전치사 to이므로 동명사를 취하는 구문

① look forward to ~ing (~하기를 기대하다)
  I'm looking forward to seeing you. (나는 너를 만나기를 고대하고 있다.)

② be used[accustomed] to ~ing (~하는 데 익숙해져 있다)
  She is used to washing the dishes. (그녀는 설거지하는 데 익숙해져 있다.)

③ be opposed to ~ing (~하는 데 반대하다)
  = object to ~ing
  They were opposed to discussing the matter with me. (그들은 나와 그 문제에 대해 논의하는 데 반대했다.)

④ have an/no objection to ~ing (~에 이의가 있다/없다)
  I have no objection to having a party. (나는 파티를 여는 데 이의가 없다.)
  cf. object to -ing (~하는 데 반대하다)

⑤ with a view to ~ing (~할 의도[목적]으로)
  He painted the house with a view to selling it for a good price. (그는 좋은 가격으로 집을 팔 목적으로 페인트칠을 하였다.)

⑥ be devoted to ~ing (~하는 데 전념하다)
  The author was devoted entirely to writing. (그 작가는 오직 저술에만 전념했다.)

(2) 관용적 표현

① cannot help ~ing (~하지 않을 수 없다)
  = cannot (choose) but + R
  I could not help laughing at the sight. (나는 그 광경을 보고 웃지 않을 수 없었다.)
  = I could not but laugh at the sight.

② feel like ~ing (~하고 싶은 기분이다)
  I don't feel like eating now. (나는 지금 먹고 싶지 않다.)

③ be busy ~ing (~하느라 바쁘다)
  She is busy preparing for the trip. (그녀는 여행을 준비하느라 바쁘다.)

④ be on the point[brink, verge] of ~ing (막 ~하려고 하다, ~할 지경에 있다)
  = be about[ready] to do
  The ship is on the point of sailing. (배가 막 출항하려고 한다.)

⑤ come near[close] ~ing (거의[하마터면] ~할 뻔하다)
  The boy came near being drowned. (그 소년은 하마터면 익사할 뻔했다.)

⑥ go ~ing(~을 하러 가다)

He went fishing/hunting. (그는 낚시/사냥하러 갔다.)

⑦ have difficulty[a hard time] (in) ~ing(~에 어려움을 겪다[애먹다])

I had difficulty[a hard time] discussing some of the question. (나는 그 문제들 중 일부를 논의하는 데 어려움을 겪었다.)

⑧ of one's own ~ing(자기가 직접 ~한)

This is the tree of his own planting. (이것이 그가 손수 심은 나무이다.)

⑨ be worth ~ing(~할 가치가 있다)

= be worthy of ~ing

This book is worth reading. (이 책은 읽을 만한 가치가 있다.)

⑩ It is no use[good] ~ing(~해야 소용없다)

= It is useless to do

It is no use[good] getting angry with him. (그에게 화를 내봤자 소용이 없다.)

= It is useless to get angry with him.

⑪ There is no ~ing(도저히 ~할 수 없다)

= It is impossible to do

There is no telling what will happen tomorrow. (내일 무슨 일이 일어날지 아무도 모른다.)

= It is impossible to tell what will happen tomorrow.

⑫ on[upon] ~ing(~하자마자)

On[Upon] seeing me, she ran away. (그녀는 나를 보자마자 도망갔다.)

= As soon as she saw me, she ran away.

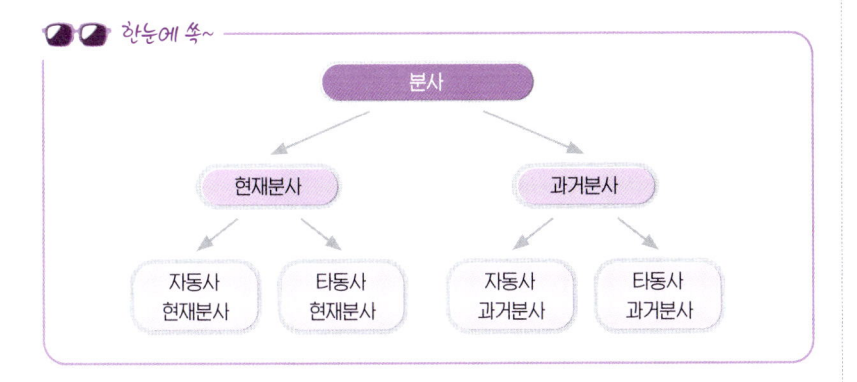

SEMI-NOTE

It goes without saying that ~~은 말할 필요도 없다)

= It is needless to say that ~

= It is a matter of course that ~

It goes without saying that health is above wealth. (건강이 돈보다 우선한다는 것은 두말할 필요가 없다.)

= It is needless to say that health is above wealth.

= It is a matter of course that health is above wealth.

03절 분사(Participle)

1. 분사의 종류와 기능

한눈에 쏙~

분사
├── 현재분사
│   ├── 자동사 현재분사
│   └── 타동사 현재분사
└── 과거분사
    ├── 자동사 과거분사
    └── 타동사 과거분사

동명사와 분사

동명사는 동사의 성질을 지니면서 명사의 역할을 하는 데 비해, 분사는 동사의 성질을 가지면서 형용사의 역할을 함

SEMI-NOTE

분사의 구별 방법
- 주어나 목적어가 동작을 능동적으로 행하는 경우는 현재분사를 씀
- 주어나 목적어가 동작을 수동적으로 받는 입장인 경우는 과거분사를 씀

과거분사

- are tired policeman (퇴직한 경찰관)(= a policeman who has retired)[완료] / a returned soldier (돌아온 군인)[완료] / fallen leaves (낙엽)(= leaves which are fallen)[완료] / decayed tooth (충치)[완료] / an excited spectator (흥분한 관중)(= a spectator who is excited)[수동] / a broken window (깨진 창문)[수동] / All of us are satisfied. (우리는 모두 만족한다.)[수동]

의사분사

- '명사 + -ed'가 분사처럼 명사를 수식하는 것을 의사분사라 하며, 한정용법으로만 사용됨
  - a one-eyed man (애꾸눈의 남자)
  - a red-haired girl (빨간 머리를 가진 소녀)
  - a kind-hearted woman (인자한 여성)
  - three two-headed snakes(두 개의 머리를 가진 뱀 세 마리)

분사의 한정적 용법

- 전치수식
  - 수식어가 피수식어 앞에서 수식하는 것
- 후치수식
  - 수식어가 피수식어 뒤에서 수식하는 것

(1) 분사의 종류

① 현재분사 : 동사원형 + ing
  ㉠ 현재분사는 be동사와 함께 진행형을 만들거나 명사를 수식함
  ㉡ 자동사의 현재분사는 '진행(~하고 있는, ~주는)'의 의미를 지님
  ㉢ 타동사의 현재분사는 '능동(~을 주는, ~하게 하는[시키는])'의 의미를 지님
    - an sleeping baby (잠자고 있는 아이)(=a baby who is sleeping)[진행]
    - A lark is flying in the sky. (종달새가 하늘을 날고 있다.)[진행]
    - an exciting story (흥미진진한 이야기)(=a story which excites the one) [능동]
    - The result is satisfying. (그 결과는 만족을 준다.)[능동]

② 과거분사 : 동사원형 + ed / 불규칙동사의 과거분사
  ㉠ 과거분사는 be동사와 함께 수동태를 만들거나 have동사와 함께 완료형을 만들며, 명사를 수식하기도 함
  ㉡ 자동사의 과거분사는 '완료(~한, ~해 버린)'의 의미를 지니며, 타동사의 과거분사는 '수동(~해진, ~받은, ~당한, ~된)'의 의미를 지님

(2) 분사의 기능

① 동사적 기능 : 분사는 시제와 수동형이 있으며, 목적어·보어·수식어를 동반할 수 있음
  She sat reading a novel. (그녀는 앉아 소설을 읽고 있었다.)[분사가 목적어(novel)를 동반]

② 형용사의 기능 : 명사를 직접 수식(한정적 용법)하거나 보어로 쓰임(서술적 용법)
  ㉠ broken leg (부러진 다리)[명사를 앞에서 수식] / people living in Mexico (멕시코에 사는 사람들)[명사를 뒤에서 수식]
  ㉡ I found him lying in the bed. (나는 그가 침대에 누워 있는 것을 발견했다.)[목적격 보어로 쓰임]

2. 분사의 용법

(1) 분사의 한정적 용법

① 한정적 용법은 분사가 명사 앞에서 또는 뒤에서 수식하는 용법으로, 현재분사는 능동과 진행의 의미가 있고, 과거분사는 수동과 상태의 의미가 있음

② 전치 수식 : 분사가 다른 수식어구 없이 단독으로 명사를 수식하는 경우로, 명사 앞에서 수식
  ㉠ A rolling stone gathers no moss. (구르는 돌에는 이끼가 끼지 않는다.)
  ㉡ The crying child is my son. (울고 있는 아이가 나의 아들이다.)
  ㉢ Look at those red fallen leaves. (저 붉은 낙엽을 보아라.)

③ 후치 수식 : 분사에 다른 수식어구(보어·목적어·부사(구) 등)가 딸린 경우는 형용사(구)가 되어 명사 뒤에서 수식

㉠ The girl (who is) playing the piano in the room is my daughter. (방에서 피아노를 치고 있는 소녀는 내 딸이다.)

㉡ Look at the mountain (which is) covered with snow. (눈으로 덮인 저 산을 보아라.)

㉢ Of those invited, all but Tom came to the party. (초대받은 사람들 중, Tom을 제외한 모든 사람들이 파티에 왔다.)[대명사(those)를 수식하는 경우 분사 단독으로 후치 수식이 가능]

(2) 분사의 서술적 용법

① 서술적 용법은 분사가 주어를 설명하는 주격보어와 목적어를 설명하는 목적격보어로 쓰이는 용법으로, 현재분사는 능동과 진행, 과거분사는 수동과 상태의 의미가 있음

② 주격보어로 현재분사 또는 과거분사를 취하는 자동사 : come, go, keep, remain, stand, lie, look, seem, appear, become, get 등

㉠ She sat reading a newspaper. (그녀는 앉아서 신문을 읽고 있었다.)

㉡ He stood astonished at the sight of the big tiger. (그는 큰 호랑이를 보고 놀라서 서 있었다.)

3. 분사구문

(1) 분사구문의 정의 및 특징

① 분사구문의 정의

㉠ 주절을 수식하는 부사절(종속절)을 접속사를 사용하지 않고 분사를 사용하여 부사(구)로 만든 것(따라서 분사구문은 이를 다시 부사절[접속사+주어+동사]로 바꾸어 쓸 수 있음)

㉡ 분사구문은 부사적 역할을 하여 시간, 이유, 조건, 양보, 부대상황 등의 의미를 지님

② 분사구문의 특징

㉠ 주절의 주어와 분사구문의 의미상 주어는 일치하는 것이 원칙(이 경우 분사구문의 주어는 생략됨)

Living next door, I hate her. (나는 그녀의 옆집에 살지만 그녀를 싫어한다.) [분사(living)의 주어는 주절의 주어(I)와 일치됨]

= Though I live next door, I hate her.

㉡ 주절의 주어와 분사구문의 주어가 다른 경우 분사구문의 주어를 표시 → 독립분사구문

It being fine, he went hiking. (날씨가 좋아 그는 하이킹을 갔다.) [분사구문의 주어(It)와 주절의 주어(he)가 다름]

㉢ 접속사의 의미를 강조하는 경우 분사구문에 접속사를 삽입(when, while, if, though 등)

SEMI-NOTE

분사의 서술적 용법

- 목적격 보어로 현재분사를 취하는 타동사
  - see, watch, hear, listen to, have, get, set, start, leave, keep 등
  - I heard her playing the guitar. (나는 그녀가 기타를 치고 있는 것을 들었다.)
- 목적격 보어로 과거분사를 취하는 타동사
  - have, get, make, keep, leave, want, like 등
  - I had my bag stolen. (나는 가방을 도난 당했다.)

'being' 이나 'having been'은 생략이 가능

- (Being) Wounded in the legs, he could not walk.
  - (다리에 부상을 당해 그는 걸을 수 없었다.)
- Though (being) very tired, he went on foot.
  - (아주 피곤했지만 그는 도보로 갔다.)

SEMI-NOTE

종속절의 분사구문으로의 전환

- 접속사 생략(→ 필요시 전치사 사용)
- 주절과 종속절 주어가 동일한 경우 종속절 주어를 생략하며, 동일하지 않은 경우 그대로 둠
- 주절과 종속절 시제가 같은 경우 동사를 단순형 분사(동사원형 -ing)로 하며, 종속절 시제가 주절보다 이전인 경우 완료형 분사(having + p.p.)로 전환

분사구문의 의미

- 조건을 나타내는 경우 : if, unless 등
  - Turning to the left there, you will find the bank. (거기서 왼쪽으로 돌면, 은행을 찾을 수 있다.)
    = If you turn to the left there, you will find the bank.
- 양보를 나타내는 경우 : though, although 등
  - Living near his house, I seldom see him. (나는 그의 집 옆에 살지만 그를 좀처럼 보지 못한다.)
    = Though I live near his house, I seldom see him.

독립분사구문

분사의 의미상 주어와 문장의 주어가 다른 경우 문장의 의미를 명확히 하기 위해 반드시 분사의 의미상 주어를 표시해야 하는데, 이 경우 분사구문 그 자체가 주어를 가진 하나의 독립된 절과 같은 역할을 하므로 이를 독립분사구문이라 함

While walking along street, I met her. (길을 따라 걷다가 나는 그녀를 만났다.)

(2) 분사구문의 의미

① 시간을 나타내는 경우 : while, when, as, after, as soon as 등

Walking down the street, I met an old friend of mine. (나는 길을 걸어가다가 옛 친구를 한 명 만났다.)

= While I was walking down the street, I met an old friend of mine.

② 이유를 나타내는 경우 : because, as, since 등

Being poor, he could not afford to buy books. (그는 가난했기 때문에 책을 살 수가 없었다.)

= Because he was poor, he could not afford to buy books.

③ 부대상황을 나타내는 경우 : as, while[동시동작], ~ and[연속동작] 등

㉠ He extended his hand, smiling brightly. (그는 밝게 웃으면서 그의 손을 내밀었다.)

= He extended his hand, while he smiled brightly.

㉡ He picked up a stone, throwing it at a dog. (그는 돌을 주워 그것을 개에게 던졌다.)

= He picked up a stone, and threw it at a dog.

㉢ Saying goodbye to them, he left their house. (그는 그들에게 인사를 하면서 그들의 집을 떠났다.)

= He left their house as he said goodbye to them.

= He said goodbye to them, and he left their house.

4. 독립분사구문

(1) 독립분사구문

① 주절의 주어와 분사의 의미상 주어가 다른 경우, 분사의 주어를 분사구문에 표시 (주격으로 표시)

㉠ The weather being rainy, we played indoors. (비가 와서 우리는 실내에서 놀았다.) [분사구문의 주어(whether)가 주절의 주어(we)와 달라 따로 표시]

= Because the weather was rainy, we played indoors.

㉡ I will come, weather permitting. (날씨가 좋으면 가겠다.)

= I will come if the weather permits.

㉢ He was reading a book, his wife knitting beside him. (그의 아내가 그의 옆에서 뜨개질을 하고 있는 동안 그는 책을 읽고 있었다.)

= He was reading a book, while his wife was knitting beside him.

(2) 「with + 독립분사구문」

① 부대상황을 나타내는 독립분사구문에는 with를 붙이는 경우가 있음
  ㉠ I fell asleep with my television set turned on. (나는 텔레비전을 켜둔 채 잠이 들었다.)
  ㉡ With night coming on, we came home. (밤이 다가오자 우리는 집으로 돌아왔다.)
  ㉢ The girl ran to her mother, with tears running down her cheeks. (그 소녀는 두 뺨에 눈물을 흘리면서 엄마에게 달려갔다.)
  ㉣ Don't speak with your mouth full. (먹으면서 말하지 마라.)

실력up with 분사구문

- with + 목적어 + 현재분사/과거분사/형용사/부사구/전명구

SEMI-NOTE

with 분사구문 형식
- with + 목적어 + 현재분사
  - 목적어와 분사의 관계가 능동일 경우 → 현재분사 사용
- with + 목적어 + 과거분사
  - 목적어와 분사의 관계가 수동일 경우 → 과거분사 사용
- with + 목적어 + 형용사
- with + 목적어 + 부사어/전명구

(3) 비인칭 독립분사구문

① 분사의 의미상 주어가 일반인(we, you, they 등)인 경우 이를 생략(분사구문의 주어가 주절의 주어와 달라도 따로 쓰지 않음)
  ㉠ Generally speaking, the Koreans are diligent and polite. (일반적으로 말하면, 한국인은 부지런하고 공손하다.)
    = If we speak generally, the Koreans are diligent and polite.
  ㉡ Strictly speaking, this is not correct. (엄격히 말해, 이것은 정확하지 않다.)
  ㉢ Frankly speaking, I don't like either of his brothers. (솔직히 말해, 나는 그의 형제들을 어느 쪽도 좋아하지 않는다.)
  ㉣ Roughly speaking, they are diligent. (대체로 그들은 부지런하다.)

비인칭 독립분사구문 예문
- Judging from her accent, she must be a foreigner.
  - 그녀의 억양으로 판단 한다면, 그녀는 외국인임이 분명하다.
- Granting that this is true, you were in the wrong.
  - 이것이 사실이라 인정 하더라도 당신은 잘못했다.

5. 분사구문의 주의할 용법

(1) 분사구문의 시제

① 단순분사구문 : 주절의 시제와 같은 시제를 나타냄
  Feeling very tired, I went to bed early. (매우 피곤해서 나는 일찍 잠자리에 들었다.)
  = Because I felt very tired, I went to bed early.

② 완료분사구문 : 주절의 시제보다 앞선 시제를 나타냄
  Having written my composition, I have nothing else to do. (작문을 마쳤기 때문에, 나는 달리 할 일이 없다.)
  = As I wrote[have written] my composition, I have nothing else to do.

완료분사구문

Having overworked himself, he fell ill. (그는 과로를 하였기 때문에 병에 걸렸다.)
= Because he had overworked himself, he fell ill.

(2) 분사구문의 수동태

① 분사가 수동의 의미가 되는 경우 수동형 분사구문으로 나타냄

SEMI-NOTE

분사구문의 수동태

(Having been) Born in the U.S., she is fluent in English. (미국에서 태어났기 때문에 그녀는 영어를 유창하게 한다.)
= Because she was born in the U.S., she is fluent in English.

㉠ 단순수동형 분사 : being + p.p [주절의 시제와 같은 수동형 분사구문]
㉡ 완료수동형 분사 : having been + p.p [주절의 시제보다 앞선 수동형 분사구문]

② 문두의 'Being' 또는 'Having been'은 종종 생략됨
  (Being) Written in plain English, this book is easy to read. (이 책은 쉬운 영어로 쓰였기 때문에 읽기 쉽다.)
  = Because this book is written in plain English, it is easy to read.

실력UP 분사구문의 부정

- 분사구문이 부정의 의미를 지닌 경우 분사 바로 앞에 부정어(not, never)를 씀
- Not knowing what to do, she came to me for my advice. (그녀는 무엇을 해야 할지 몰라 나에게 와서 조언을 구했다.)
  = Because she didn't know what to do, she came to me for my advice.
- Never having seen the movie, I couldn't criticize it. (그 영화를 본적이 없었기 때문에, 나는 그것을 비평할 수 없었다.)
  = As I had never seen the movie, I couldn't criticize it.

(3) 감정동사의 분사

감정형 분사
- 감정 제공 형용사(현재분사)
  - pleasing 기쁘게 하는
  - satisfying 만족시키는
  - interesting 흥미를 일으키는
- 감정 상태 형용사(과거분사)
  - pleased 기쁜
  - satisfied 만족한
  - interested 흥미를 가진

주어가 감정을 느끼는 것이면 과거분사, 대상에게 감정을 초래하는 것이면 현재 분사를 사용

The drama bored me. (그 연극은 나를 따분하게 했다.)
= The drama was boring me.
= I was bored with the drama.

06장 명사(Noun)/관사(Article)

01절 명사(Noun)

02절 관사(Article)

06장 명사(Noun)/관사(Article)

01절 명사(Noun)

1. 가산명사(Countable Noun)

(1) 보통명사

① 보통명사의 의미와 종류

  ㉠ 흔히 존재하는 것으로, 유·무형의 형태로 존재할 수 있으나 구분이 가능한 것을 지칭함

   student, book, house, day, year, spring, minute 등

  ㉡ '하나, 둘' 등으로 셀 수 있으며, 단수형과 복수형이 있음

   • I have one pencil.
   • She has two pencils.

  ㉢ 구체적인 수를 나타내는 경우 : one, two, three, ten 등 수사(數詞)를 사용

   • I have four books.
   • I was five minutes behind time for school.

  ㉣ 불특정인 수를 나타내는 경우 : (a) few, several, some, many, a lot of 등 사용

   • I have a few books.
   • I have many friends.
   • There's a lot of flu going around.

  ㉤ 두 부분으로 이루어진 의류, 도구 등의 경우 : a pair of, two pairs of 등을 사용

   • I need a pair of trousers. (나는 바지 한 벌이 필요하다.)
   • Two pairs of his socks are full of holes. (그의 양말 두 켤레가 다 구멍이 났다.)

② 보통명사의 특수용법

  ㉠ 전체를 나타내는 방법(대표단수)

   A dog is a faithful animal. (개는 충실한 동물이다.)
   = The dog is a faithful animal.
   = Dogs are faithful animals.

  ㉡ 'the + 보통명사'가 추상명사를 나타내는 경우

   • What is learned in the cradle is carried to the tomb. (요람에서 배운 것이 무덤까지 간다./어려서 배운 것은 죽을 때까지 간다./세 살 버릇 여든까지 간다.)
   • The pen is mightier than the sword. (펜은 칼보다 더 강하다./문(文)은 무(武)보다 강하다.)

SEMI-NOTE

가산명사와 불가산명사의 수식어 구분

• 일반적으로 'few'와 'a few', 'many', 'a number of' 등은 가산 명사를 수식(수를 표시)하며, 'little', 'a little', 'much', 'an amount of' 등은 불가산 명사를 수식(양을 표시)
• 'a lot of'는 양쪽 모두에 사용가능

명사와 관사

• 가산명사(보통명사·집합명사)
  – 셀 수 있는 가산명사는 단수와 복수의 구별이 있으며, 단수에 부정관사를 취할 수 있음
  – 문맥상 특정한 것을 지정하는 경우 정관사를 취함
• 불가산명사(물질명사·추상사·고유명사)
  – 셀 수 없는 불가산명사는 양이나 정도를 나타내므로 원칙적으로 복수형을 쓸 수 없으며, 부정관사를 취할 수도 없음
  – 문맥상 특정한 것을 지정하는 경우 정관사를 취함

(2) 집합명사

① 집합명사는 같은 종류의 여러 사람[사물]이 모여 집합체를 이루는 명사를 말함
family, class, committee, group 등

② Family형 집합명사 : family, audience, class, committee, crowd, government, group, jury(배심원), party, people(민족, 국민), team, army, assembly, public, nation, crew, staff 등

㉠ 단수형과 복수형이 있음
㉡ 집합명사는 집합체를 하나의 단위로 보는 것으로, 단수형은 단수 취급하며 복수형은 복수 취급함
㉢ 군집명사는 집합체를 개별적 단위로 보는 것으로 복수 취급함(구성원이나 구성 요소 하나하나를 의미)

- My family is a large one. [family는 집합명사]
- Two families live under the same roof. [집합명사의 복수 형태]
- My family are all early risers. [family는 군집명사로 구성원 하나하나를 말함]

③ Police형 집합명사 : police, aristocracy, clergy, gentry, nobility, peasantry 등

㉠ 보통 정관사(the)를 동반하며, 단수형으로만 씀
㉡ 항상 복수 취급함

The police are after you.

④ Cattle형 집합명사 : cattle, people(사람들), poultry, foliage(잎, 군엽), vermin 등

㉠ 단수형으로만 쓰며, 관사를 붙이지 않음
㉡ 항상 복수 취급함

⑤ 그 밖에 주의해야 할 집합명사의 용법

㉠ fish : 단·복수 동형으로, 한 마리를 나타낼 때에는 a를 붙임, 물고기의 종류를 말할 때는 복수형도 가능

- I caught a fish. (나는 물고기 한 마리를 잡았다.)
- I caught many kinds of fishes. (나는 많은 종류의 물고기를 잡았다.)

㉡ people : '사람들'이란 뜻일 때에는 항상 단수형으로 쓰고 복수 취급하며, '국민', '민족', '종족'의 뜻일 때에는 단수형(people)과 복수형(peoples)이 모두 가능하다.

- Many people are jobless in these days. (요즘에는 많은 사람들이 실직한 상태이다.)
- the French people (프랑스 국민)
- the peoples of Asia (아시아의 여러 민족들)

㉢ fruit : 과일 전체를 나타낼 때에는 무관사·단수형이고, 종류와 관련하여 쓰일 때에는 보통명사가 됨

SEMI-NOTE

집합명사의 수

- 집합명사는 셀 수 있는 명사로서, 'of'를 수반해서 수량을 나타냄
  - a crowd of people (사람의 무리)
  - a herd of cattle (한 무리의 소 떼)
  - a flock of sheep (한 떼의 양)
  - a school of fish (물고기 무리)

Furniture형 집합명사

furniture, baggage, clothing, game, jewelry, luggage, machinery, merchandise 등[물질명사의 성격을 갖는 집합명사]

- 관사 없이 단수형으로만 쓰고 단수 취급함
- 셀 때는 'a piece of', 'an article of', 'little', 'much', 'a lot of' 등을 사용함
  - Furniture is usually made of wood.
  - They don't have much furniture.
  - A bed is a piece of furniture.

Cattle형 집합명사

- Cattle feed on grass.
- People tend to listen to one side of a story.

fruit 예문

- Eat plenty of fresh fruit and vegetables. (신선한 과일과 채소를 많이 먹어라.)
- tropical fruits, such as bananas and pineapples (바나나와 파인애플 같은 열대 과일들)

2. 불가산명사(Uncountable Noun)

(1) 불가산명사의 종류

① 고유명사
  ㉠ 오직 하나인 사람이나 사물 등의 이름이나 명칭을 말함
  ㉡ 개개의 보통명사에 이름을 부여한 것으로, 첫 글자는 언제나 대문자로 씀
    Tom, July, Namdaemun, Seoul, Korea, Sunday[요일(曜日)], January[월(月)], Sun, Moon 등

② 물질명사
  ㉠ 주로 기체·액체·고체나 재료, 식품 등 물질의 이름을 말함
  ㉡ 일정 형태가 있는 것도 없는 것도 있음
    air, water, coffee, wood, stone, bread, paper, money 등

③ 추상명사
  ㉠ 감각기관으로 직접 인식되지는 않지만 인간의 머릿속에서 생각되는 것을 말함
  ㉡ 주로 인간 활동의 결과물로 사람과 관련된 추상적 단어들이 이에 해당
    love, friendship, beauty, life, peace 등

(2) 고유명사

① 고유명사는 문장 가운데 쓰여도 대문자로 시작하며, 부정관사나 복수형 없이 사용됨
  ㉠ This is Tom.
  ㉡ I wish to speak to Mr. Johnson.

② 고유명사의 보통명사화 : 「~라는 사람」, 「~같은 인물」, 「~가문의 사람」, 「~의 작품」 등의 의미로 쓰이면, 보통명사처럼 관사가 붙거나 복수형으로 쓰일 수 있음
  ㉠ 「~라는 사람」
    • A Mr. Johnson came to see you. (Johnson 씨라는 분이 당신을 찾아왔습니다.)
    • A Mr. Kim is waiting for you. (김 씨라는 사람이 당신을 기다리고 있습니다.)
  ㉡ 「~같은 인물」
    He wants to be an Edison. (그는 에디슨과 같은 과학자가 되고자 한다.)
    cf. I want to make this place the Eden of Korea. (나는 이곳을 한국의 에덴동산으로 만들고 싶다.)[수식어가 있는 경우 'the'를 붙임]
  ㉢ 「~가문(집안)의 사람」
    • He is a Park. (그는 박씨(氏) 가문의 사람이다.)
    • His wife is a Rockefeller. (그의 부인은 록펠러가(家) 출신이다.)

(3) 물질명사

① 부정관사를 붙이지 않으며, 단수 형태로 쓰이고 단수 취급함
  Bread is made from wheat. (빵은 밀로 만든다.)

SEMI-NOTE

고유명사

• 「가족, 부부」(the + 복수형)
 – The Kims moved. (김 씨네 가족이 이사를 갔다.)
  = The Kim family moved.
 – The Bakers watched TV last night. (어젯밤 Baker 씨 가족(부부)은 TV를 봤다.)
  = The Baker family watched TV last night.
• 「~의 작품, 제품」
 – There is a Monet on the wall. (벽에 모네의 작품이 걸려 있다.)
 – He has a Ford. (그는 포드 자동차를 가지고 있다.)
 – Two Picassos and a Gogh will also be displayed. (피카소 작품 2점과 고흐 작품 1점도 역시 전시될 것이다.)

정관사(the)가 붙는 고유명사
• 신문·잡지책, 공공건물, 바다·강·대양, 운하, 반도, 사막, 복수형의 고유명사(산맥, 군도, 국가) 등
 - the Newsweek
 - the White House
 - the Thames
 - the Suez Canal
 - the Sahara
 - the Alps
 - the Philippines

물질명사
• 물질명사는 부정관사를 붙일 수 없는 불가산 명사
• 단위명사를 이용하여 셈
• 다른 명사로 전용가능
• 물질명사를 수량으로 나타내야 하는 경우
 – 수사 + 단위명사 + of + 물질명사

② 물질명사의 양을 나타내는 방법
  ㉠ 불특정한 양을 나타내는 경우 : some, any, no, (a) little, much, a lot of 등을 사용
    I want some bread.
  ㉡ 구체적인 양을 나타내는 경우 : 양을 나타내려는 명사에 따른 조수사를 사용
    I have two slices of bread and a cup of coffee for breakfast. (나는 아침으로 빵 두 조각과 커피 한 잔을 마신다.)

> **실력up 구체적인 양을 나타내는 경우**
>
> a loaf[slice] of bread (빵 한 덩어리[조각]) / a cup of coffee[tea] 커피[차] 한 잔) / two cups of coffee (커피 두 잔) / a glass of water[milk] (물[우유] 한 컵) / a bottle of beer (맥주 한 병) / a piece[sheet] of paper (종이 한 장) / a piece of cake (케이크 한 조각) cf. 'a piece of cake'은 '아주 쉬운 일', '누워서 떡 먹기'라는 의미가 있음 / a piece[stick] of chalk (분필 한 자루) / a cake[bar] of soap (비누 한 덩이) / a lump of sugar (설탕 한 덩어리) / a handful of rice (쌀 한 줌)

③ 물질명사의 보통명사화 : 물질명사가 종류, 제품, 개체 등을 나타내는 경우 보통명사처럼 쓰여 부정관사가 붙거나 복수형이 됨
  ㉠ 종류(일종의/여러 종의)
    • This is a first-class perfume. (이 향수는 최고급 향수이다.) [부정관사 동반]
    • The company produce several teas. (그 회사는 여러 종의 차를 생산한다.) [복수형]
    • This is a metal. (이것은 일종의 금속이다.)
      cf. This is made of metal.[물질명사로서 부정관사를 동반하지 않음]
  ㉡ 제품·작품
    • He wears glasses. (그는 안경을 쓰고 있다.)
    • a glass(유리잔) / glass(유리) [물질명사]
  ㉢ 개체(물질명사의 일부분을 지칭하는 경우)
    The boy threw a stone at the dog. (그 소년은 개에게 돌멩이를 던졌다.)
  ㉣ 구체적 사건·행위
    We had a heavy rain this morning. (오늘 아침 호우가 내렸다.)

(4) 추상명사
① 부정관사를 붙이지 않으며, 단수 형태로 쓰이고 단수 취급함
  Art is long, life is short. (인생은 짧고 예술은 길다.)
② 추상명사의 양을 나타내는 방법 : much, (a) little, some, a lot of, a piece of, a bit of, an item of 등으로 나타냄
  ㉠ A little knowledge is a dangerous thing. (적은 지식은 위험한 것이다.)
  ㉡ I would like to get some advice about my plan. (저의 계획에 대한 조언을 듣고 싶습니다.)

SEMI-NOTE

주의해야 할 불가산명사의 쓰임
- I'm going to buy a bread. (X) → I'm going to buy some[a loaf of] bread. (O)
- The news were very interesting. (X) → The news was very interesting. (O)
- I have a lot of luggages. (X) → I have a lot of luggage. (O)

물질명사가 한정될 때 정관사 'the'를 씀
The water in this bottle is not good to drink. (이 병에 있는 물은 마시기에 좋지 않다.)

추상명사의 양을 나타내는 방법
- a piece[word] of advice (충고 한 마디)
- a piece[an item] of information (정보 한 편)
- a piece of folly (한 차례의 어리석은 짓)
- a bit of nonsense (무의미한[허튼, 터무니없는] 말 한마디)
- a crap of thunder (천둥소리)

SEMI-NOTE

추상명사
- 추상명사가 한정될 때 정관사 'the'를 씀
  - The beauty of the scenery is very wonderful. (그 풍경의 아름다움은 아주 뛰어나다.)
- 추상명사가 나타내는 특성을 가진 집합명사를 표현하는 경우
  - Youth should have respect for age. (젊은이들은 노인을 공경해야 한다.)

to one's + 추상명사 : ∼하게도
- to one's sorrow : 슬프게도
- to one's shame : 창피스럽게도
- to one's regret : 후회스럽게도
- to one's grief : 슬프게도

관사 + 추상명사 관용표현
- a beauty
  - 미인
- a cure
  - 치료제
- an authority
  - 권위자
- a favor
  - 친절한 행위

「all + 복수명사」 형태의 강조 용법
- all eyes and ears (열심히 보고 듣는)
- all smiles (매우 행복한)
- all thumbs (매우 서투른)
- all tongues (수다스러운)

③ 추상명사의 보통명사화 : 구체적인 종류나 사례, 행위 등을 나타내는 경우 보통명사처럼 쓰임
  ㉠ 종류(일종의, 여러 종의)
   Astronomy is a science. (천문학은 일종의 과학이다.)
  ㉡ 구체적인 행위
   - He committed a folly. (그는 어리석은 한 행위를 저질렀다.)
   - She has done me a kindness. (그녀는 나에게 친절하게 행동했다.)
  ㉢ 어떤 것 자체의 소유자
   - He is a success as a painter. (그는 화가로서 성공한 사람이다.)
   - She is a beauty. (그녀는 미인이다.)
④ 관용적인 용법
  ㉠ of + 추상명사 = 형용사
   - He is a man of wisdom. (그는 현명한 사람이다.)
     = He is a wise man.
   - of use = useful (유용한) / of no use = useless (쓸모없는)
   - of ability = able (유능한)
   - of value = valuable (귀중한)
   - of importance[significance] = important[significant] (중요한)
   - of great help = very helpful (무척 도움이 되는)
  ㉡ 전치사 + 추상명사 = 부사
   - He solved the problem with ease. (그는 문제를 쉽게 풀었다.)
     = He solved the problem easily.
   - with great ease = very easily (아주 쉽게)
   - with rapidity = rapidly (신속하게)
   - by accident = accidentally (우연히)
   - in haste = hastily (서둘러서)
   - in private = privately (사적으로)
   - on purpose = purposely (고의로, 일부러)
   - of courage = courageous (용기 있는)
   - of importance = important (중요한)
   - of no value = valueless (가치 없는)
   - with care = carefully (주의 깊게)
   - to perfection = perfectly (완전하기)
  ㉢ all + 추상명사 = 추상명사 + itself = very + 형용사(매우 ∼ 한)
   She is all kindness. (그녀는 아주 친절하다.)
   = She is kindness itself.
   = She is very kind.
   all attention (매우 주의 깊은)

② have + the + 추상명사 + to부정사 = be + so + 형용사 + as + to부정사
= be + 형용사 + enough + to부정사 = 부사 + 동사(~하게도 ~하다)
She had the kindness to show me the way. (그녀는 친절하게도 나에게 길을 가르쳐 주었다.)
= She was so kind as to show me the way.
= She was kind enough to show me the way.
= She kindly showed me the way.

> **SEMI-NOTE**
>
> have the + 추상명사 + to + 동사원형: ~할 만큼 충분히 ~하다
> - have the kindness to + 동사원형
>   - 친절하게도 ~ 하다
> - have the wisdom to + 동사원형
>   - 현명하게도 ~ 하다

3. 명사의 수(數)

(1) 규칙 변화

① 대부분의 경우 단어 뒤에 -s나 -es를 붙임

book – books / student – students / stomach – stomachs / bus – buses / hero – heroes / dish – dishes / church – churches / box – boxes

cf. 주로 어미가 s[s], sh[ʃ], ch[tʃ], x[ks], z[z]이면 'es[iz]'를 붙임

② 어미가 '자음 + y'인 경우에 y를 i로 바꾸고 -es를 붙이며, '모음 + y'는 그대로 -s를 붙임

city – cities / story – stories / key – keys

③ -f(e)는 -ves가 됨

leaf – leaves / knife – knives

cf. 예외 : chief – chiefs / roof – roofs / safe – safes / belief – beliefs / dwarf – dwarfs / cliff – cliffs

> 규칙변화
> - 어미가 '자음 + o'인 경우 -es를 붙이며, '모음 + o'는 -s를 붙임
>   - hero – heroes
>   - potato – potatoes
>   - radio – radios
> - cf. 예외
>   - photo – photos
>   - auto – autos
>   - piano – pianos
>   - soprano – sopranos

(2) 불규칙 변화

① 모음이 변화하는 것

man – men / woman – women / oasis – oases / crisis – crises / basis – bases / analysis – analyses / mouse – mice / foot – feet / tooth – teeth / goose – geese

② 어미의 변화가 있는 것, 어미에 -en을 붙이는 것

datum – data / memorandum – memoranda / focus – foci / stimulus – stimuli / crisis – crises / phenomenon – phenomena / criterion – criteria / nebula – nebulae / formula – formulae / ox – oxen / child – children

> 이중복수
> - 복수형이 의미에 따라 두 가지가 있는 경우
>   - brother – brothers(형제들) – brethren(동포)
> - cloth가 가산명사로 쓰이는 경우, 가벼운 선을 의미
> - clothes는 few, some과는 같이 쓰이나 수사와 같이 쓰이지는 않음

실력UP 단수와 복수의 형태가 동일한 경우

score – score / hundred – hundred / thousand – thousand / deer – deer / sheep – sheep / swine – swine(돼지) / fish – fish / salmon – salmon / Japanese – Japanese / Swiss – Swiss / English – English

> 분화복수
> - 단수와 복수의 의미가 다른 경우
>   - air(공기) – airs(거만한 태도)
>   - arm(팔) – arms(무기)
>   - manner(방법) – manners(예절)
>   - custom(관습) – customs(세관)

113

SEMI-NOTE

근사복수
- 연대나 연배 등을 나타내는 경우에 사용됨
  - in nineteen fifties(1950년대에)
  - in his late teens(그의 10대 후반에)

상호복수
- 의미상 복수를 필요로 하는 경우 사용
  - I shook hands with her. (나는 그녀와 악수했다.)
  - shake hands / make friends / change trains / exchange seats / take turns

문자와 숫자의 복수
- 's를 붙이는 것이 원칙이나, 요즘은 그냥 s만 붙이는 경우도 있음
  - R – R's
  - 8 – 8's
  - M.P. – M.P.s

남성명사의 어미에 '-ess'를 붙여 여성명사가 되는 것
- lion – lioness
- actor – actress
- heir – heiress
- host – hostess
- negro – negress
- prince – princess
- waiter – waitress
- emperor – empress
- God – Goddess
- author – authoress

---

③ 언제나 복수 형태로 쓰는 것(상시복수)
  ㉠ 짝을 이루는 물건명(의류·신발·도구 명칭 등) : trousers, pants, gloves, glasses, shoes, scissors 등 [복수 취급]
  ㉡ 일부 복수 고유명사
  - the Netherlands, the Alps 등 [복수 취급]
  - Athens, Naples, the United States, the United Nations 등 [단수 취급]
  ㉢ 학과·학문명 : mathematics, economics, ethics, politics, linguistics 등[단수 취급]
  ㉣ 병명(질병·질환 등) : measles, mumps, blues, creeps, rickets 등 [단수 취급]
  ㉤ 일부 게임명 : billiards, bowls, checkers, cards 등 [단수 취급]
  ㉥ 기타
  - arms(무기), damages(손해배상), belongings(소유물), wages(임금), riches(부, 재물), savings(저축), goods(상품, 화물) 등 [복수 취급]
  - news, odds(차이), amends(보상) 등 [단수 취급]

④ 복합어의 복수 : 일반적으로 중요한 요소를 복수형으로 하나 그렇지 않은 경우도 있음
  ㉠ 가장 중요한 명사를 복수로 하는 경우 : son-in-law – sons-in-law
  ㉡ 명사 – 전치사 → 명사s – 전치사 : looker-on – lookers-on
  ㉢ 형용사 – 명사 → 형용사 – 명사s : male-sex – male-sexes
  ㉣ 동사로 시작하는 경우 : forget-me-not – forget-me-nots
  ㉤ man – 명사 → men – 명사s : manservant – menservants

⑤ 복수형 어미의 생략 : 명사가 포함된 복합 형용사나 「수사 + 명사(+형용사)」가 다른 명사를 수식하는 경우 명사는 단수 형태로 함
  ㉠ She has a three-year old son. (그녀는 3살 된 아들이 하나 있다.)
  cf. He is three years old.
  ㉡ a ten-mile race(10마일의 경주) / the three-power conference(삼국회담) / two-horse carriage(쌍두마차) / two ten-dollar bills(10달러 지폐 두 장) / four-act play(4막극) / six-party talks(6자 회담) / three-inch-thick board(3인치 두께의 보드)
  cf. This board is three inches thick.

4. 명사의 성

(1) 남성명사와 여성명사

① 남성명사와 여성명사가 서로 다른 형태를 사용하는 경우 : husband – wife / bachelor – spinster / wizard – witch / bull – cow
② 남성명사의 어미에 -ess, -ine, -ix를 붙여 여성명사를 만드는 경우 : prince – princess / hero – heroine / aviator – aviatrix(비행사)

③ 복합어 및 기타의 경우 : he-goat – she-goat / man-servant – maid-servant / bridegroom – bride

(2) 통성명사

① 사람의 경우 : 성이 분명한 경우 'he'와 'she'로 구분해 받으며, 성이 불분명한 경우 'he', 'he or she'로 받음
Every man has his weak side. (누구나 다 약점이 있다.)
② child, baby의 경우 : 'it'으로 받으나, 성별을 아는 경우 'he' 또는 'she'로 받기도 함
The baby stretched out its arms to me. (그 아기가 내게 팔을 뻗었다.)
③ 동물의 경우 : 'it'으로 받는 것이 원칙이나, 경우에 따라서 'he' 또는 'she'로 받음
A cow is driving away flies with its tail. (젖소가 꼬리로 파리떼를 쫓고 있다.)

(3) 무생물 명사의 성(무성명사[중성명사]의 성)

① 남성으로 받는 경우 : sun, anger, fear, love, death, day, ocean, mountain, war, winter 등[주로 웅장함과 위대함, 강렬함, 용기, 정렬, 공포 등을 나타내는 명사]
The sun was shining in all his splendid beauty. (태양이 화려하게 빛나고 있었다.)
② 여성으로 받는 경우 : moon, mercy, liberty, ship, peace, spring, nature, country, fortune 등[주로 우아함과 평온함, 온순, 아름다움, 평화 등을 나타내는 명사]
The moon hid her face in the cloud. (달이 구름 속에 얼굴을 감추었다.)

5. 명사의 격

(1) 명사의 격

① 주격 : 문장의 주어, 주격 보어, 주어의 동격, 호격으로 쓰임
㉠ My father is a good cook. (나의 아버지는 훌륭한 요리사이다.)
㉡ Mr. Lee, our English teacher, is American. (이 선생님은 우리들의 영어 선생님으로 미국인이다.)
㉢ Ladies and gentlemen, listen to me. (신사숙녀 여러분, 제 말을 경청하여 주십시오.)
② 목적격 : 동사나 전치사의 목적어, 목적격 보어, 목적어의 동격으로 쓰임
㉠ I met the man on my way home. (나는 집에 오는 도중에 그 사람을 만났다.)
㉡ We elected him chairman. (우리는 그를 의장으로 선출했다.)
㉢ I saw Elizabeth, the Queen of England. (나는 영국 여왕인 엘리자베스를 보았다.)

SEMI-NOTE

무생물 명사의 성(무성명사[중성명사]의 성)
• 국가는 일반적으로 'she'로 받지만, 지리적인 측면이 강조된 경우 'it'으로 받음
 – England is proud of her poets. (영국은 그 나라의 시인들을 자랑스럽게 여긴다.)
 – Korea is famous for its beautiful scenery. (한국은 아름다운 경치로 유명하다.)
 – America is rich in its natural resources. (미국은 천연자원이 풍부하다.)

명사의 격
• 주격
 – '은~', '는~', '~이', '~가'처럼 동작과 상태의 주체를 나타내는 역할
• 목적격
 – '~을', '~를'처럼 동작의 대상을 나타내는 역할
• 소유격
 – '나의~', '그의~'처럼 어떤 것의 소유를 나타내는 역할

SEMI-NOTE

소유격의 일반적 형태
- 복합명사나 하나의 어군을 이루는 말 등의 군(群) 소유격은 끝 단어에 's를 씀
  - someone else's son
  - father-in-law's hat
  - the teacher of music's room

무생물의 의인화
- 지명이나 공공기관, 집합명사의 경우 's를 쓸 수 있음
  - Korea's future(= the future of Korea)

kind, sort, type의 소유격
- kind, sort, type의 경우 of 앞뒤 어디든 올 수 있으며, 'kind [sort, type] of' 다음에는 무관사명사가 옴
  - this(단수) kind of car(이런 종류의 차) = car of this kind
  - these(복수) kinds of cars(이런 종류들의 차) = cars of these kinds

---

③ 소유격 : 다른 명사를 수식하며 「~의」라는 뜻을 나타냄
I found Mary's watch. (나는 메리의 시계를 찾았다.)

(2) 소유격의 형태

① 소유격의 일반적 형태
  ㉠ 생물(사람, 동물 등)의 소유격은 원칙적으로 's를 씀
    a man's stick / the cat's ear / Tom's house / the hero's death
  ㉡ 무생물의 소유격은 'of + 명사'의 형태로 표시
    legs of the table / the core of a matter
  ㉢ '-s'로 끝나는 복수명사의 소유격은 '(apostrophe)만 붙임
    girls' school
  ㉣ 고유명사는 어미가 -s로 끝나더라도 's를 붙임
    Bridget Jones's Diary
    Jesus, Moses, Socrates, Columbus 등의 고유명사는 ' 만 붙임
  ㉤ 동격명사의 소유격은 일반적으로 뒤에 있는 동격명사에 's를 붙임
    my friend John's wife

② 무생물의 의인화
  ㉠ 무생물이 의인화 된 경우는 's를 씀
    Fortune's smile / Nature's works
  ㉡ 인간 활동과 밀접한 명사의 경우 's를 쓸 수 있음
    life's journey(= the journey of life)
  ㉢ 무생물이라도 시간, 거리, 중량, 가격 등을 나타내는 명사는 's를 씀
    today's paper / a moment's thought / a stone's throw / ten miles' distance / a pound's weight / two pounds' weight / a dollar's worth of sugar / two dollars' worth of sugar

(3) 소유격의 의미

① 소유자 표시
  Tom's book (→ Tom has a book.)
② 저자, 발명자 표시
  Shakespeare's Macbeth (→ Shakespeare wrote Macbeth.)
③ 사용 목적, 대상 표시
  a girl's high school (→ a high school for girls)
④ 주격 관계(행위의 주체) 표시
  my daughter's death (→ My daughter died.)
⑤ 목적격 관계(행위의 대상) 표시
  Caesar's murderers (→ those who murdered Caesar)

(4) 소유격의 특별한 용법

① 개별소유와 공동소유

    ㉠ 개별소유 : Tom's and Frank's books → Tom과 Frank가 각자 소유하는 책

    ㉡ 공동소유 : Tom and Frank's books → Tom과 Frank가 공유하는 책

② 이중소유격

    ㉠ 소유격이 관사 등과 함께 쓰이는 경우 '관사 + 명사 + of 소유격(소유대명사)'의 형태가 됨

    ㉡ 이러한 형태가 되는 관사 등에는 관사(a, an, the), 소유격(my, your 등), 지시형용사(this, that), 의문형용사(what, which), 부정형용사(any, all, both, each, every, either, neither, no, one, some, other) 등이 있음

- this camera of Tom's (○) / Tom's this camera (×)
- some friends of Jane's (○) / Jane's some friends (×)

실력UP 독립 소유격(소유격 다음 명사의 생략)

- 명사의 반복을 피하는 경우 소유격 다음의 명사는 생략 가능
  - This book is my brother's (book). (이 책은 내 남동생의 책이다.)
- 장소나 건물을 나타내는 명사가 생략되는 경우로, house, shop, store, office, church, restaurant 등이 생략되는 경우가 많음
  - He passed the summer at his uncle's (house). (그는 삼촌의 집에서 여름을 났다.)

02절 관사(Article)

1. 부정관사

(1) 부정관사의 일반적 용법

① 부정관사는 보통명사가 문장에서 처음 사용될 때 그 명사의 앞에 위치하는 것이 원칙

② 뒤에 오는 단어가 발음이 자음으로 시작하면 'a'를, 모음으로 시작하면 'an'을 씀

(2) 부정관사의 의미에 따른 용법

① 막연히 가리키는 「하나의」(의미상 해석을 하지 않음)

    This is a book, not a box. (이것은 상자가 아니라 책이다.)

② 「하나」의 뜻을 나타내는 경우

    ㉠ Rome was not built in a day. (= one) (로마는 하루아침에 만들어지지 않았다.)

    ㉡ A bird in the hand is worth two in the bush. (손 안에 있는 새 한 마리가 숲 속의 새 두 마리보다 실속이 있다.)

SEMI-NOTE

소유격의 관용 표현

- for mercy's sake (불쌍히 여기셔서, 제발)
- for conscience's sake (양심상)
- at one's wits'[wit's] end (어찌할 바를 몰라)
- at a stone's throw (엎어지면 코 닿을 곳에)

소유격의 특별한 용법

- 동격
  - The City of Seoul = Seoul City
  - life's journey = the journey of life

관사

관사는 형용사의 일종으로, 크게 부정관사(a, an)와 정관사(the)로 분류

관용적 표현

- They were in a great hurry. (그들은 매우 서둘렀다.) [in a hurry]
- He had a rest. (그는 휴식을 취했다.) [have a rest]
- My son has a talent for music. (나의 아들은 음악에 재능이 있다.) [have a talent for]
- The man ran away all of a sudden. (그 남자는 갑자기 도망갔다.) [all of a sudden = on a sudden]

SEMI-NOTE

③ 「어떤 ~(라도)」의 뜻을 나타내는 경우

She goes well with a dress. (= any) (그녀는 어떤 옷에나 어울린다.)

④ 어떤 종류·종속 전체를 총칭하는 대표단수를 나타내는 경우

An ostrich cannot fly. (타조는 날 수가 없다.)

= The ostrich cannot fly.

= Ostriches cannot fly.

⑤ 「같은」의 뜻을 나타내는 경우

Birds of a feather flock together. (= the same) (유유상종. 깃이 같은 새들은 같이 날아다닌다.)

⑥ 「어떤」의 뜻을 나타내는 경우

㉠ In a sense it is true. (= a certain) (어떤 의미에서 그것은 진실이다.)

㉡ A Mr. Brown came to see you. (브라운 씨라는 분이 당신을 찾아왔습니다.)

⑦ 「약간의(얼마의)」의 뜻을 나타내는 경우

㉠ She waited for a while. (= some) (그녀는 잠시 기다렸다.)

㉡ He has a knowledge of Russian. (그는 러시아어를 약간 안다.)

⑧ 「~마다(당)」의 뜻을 나타내는 경우

㉠ Take this medicine three times a day. (= per) (이 약을 매일 세 번씩 드십시오.)

㉡ She makes a trip once a month. (그녀는 한 달에 한 번 여행을 한다.)

2. 정관사

(1) 정관사의 용법

① 앞에 나온 명사를 반복하는 경우

㉠ I saw a girl. The girl was crying. (나는 소녀를 보았다. 그 소녀는 울고 있었다.)

㉡ My uncle bought me a book yesterday. The book is very interesting. (우리 삼촌이 어제 책을 사주셨다. 그 책은 아주 재미있다.)

② 상황을 통해 누구나 알 수 있는 경우(특정한 것을 지칭하거나 한정을 받는 경우 등)

㉠ Erase the blackboard. (칠판을 지워라.) [특정한 것]

㉡ The water in the well is not good to drink. (이 우물의 물은 먹기에 적당하지 않다.) [한정을 받는 경우]

③ 유일한 것을 나타내는 경우(유일한 자연물이나 물건 등)

㉠ The moon goes around the earth. (달은 지구 주위를 돈다.)

㉡ the moon / the earth / the sun / the universe / the sky / the Bible

④ 방위 표시나 계절·시절의 명사를 나타내는 경우

㉠ The sun rises in the east and sets in the west. (태양은 동쪽에서 떠서 서쪽으로 진다.)

㉡ in the north[방위] / the lobster season[시절]

부정관사 a와 an의 구분

- 부정관사 a와 an의 경우 다음명사의 철자가 아닌 발음에 따라 구분하여 사용
- 예를 들어 'university'의 경우 철자(u)는 모음이나 발음상 자음[j]이므로 'an'이 아닌 'a'를 사용하여 'a university'가 되며, 'hour'의 경우 철자(h)는 자음이나 발음상 모음이므로 'an hour'가 됨

정관사의 용법

- 단위를 나타내는 경우(by 다음의 시간·수량·무게 등의 단위)
  - We hired the boat by the hour. (우리는 보트를 시간당으로 빌렸다.)
  - The workers are paid by the month. (근로자들은 월 단위로 보수를 받는다.)
  - Sugar is sold by the pound. (설탕은 파운드 단위로 판다.)

특정한 것을 나타내는 관사

- 일반적으로 특정한 것을 나타낼 때는 정관사(the)를 사용하나, 화자가 표현하고자 하는 의미에 따라 부정관사(a, an)가 사용될 수도 있음
  - A watt is the unit of power. (와트는 동력의 단위이다.)
  - A watt is a unit of power. (와트는 동력의 (여러 단위 중) 한 단위이다.)

⑤ 최상급이 쓰인 경우
  ㉠ What is the commonest surname in your country? (너의 나라에서 가장 흔한 성(姓)은 어떤 것이니?)
  ㉡ Mt. Everest is the highest mountain in the world. (에베레스트는 세계 최고봉이다.)
⑥ 서수, last, only, same, very 등과 함께 쓰이는 경우
  ㉠ January is the first month of the year. (정월은 일 년 중 맨 앞에 있는 달이다.)
  ㉡ He is the last man to tell a lie. (그는 거짓말할 사람이 아니다.)
  ㉢ Jane was the only student that answered the question. (Jane이 그 문제에 답한 유일한 학생이었다.)
  ㉣ The boy has made the same mistake again. (그 아이는 또다시 같은 잘못을 저질렀다.)
  ㉤ That's the very item we were looking for. (그것이 바로 우리가 찾던 것이다.)
⑦ 연대를 나타내는 경우
  Rap music burst upon the scene in the early 1980s. (랩 뮤직은 1980년 대초에 갑자기 나타났다.)
⑧ 연주를 할 때의 악기 명칭, 기계·발명품 등의 앞에 쓰이는 경우
  play the piano[violin, guitar, drum, harp]
⑨ 종족 전체를 나타내는 경우(대표단수)
  The cow is a useful animal. (소는 유용한 동물이다.)
  = A cow is a useful animal.
  = Cows are useful animals.
⑩ 신체의 일부를 표시하는 경우
  ㉠ 전치사 by를 쓰는 동사 : catch, push, pull, seise(붙잡다), take, hold 등
  ㉡ 전치사 on을 쓰는 동사 : hit, beat, pat(가볍게 두드리다) 등
  ㉢ 전치사 in을 쓰는 동사 : look, stare(빤히 쳐다보다), gaze(뚫어지게 보다), watch, hit 등

실력UP 「the + 형용사 / 분사」(~자들[것들]) [복수 보통명사]

- The rich are not always happy. (부자가 항상 행복한 것은 아니다.)
- the rich(= rich people)
- the old(= old people)
- the wounded(=wounded people)

⑪ 「the + 형용사 / 보통명사」[추상명사]
  ㉠ The beautiful is not always the same as the good. (미(美)가 항상 선과 동일한 것은 아니다.)

SEMI-NOTE

서수, last, only, same, very 등과 함께 쓰이는 경우
- in the first chapter(= in chapter one)
- the second World War(= World War two)
- the second lesson(= lesson two)
- the sixth volume(= volume six)
- the tenth day(= day ten)

정관사 관용적 표현
- in the morning
- in the afternoon
- in the evening
- the past
- the present
- the future
- in the dark
- on the way

신체의 일부를 표시하는 경우 예문
- He caught her by the hand.
  (그는 그녀의 손을 잡았다.)
- He caught me by the arm.
  (그는 내 팔을 잡았다.)
- She looked me in the face.
  (그녀는 내 얼굴을 똑바로 쳐다보았다.)

전치사와 관사의 쓰임
- 기간 표시의 전치사 in, during 다음에는 주로 정관사를 사용
  - They arrived in the morning.
- 시점 표시의 전치사 at, by 다음에는 일반적으로 관사를 사용하지 않음
  - They arrived at[by] midnight [noon, daybreak, dawn, night]

SEMI-NOTE

고유명사가 'of + 명사'의 수식을 받는 경우

the University of London / the Gulf of Mexico

정관사(the)를 동반하는 고유명사

- 대양, 바다, 해협, 강, 운하
  the Pacific (Ocean) / the Red (Sea) / the Mediterranean / the English Channel
- 산맥, 반도, 사막
  the Alps / the Rockies / the Korean Peninsula / the Crimea Peninsular / the Sahara (Desert) / the Gobi Desert
- 선박, 열차, 비행기 등의 탈 것
  the Mayflower / the Titanic / the Orient Express

기본적 어순

- 관사와 관련된 어순은 기본적으로 '관사 + 부사 + 형용사 + 명사'의 어순을 취함
  - a really surprising rumor(정말 놀라운 소식)

주의할 관사의 위치

- 「quite/rather + a + 명사」 또는 「a + quite/rather + 명사」의 어순을 취함
  - This is quite a good book. (이것은 아주 좋은 책이다.)
  = This is a quite good book.
  - He is rather a proud man. (그는 꽤 자부심이 있는 사람이다.)
  = He is a rather proud man.

무관사 명사를 포함하는 관용구

- by name 이름을 대고(서서)
- know ~ by sight (사람물건 등)을 본 적이 있다, …에 대한 면식이 있다
- take place 생기다, 있어나다
- on account of ~ 때문에

ⓒ the beautiful(= beauty) / the good(= goodness) / the true(= truth) / the patriot(=patriotism) / the unknown(미지의 것) / the mother(모정, 모성적 감정)

(2) 정관사(the)를 동반하는 고유명사

① 집합체의 의미(union, united)가 포함된 말이나 복수형의 국가명, 군도

the United States / the Soviet Union / the United Nations / the Netherlands / the Philippines / the East Indies

② 신문, 잡지, 서적 등

the Washington Post / the New York Times / the Newsweek
cf. Times / London Times

③ 국민 전체를 나타내는 경우(the + 복수 고유명사 → 복수취급)

the English / the Koreans

④ 인명 앞에 형용사가 붙는 경우

the late Dr. Schweitzer
cf. 인명 앞에 감정적인 색채가 있는 형용사가 붙는 경우는 'the'를 붙이지 않음
예) poor Tom

3. 관사의 위치 및 생략

(1) 주의할 관사의 위치

① 「all/both/half/double/twice + the + 명사」의 어순을 취함

㉠ You must answer all the questions. (너는 모든 문제에 답해야 한다.)
㉡ Both the parents are alive. (양친 모두 생존해 계신다.)
㉢ Half the apples were bad. (사과의 반은 상했다.)

② 「such/half/many/what + a[an] + (형용사) + 명사」의 어순을 취함

What a beautiful flower it is! (참 아름다운 꽃이다!)(= How beautiful a flower it is!)

③ 「so/as/too/how/however + 형용사 + a + 명사」의 어순을 취함

㉠ I've never seen so pretty a girl. (나는 그렇게 예쁜 소녀를 본 적이 없다.)
㉡ He is as strong a man as his father. (그는 자신의 아버지만큼 강하다.)
㉢ This is too difficult a question for me to answer. (이것은 내가 답하기에는 너무 어려운 문제이다.)

(2) 관사의 생략

① 가족관계를 나타내는 명사는 관사 없이 쓰이며, 대문자로 쓰이는 경우도 있음

Mother has gone out to do some shopping. (어머니는 장을 보러 나가셨다.)

② 호격어로 쓰이는 경우

㉠ Waiter, two coffees, please. (웨이터, 커피 두 잔이요.)
㉡ Keep the change, driver. (잔돈은 가지십시오, 기사님.)

③ 신분·관직·지위를 나타내는 말이 보어(주격보어·목적격보어)나 동격어, 또는 as와 of 다음에 쓰이는 경우
  ㉠ Mr. Smith is principal of our school. (Smith씨는 우리 학교의 교장 선생님이다.) [주격 보어]
  ㉡ Lincoln was elected President of the United States in 1860. (링컨은 1860년에 미국 대통령으로 선출되었다.)
  ㉢ We elected him principal of our school. (우리는 그를 우리 학교의 교장으로 선출했다.) [목적격 보어]
  ㉣ President Obama (오바마 대통령) [동격]
  ㉤ Elizabeth II, Queen of England (영국 여왕 엘리자베스 2세)
  ㉥ He went on board the steamer as surgeon. (그는 선의(船醫)로 기선에 승선했다.)

④ 건물이나 장소가 본래의 기능을 하거나 본래 목적으로 쓰이는 경우
  ㉠ I go to church every Sunday. (나는 매주 일요일 교회에 (예배를 보러) 간다.)
  ㉡ He goes to school. (그는 학교에 다닌다[공부한다, 배운다].)
    cf. He went to the school. (그는 그 학교에 갔다.)
  ㉢ go to bed(잠자리에 들다) / go to school(학교에 다니다, 통학[등교]하다, 취학하다) / go to sea(선원이 되다, 출항하다) / go to hospital(병원에 다니다, 입원하다) / at (the) table(식사 중)
  ㉣ There is a meeting at the school at 9 o'clock. (9시 정각에 그 학교에서 모임이 있다.)

⑤ 교통수단이나 통신수단의 경우
  ㉠ I usually go to school by bus. (나는 보통 학교에 버스를 타고 간다.)
  ㉡ by boat / by ship / by train / by subway / by mail / by wire / by telephone / by letter
    cf. on foot, on horseback

⑥ a kind of, a sort of, a type of 뒤에 오는 명사
  ㉠ Pine is a common kind of tree in Korea. (소나무는 한국에서 흔한 나무이다.)
  ㉡ That is a new sort of game. (저것은 새로운 유형의 놀이다.)

⑦ 접속사 and로 연결된 표현의 경우
  ㉠ and로 연결된 두 명사가 동일한 사람·사물인 경우 뒤에 나오는 명사 앞의 관사는 생략됨
    The poet and painter was invited to the party.[한 사람](시인이자 화가인 그는 파티에 초대되었다.)
  ㉡ and로 연결된 두 명사가 다른 사람·사물인 경우 두 명사에 각각 관사를 씀
    The poet and the painter were invited to the party.[두 사람](그 시인과 그 화가는 파티에 초대되었다.)
  ㉢ and로 연결된 형용사가 동일한 사람·사물을 수식하는 경우 뒤의 관사는 생략됨

SEMI-NOTE

양보의 부사절에서 문두에 나오는 명사의 경우
Child as he is, he knows a great many things. (그는 비록 어린애지만 많은 것을 안다.)

관사의 생략
- 운동경기명, 식사명, 계절명, 질병명 등의 경우
  – I like tennis. (나는 테니스를 좋아한다.)
  – Let's play soccer after lunch. (점심 먹고 축구하자.)
  – What time do you have breakfast? (몇 시에 아침 식사를 하니?)
  – Winter has come. (겨울이 왔다.)
  – He died of cancer last year. (그는 작년에 암으로 죽었다.)
  – cancer
  – fever
  – cholera
  – cf. a cold
  – a headache
  – a toothache
- 관사의 생략-학과명, 언어명 등의 경우
  – My favorite subject is biology. (내가 가장 좋아하는 과목은 생물이다.)
  – I can speak Korean. (나는 한국어를 할 수 있다.)
    = I can speak the Korean language.
  – speak English[Spanish, Japanese]
- 월(月)·요일의 경우
  – May is my favorite season. (5월은 내가 가장 좋아하는 계절이다.)
  – She goes to church on Sunday. (그녀는 일요일에 교회에 간다.)

접속사 and로 연결된 표현의 경우
- and로 연결된 형용사가 다른 사람 사물을 수식하는 경우 앞뒤 명사에 각각 관사를 씀
- and로 연결된 두 명사가 한 쌍이 되는 경우 앞의 명사에만 관사를 쓰고 뒤의 경우 생략됨

SEMI-NOTE

I saw a black and white dog.[한 마리](나는 바둑이 한 마리를 보았다.)

실력up 2개의 명사가 대구(對句)를 이루는 경우

- He gave body and soul to the work. (그는 몸과 마음을 다해 그 일을 하였다.)
- They are husband and wife. (그들은 부부다.)
- from right to left / from hand to mouth / from door to door / day and night / trial and error / rich and poor / young and old

07장 대명사(Pronoun)/관계사(Relatives)

01절 대명사(Pronoun)

02절 관계사(Relatives)

07장 대명사(Pronoun)/관계사(Relatives)

SEMI-NOTE

대명사
- 지시대명사
  - this, these, that, those, such, so, it, they
- 부정대명사
  - all, both, each, either, none
- 의문대명사
  - who, whose, whom, which, what
- 관계대명사
  - who, whose, whom, which, what, that

인칭대명사의 격
- Who is there? It's I.[주격보어]
  cf. It's me[회화체에서는 목적격을 씀]
- She caught him by the hand.
- They discussed the matters with him.
- We should obey our parents.
- Mary and Jane did not keep their promise.

01절 대명사(Pronoun)

1. 인칭대명사

한눈에 쏙~

인칭대명사 — 소유대명사 — 재귀대명사
지시대명사 — 부정대명사 — 의문대명사
            관계대명사

(1) 인칭대명사의 의미와 용법

① 인칭대명사는 '사람'을 대신하는 말로, I, You, He, She, We, They, It 등이 있음
② 인칭대명사
  ㉠ we, you, they는 「(막연한) 일반인」을 나타내기도 함
  ㉡ We have little snow here. (이곳은 눈이 많이 오지 않는다.)
  ㉢ You must not speak ill of others in their absence. (당사자가 없다고 그의 험담을 해서는 안 된다.)
  ㉣ They speak English in Australia. (호주에서는 영어로 말한다.)

실력up 인칭대명사의 격

인칭	수·성		주격	목적격	소유격
1인칭	단수		I	me	my
	복수		we	us	our
2인칭	단수		you	you	your
	복수		you	you	your
3인칭	단수	남성	he	him	his
		여성	she	her	her
		중성	it	it	its
	복수		they	them	their
문장에서의 위치			주어, 주격보어	목적어, 목적격보어	명사 앞

124

2. 소유대명사와 재귀대명사

(1) 소유대명사

① 소유대명사는 문장에서 「소유격 + 명사」의 역할을 함
② mine, yours, his, hers, ours, yours, theirs 등
  ㉠ Your bag is heavy, but mine is heavier. (네 가방은 무겁다. 그러나 내 가방은 더 무겁다.)
  ㉡ Yours is better than mine. (당신 것이 내 것보다 낫다.)

(2) 재귀대명사

① 재귀대명사의 용법
  ㉠ 재귀적 용법 : 동사나 전치사의 목적어가 되거나 주어의 동작이 주어 자신에게 미침
    • Make yourself at home. (편히 쉬십시오.)
    • He killed himself. (그는 자살했다.)
    • We enjoyed ourselves very much. (우리는 마음껏 즐겼다.)
  ㉡ 강조 용법 : 주어, 목적어, 보어 등과 동격으로 쓰여 의미를 강조[생략해도 문장이 성립함]
    • I myself did it(= I did it myself). (내가 스스로 그것을 했다.)[주어 강조]
    • She went there herself. (그녀는 직접 거기에 갔다.)
    • He was simplicity itself. (그는 아주 수수했다.) [보어 강조]

② 「전치사 + 재귀대명사」의 관용적 표현
  ㉠ for oneself(혼자 힘으로)(= without another help)
  ㉡ by oneself(홀로, 외로이)(= alone)
  ㉢ of itself(저절로)(= spontaneously)
  ㉣ in itself(본래)(= in its own nature)

③ 「동사 + 재귀대명사」의 중요 표현
  ㉠ absent oneself from ~에 결석하다
  ㉡ avail oneself of ~을 이용하다
  ㉢ pride oneself on ~을 자랑으로 여기다
  ㉣ help oneself to ~을 먹다
  ㉤ apply oneself to ~에 전념하다
  ㉥ behave oneself 점잖게 굴다

SEMI-NOTE

재귀대명사
재귀대명사는 주어에 따르지만, 목적어를 강조하는 경우 목적어를 기준으로 하여 결정됨

「전치사 + 재귀대명사」의 관용적 표현
• beside oneself(미친, 제정신이 아닌)(= mad)
• between ourselves(우리끼리 얘기지만)(= between you and me)
• in spite of oneself(자신도 모르게)

「동사 + 재귀대명사」의 중요 표현
• find oneself ~ (알고 보니 ~의 상태·장소에) 있다
  – I found myself lying in the beach. (정신을 차리고 보니 나는 해변에 누워 있었다.)
• present oneself 출석하다
• enjoy oneself 즐기다
• seat oneself 앉다
• cut oneself 베이다
• burn oneself 데다
• hurt oneself 다치다
• make oneself at home (스스럼없이) 편히 하다

3. 지시대명사

(1) this(these), that(those)

① 일반적 의미와 용법 구분

㉠ this는 '이것'이라는 의미로, 시간적·공간적으로 가까이 있는 것[사람]을 지칭

㉡ that은 '저것'이라는 의미로, 시간적·공간적으로 멀리 있는 것[사람]을 지칭

I like this better than that. (나는 이것을 저것보다 더 좋아한다.)

② this는 앞·뒤 문장의 단어나 구·절, 문장 전체를 받으며, that은 주로 앞에 나온 내용을 받음

She said nothing, and this made me very angry. (그녀는 아무 말도 하지 않았는데, 이것이 나를 아주 화나게 했다.)

③ 앞에 나온 명사의 반복을 피하기 위해 사용되는 that[those](주로 'of ~'의 수식 어구가 있는 경우에 사용되며, 'that[those] + of~'의 구조를 이룸)

㉠ The voice of woman is softer than that(= the voice) of man. (여성의 목소리는 남성의 목소리보다 더 부드럽다.)

㉡ The ears of a rabbit are longer than those(= the ears) of a cat. (토끼의 귀는 고양이의 귀보다 길다.)

④ this는 '후자(後者)', that은 '전자(前者)'를 지칭

㉠ 후자(後者) : this, the other, the latter

㉡ 전자(前者) : that, the one, the former

Work and play are both necessary to health; this(= play) gives rest, and that(= work) gives us energy. (일과 놀이는 건강에 모두 필요하다. 후자(놀이)는 우리에게 휴식을 주고 전자(일)는 우리에게 힘을 준다.)

⑤ 현재와 과거의 표현

㉠ In these days(요즘, 오늘날)(= nowadays)

㉡ In those days(그 당시에)(= then)

⑥ 대화문에서의 this

㉠ 사람의 소개

This is Tom. (이 사람은 Tom입니다.)

㉡ 전화 통화

This is Tom speaking. (Tom입니다.)

⑦ 「those who」(~한 사람들)(= people who)

Heaven helps those who help themselves. (하늘은 스스로 돕는 자를 돕는다.)

cf. he who[that]~(~하는 사람)[단수]

> **실력up 지시형용사로서의 this와 that**
>
> • This cat is mine and that one is hers. (이 고양이는 내 것이고 저것은 그녀의 것이다.)
> • Are those girls your friends? (그 소녀들은 당신의 친구들입니까?)

SEMI-NOTE

that의 관용적 표현

- 'and that'(게다가, 그것도, 더구나)[강조의 that으로 앞에서 말한 사실을 강조할 때 쓰임]
  - You must go home, and that at once. (너는 집에 가야 한다. 그것도 지금 당장.)
  - Come here, and that hurry up. (이리 오세요, 빨리요.)
- 'and all that'(~ 등)
  - There we bought cabbages and carrots and all that. (거기에서 우리는 양배추며 홍당무 등을 샀다.)

지시대명사

	단수	의미	복수	의미
지시 대명사	this	이것	these	이것들
지시 형용사	this	이(+단 수명사)	these	이(+복 수명사)
지시 대명사	that	저것	those	저것들
지시 형용사	that	저(+단 수명사)	those	저(+복 수명사)

this와 that의 부사적 용법

- '양'이나 '정도'를 나타내는 부사형용사 앞에 쓰임
  - The tree was about this high. (그 나무는 대략 이만큼 높았다.)
  - We won't go that far. (우리는 그렇게 멀리 가지 않을 것이다.)

(2) such ⭐ 빈출개념

① 일반적으로 '그런 것[사람]'의 의미로, 앞 문장이나 어구를 대신함
His bullet killed her, but such was not his intention. (그의 탄환이 그녀를 죽였지만 그것은 그의 의도가 아니었다.)[such는 앞 문장(His bullet killed her)을 대신함]

② 「as such」(그렇게, ~답게, ~로서) : 앞에 나온 낱말이나 문장이 중복될 때, as가 있으면 중복되는 말을 such로 대신할 수 있음
㉠ She is a sick person and must be treated as such. (그녀는 아픈 사람이다. 그러므로 그렇게(환자로) 취급되어야 한다.)[such = a sick person]
㉡ The professor, as such, is entitled to respect. (교수는 교수로서 존경받을 권리가 있다.)[such = the professor]
㉢ Mr. Park regrets not having studied history as such. (박 씨는 역사를 역사답게 공부하지 못한 것을 후회한다.)[such = history]

③ 「such A as B」(B와 같은 A)(= A such as B)[여기서의 'such as'는 'like(~같은)'의 의미]
㉠ Such poets as Milton are rare. (밀턴과 같은 시인은 드물다.)
= Poets such as Milton are rare.
㉡ such birds as the hawk and the eagle (매와 독수리 같은 새들)
= birds such as the hawk and the eagle

④ such A as to B, such A that B (B할 만큼[할 정도로] A하는)
㉠ It is such a good bike that I bought it twice. (그것은 매우 좋은 자전거여서 나는 두 번이나 그것을 샀다.)
㉡ He is not such a fool as to do it. (그는 그것을 할 정도로 바보는 아니다.)

setup: such 관용적 표현

- such as it is(변변치 않지만)
 – My car, such as it is, is at your disposal. (변변치는 않지만 내 차를 당신 마음대로 쓰세요.)
- such being the case(사정이 이래서)
 – Such being the case, I can't help him. (사정이 이래서, 그를 도와줄 수가 없어.)

(3) so

① think, believe, suppose, imagine, hope, expect, say, tell, hear, fear 등의 동사와 함께 쓰여 앞에 나온 문장 전체 또는 일부를 받음
㉠ Is she pretty? I think so.(= I think that she is pretty.)
(그녀는 예쁩니까? 그렇게 생각해요.)
㉡ Will he succeed? I hope so. (= I hope that he will succeed.)
(그가 성공할까요? 그러기를 바랍니다.)

② 「So + S + V」(S는 정말 그렇다[사실이다])[앞서 말한 내용에 동의할 때 사용]
㉠ She likes to travel. So she does. (그녀는 여행을 좋아한다. 정말 그렇다.)

SEMI-NOTE

such

- 「such as」 + V(~한 사람들)(= those who ~ = people who ~)
 – Such as have plenty of money will not need friends. (많은 돈을 가진 사람들은 친구가 필요하지 않을 것이다.)
 = Those who have plenty of money will not need friends.
 – All such as are bad sailors prefer to travel by land. (뱃멀미를 많이 하는 사람들은 육상 여행을 더 좋아한다.)

- 「such that」(~할 정도의)
The heat of my room is such that I cannot study in it. (내 방의 온도가 안에서 공부를 할 수 없을 정도로 높다.)
cf. He is not such a fool as to quarrel. (그는 싸울 만큼 어리석지 않다.)
= He knows better than to quarrel.

지시형용사로서의 such(대단한, 엄청난)

- It was such a hot day.
- He was such a polite man that everyone liked him.[such ~ that … (너무 ~해서 …하다)]

대명사(대형태) so의 반대 표현

- Do you think that he will succeed?
 → 긍정의 답변 : Yes, I hope so.
 → 부정의 답변 : No, I'm afraid not.

SEMI-NOTE

부사로 쓰이는 경우

They do not think the same as we do. (그들은 우리가 생각하는 것과 같은 방식으로 생각하지 않는다.)

앞에 나온 명사나 구·절을 가리키는 경우['그것'으로 해석됨]

- She tried to get a bus, but it was not easy.
  (그녀는 버스를 타려고 했으나 그것은 쉽지 않았다.) [it → to get a bus]
- They are kind, and he knows it.
  (그들은 친절하다. 그리고 그는 그것을 알고 있다.) [it → They are kind]

비인칭 주어로서 시간·요일·계절·날씨·거리·명암·온도 등을 나타내는 경우

- 시간 : It is nine o'clock. (9시 정각이다.)
- 요일 : It is Sunday today. (오늘은 일요일이다.)
- 계절 : It is spring now. (지금은 봄이다.)
- 날씨 : It is rather warm today. (오늘은 다소 따뜻하다.)
- 거리 : It is 5 miles to our school. (학교까지는 5마일이다.)
- 명암 : It is dark here. (여기는 어둡다.)
- 온도 : It is 10 degrees Celsius. (섭씨 10도이다.)

ⓒ He worked hard. So he did. (그는 열심히 일했다. 정말 그랬다.)

③ 「So + V + S」(S 또한 그렇다)[다른 사람도 역시 그러하다는 표현]
　㉠ She likes to travel. So do I. (그녀는 여행을 좋아한다. 나도 그렇다.)
　ⓒ He worked hard. So did she. (그는 열심히 일했다. 그녀도 그랬다.)

(4) same

① 앞에서 언급한 것과 동일 또는 동종의 것을 가리킴
　She ordered coffee, and I ordered the same.
　(그녀는 커피를 주문했다. 나도 같은 것[커피]을 주문했다.)

② 「the same ~ as」(동일 종류의 것) / 「the same ~ that」(동일한 것)
　㉠ This is the same watch as I lost. (이 시계는 내가 잃어버린 것과 같은 종류의 것이다.)
　ⓒ This is the same watch that I lost. (이 시계가 바로 내가 잃어버린 시계이다.)

③ 형용사로 쓰이는 경우
　㉠ He and I are the same age. (그와 나는 동갑이다.)
　ⓒ You've made the same mistakes as you made last time. (너는 지난번에 했던 실수와 동일한 실수를 했다.)

(5) It

① 앞에 나온 명사나 구·절을 가리키는 경우['그것'으로 해석됨]
　㉠ He has a car. It is a new car. (그는 차가 있다. 그 차는 새 차이다.) [it → car]
　ⓒ If you have a pen, lend it to me. (펜 가지고 있으면, 나에게 그것을 빌려주세요.) [it → pen]

② 주어(부정사구·동명사구·명사절)가 길어 가주어(it)가 사용되는 경우['가주어 (It) + be + 보어 + 진주어'의 구조가 됨]
　㉠ To learn a foreign language is difficult.
　→ It is difficult to learn a foreign language. (외국어를 배우는 것은 어렵다.) [부정사구(to learn a foreign language)가 진주어]
　ⓒ That he is handsome is true.
　→ It is true that he is handsome. (그가 잘생겼다는 것은 사실이다.) [명사절(that he is handsome)이 진주어]

③ 목적어(부정사구·동명사구·명사절)가 길어 가목적어(it)를 목적보어 앞에 두는 경우[주로 5형식 문장에서 '주어 + 동사 + 가목적어(it) + 목적보어 + 진목적어'의 구조를 취함]
　㉠ I think to tell a lie wrong.
　→ I think it wrong to tell a lie. (나는 거짓말을 하는 것은 잘못이라 생각한다.) [it은 가목적어이며, 부정사구(to tell a lie)가 목적어]

ⓛ You will find talking with him pleasant.
  → You will find it pleasant talking with him. (당신은 그와 이야기하는 것이 즐겁다는 것을 알게 될 것입니다.) [동명사구(talking with him)가 목적어]
ⓒ I think that she is kind true.
  → I think it true that she is kind. (나는 그녀가 친절하다는 것이 사실이라 생각한다.) [명사절(that she is kind)이 목적어]
④ 「It is A that ~」의 강조구문
  ㉠ 강조하고자 하는 요소(주어·목적어·부사(구, 절))를 A 위치에 놓음
  ㉡ 'It is'와 'that'을 배제하고 해석함
  ㉢ 여기서 that은 관계대명사 또는 관계부사이므로, 강조할 부분이 사람이면 who, 사물이면 which, 장소의 부사이면 where, 시간의 부사이면 when등을 쓸 수 있음
  ㉣ It was I that[who] broke the window yesterday. (어제 유리창을 깬 사람은 바로 나다.) [주어(I)를 강조]
  ㉤ It was the window that[which] I broke yesterday. (내가 어제 깬 것은 바로 창문이다.) [목적어(the window)를 강조]
  ㉥ It was yesterday that[when] I broke the window. (내가 창문을 깬 것은 바로 어제이다.) [부사(yesterday)를 강조]
  ㉦ What was it that she wanted you to do? (그녀가 당신이 하기를 원한 것은 무엇이었습니까?) [의문사(what)를 강조한 것으로, 의문사가 문두로 나가면서 'it was'가 도치됨]

4. 의문대명사

(1) who의 용법

① who는 사람에 대해 사용되며, 주로 이름이나 관계 등의 물음에 사용됨
② 주격(who), 소유격(whose), 목적격(whom)으로 구분됨
  ㉠ Who is that boy? (저 소년은 누구인가?)
  ㉡ Whose book is this? (이것은 누구의 책인가?)
  ㉢ Whom[Who] did you meet? (당신은 누구를 만났는가?)

(2) What의 용법

① 물건의 명칭이나 사람의 이름·신분 등에 사용되며, '무엇', '무슨' 등의 의미를 지님
  ㉠ What do you call that animal? (저 동물을 무엇이라 합니까?) [명칭]
  ㉡ What is she?(= What does she do?) (그녀는 무엇을 하는 사람입니까?) [신분·직업]
② 가격이나 비용, 금액, 수(數) 등에 사용되어 '얼마'라는 의미를 지님
  ㉠ What is the price of this computer? (이 컴퓨터의 가격은 얼마입니까?)

SEMI-NOTE

가주어·진주어 구문과 강조구문의 구분
'It is', 'that'을 배제하고 해석하여 의미가 통하면 강조구문(분영구문)이며, 그렇지 않고 'It'만을 배제하여 의미가 통하면 가주어·진주어 구문임

관용적으로 쓰이는 경우(상황의 it)
Take it easy. (천천히 하세요.)

의문사의 용법

의문대명사			
	주격	소유격	목적격
사람	who	whose	whom
사물	what		
사람/사물	which		

What의 용법
감탄문을 만드는 what[What + a(n) + 형용사 + 명사 + 주어 + 동사] What a pretty girl she is! (그녀는 정말 예쁘구나!)

SEMI-NOTE

ⓛ What's the cost of the product? (그 제품의 비용[원가]은 얼마입니까?)

(3) which의 용법

① 한정적 의미로 '어느 것', '어느 하나'를 묻는 데 사용됨

Which do you want, tomato or apple? (당신은 토마토와 사과 중 어느 것을 원합니까?)

② 의문형용사

Which book is yours? (어느 책이 당신 것입니까?)

(4) 간접의문문(의문대명사가 명사절을 이끄는 경우)

① 의문대명사가 이끄는 의문문이 다른 주절에 삽입되어 타동사의 목적어(명사절)가 될 때 이를 간접의문문이라 함
② 직접의문문이 '의문사 + 동사 + 주어'의 어순임에 비해, 간접의문문은 '의문사 + 주어 + 동사'의 어순이 됨

㉠ Who is she? / What does he want? [직접의문문]
ⓛ Do you know where I bought this book? (당신은 내가 이 책을 어디서 샀는지 아십니까?) [간접의문문]

③ 의문문이 생각동사[think, believe, suppose, imagine, guess 등]의 목적어(절)가 되는 경우 의문사가 문두로 나감

㉠ Who do you think he is? (당신은 그가 누구라고 생각합니까?)
ⓛ What do you suppose it is? (당신은 이것이 무엇이라 생각합니까?)

(5) 관용적 표현

① What[how] about ~ ? (~은 어떻습니까?)
② What do you think about ~? (~을 어떻게 생각합니까?)
③ What do you mean by ~? (~은 무슨 의미입니까?)
④ What ~ like? (어떠한 사람[것]일까?, 어떠한 기분일까?)
⑤ What time shall we make it? (우리 언제 만날까요?)

5. 부정대명사

(1) one, no one, none

① one의 용법

㉠ 앞에 나온 명사와 동류의 것을 지칭[불특정명사, 즉 '부정관사 + 명사'를 지칭]

I have no ruler. I must buy one(= a ruler). (나는 자가 없다. 자를 하나 사야 한다.)

cf. Do you have the ruler I bought you? Yes, I have it(= the ruler).[it은 특정명사, 즉 'the/this/that + 명사'를 대신함]

ⓛ 형용사 다음에 사용되는 경우

• This car is very old one. (이 차는 아주 낡은 것이다.)

수사의문문

• 의문형식으로 표현되나, 청자의 대답을 기대하기 보다는 화자의 의견을 표시하는 주장이나 단언의 방식 의미를 내포함
 - 긍정의 수사 의문문 → 강한 부정의 의미
 - 부정의 수사 의문문 → 강한 긍정의 의미

부가의문문

• 주절이 긍정 → 부정의 부가의문문
• 주절이 부정 → 긍정의 부가의문문
• 부가의문문의 주어 → 대명사
• 주절의 동사가 be동사일 경우 → be동사
• 주절의 동사가 조동사일 경우 → 조동사
• 주절의 동사가 일반동사일 경우 → do동사

단수 취급

사람을 가리키는 someone, everyone, anyone, somebody, everybody, anybody 등은 단수 취급

일반인을 가리키는 경우

One must keep one's promise. (사람은 약속을 지켜야 한다.)

- The audience in this hall is a large one. (이 홀에 있는 청중은 규모가 거대하다.)

② 'no one'과 'none'의 용법
　㉠ no one(아무도 ~않다) : 사람에게만 사용되며, 단수 취급
　　No one knows the fact. (어느 누구도 그 사실은 모른다.)
　㉡ none(아무도[어떤 것도] ~않다[아니다]) : 사람과 사물 모두에 사용되며, 수를 표시하는 경우 복수 취급, 양을 표시하는 경우 단수 취급
　　None know the fact. (어느 누구도 그 사실은 모른다.)

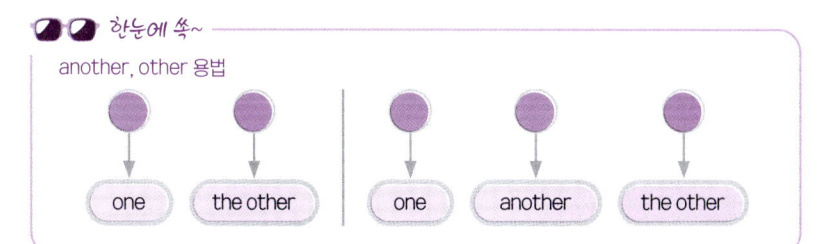

👓 한눈에 쏙~

another, other 용법

one → the other　　one → another → the other

(2) other, another

① other의 용법
　㉠ 둘 중 하나는 'one', 다른 하나는 'the other'로 표현[정해진 순서 없이 하나, 나머지 하나를 지칭]
　　I have two dogs one is white and the other is black.
　　(나는 개가 두 마리 있다. 한 마리는 백구이고, 다른 한 마리는 검둥이다.)
　㉡ 여러 사람[개] 중에서 하나는 'one', 나머지 전부는 'the others(=the rest)'로 표현
　　There were many people one played the piano and the others sang. (많은 사람들이 있었다. 한 사람은 피아노를 연주했고 나머지 사람들은 노래했다.)
　㉢ others는 일반적으로 '다른 사람들', '다른 것들'을 의미함
　　She does not trust others. (그녀는 다른 사람들을 믿지 않는다.)
　㉣ 여러사람[개] 중에서 일부는 'some', 나머지 전부는 'the others(= the rest)'로 표현
　　Some were late, but the others were in time for the meeting. (일부는 늦었지만 나머지 사람들은 회의에 늦지 않았다.)

② another의 용법
　㉠ another는 일반적으로 '또 하나', '다른 것'을 의미하며, 항상 단수로 쓰임
　　- This pear is delicious. Give me another. (이 배는 맛있습니다. 하나 더 주세요.)
　　- I don't like this one. Show me another. (이것이 마음에 들지 않습니다. 다른 것을 보여 주십시오.)

SEMI-NOTE

the one, the other
둘 중 순서가 정해져 있을 때는, 전자는 'the one(= the former)', 후자는 'the other(= the latter)'로 표현

other의 용법
- 여러 사람[개] 중에서 일부는 'some', 다른 일부는 'others'로 표현
　- There are many stories in this book. Some are tragic and others are funny.
　(이 책에는 많은 이야기가 있다. 일부는 비극적이고 일부는 희극적이다.)

형용사로 사용될 때의 other과 another

- other과 another이 형용사로 사용될 때는, 'other + 복수명사', 'another + 단수명사'의 형태로 사용됨
　- other players[other player (×)]
　- another player[another players (×)]

SEMI-NOTE

another의 용법

- 「A is one thing, and B is another」(A와 B는 별개의 것이다)
  - Saying is one thing, and doing is another. (말하는 것과 행동하는 것은 별개이다.)

• She is a liar, and her daughter is another. (그녀는 거짓말쟁이고 그녀의 딸도 또한 거짓말쟁이다.)

ⓒ 세 개 중에서 하나는 'one', 다른 하나는 'another', 나머지 하나는 'the other'로 표현[정해진 순서 없이 하나, 다른 하나, 나머지 하나를 지칭]

She has three flowers one is yellow, another is red, and the other is violet. (그녀는 꽃을 세 송이 가지고 있다. 하나는 노란색, 다른 하나는 빨간색, 그리고 나머지 하나는 보라색이다.)

ⓒ 여러 개 중에서 하나는 'one', 또 다른 하나는 'another', 나머지 전부는 'the others'로 표현

She has many flowers one is yellow, another is red, the others are violet. (그녀는 많은 꽃을 가지고 있다. 하나는 노란색, 다른 하나는 빨간색, 나머지는 보라색이다.)

> **실력UP one, other, another 관련 중요 표현**
>
> each other (둘 사이) 서로 / one another (셋 이상 사이) 서로 / on the one hand ~, on the other hand … 한편으로는 ~, 다른 한편으로는 … / tell one from the other (둘 가운데서) 서로 구별하다 / tell one from another (셋 이상 가운데서) 서로 구별하다 / one after the other (둘이) 교대로 / one after another (셋 이상이) 차례로 / one way or another 어떻게 해서든 / the other day 일전에

(3) some, any

① some의 용법

ⓐ some은 긍정문에서 '다소[약간, 몇몇]'의 의미로 사용됨

May I give you some? (조금 드릴까요?)

---

some

의문문·부정문·조건문에서는 주로 any만 쓰고, some은 특수한 경우 외에는 쓰지 않음

ⓑ some이 수를 나타내는 경우 복수, 양을 나타내는 경우 단수 취급

• Some of the butter has melted. (버터가 약간 녹았다.) [단수]
• Some of the apples are rotten. (사과들 중 일부는 썩었다.) [복수]

ⓒ '어떤 사람'이란 의미로 사용되기도 함

Some said yes and some said no. (어떤 사람은 예라고 말했고 어떤 사람은 아니라고 말했다.)

ⓓ some이 형용사로 사용되는 경우

• 약간의[조금의, 몇몇의] : I want some money. (나는 약간의 돈을 원한다.)

수·양의 크기 비교

• a few < some < many
• a little < some < much

권유·간청이나 긍정의 답을 기대하는 의문문

- Will you lend me some money? (돈을 좀 빌려주시겠습니까?)
- Won't you have some tea? (차 한 잔 하지 않겠습니까?)[→ 차를 마실 것을 기대하면서 질문]

• 대략[약] : They waited some(= about) five minutes. (그들은 5분 정도를 기다렸다.)['some + 숫자'에서는 '대략(약)'의 의미를 지님]
• 어떤[무슨] : I saw it in some book. (나는 그것을 어떤 책에서 보았다.)
• 어딘가의 : She went to some place in North America. (그녀는 북미 어딘가로 갔다.)

② any의 용법

ⓐ 의문문이나 조건문에서 '무엇이든[누구든]', '얼마간[다소]'의 의미로 사용됨

- Do you want any of these books? (이 책들 중 어떤 것이든 원하는 것이 있습니까?)
- Have you any question? (질문 있습니까?)

ⓛ 부정문에서 '아무(것)도[조금도]'라는 의미로 사용됨
- I've never seen any of these books. (나는 이 책들 중 아무것도 보지 못했다.)
- It isn't known to any. (그것은 아무에게도 알려져 있지 않다.)

ⓒ 긍정문에서는 '무엇이든지[누구든지]'라는 강조의 의미를 지님
Any of my friends will help me. (내 친구들 중 어느 누구든지 나를 도와줄 것이다.)

ⓔ any가 형용사로 사용되는 경우[any는 대명사보다 주로 형용사로 사용됨]
- 의문문이나 조건문에서 '몇몇의[약간의]', '어떤 하나의[누구 한 사람의]'
  - Do you have any friends in this town? (이 도시에 몇몇의 친구가 있습니까?)
  - Is there any ink in the bottle? (병에 잉크가 있습니까?)
- 부정문에서 '조금도[아무것도, 아무도] (~아니다)'
  - I don't have any books. (나는 책이라고는 조금도 없다.)(= I have no books.)
- 긍정문에서는 '어떠한 ~이라도', '어느 것이든[무엇이든, 누구든]'
  - Any boy can do it. (어떤 소년이라도 그것을 할 수 있다.)
  - Any drink will do. (어떤 음료든지 괜찮습니다.)

(4) each, every

① each의 용법

ⓛ each는 대명사로서 '각각[각자]'을 의미하며, 단수 취급
- Each has his own habit. (각자 자신의 버릇이 있다.)
- Each of us has a house. (우리들 각자는 집을 가지고 있다.)

ⓒ 형용사로서 '각각의[각자의]'를 의미하며, 단수명사를 수식하고 단수 취급
Each country has its own custom. (각각의 나라는 자신의 관습을 가지고 있다.)

ⓔ 'each other'는 '서로'라는 의미로, 둘 사이에서 사용
The couple loved each other. (그 부부는 서로 사랑했다.)
cf. 'one another'는 셋 이상 사이에서 '서로'를 의미하는 표현이지만, 'each other'과 엄격히 구별되지는 않음
cf. 'We should love one another.' (우리는 서로를 사랑해야 한다.)

② every의 용법

ⓛ every는 형용사로서 '각각의[각자의]', '모든'의 의미를 지님[대명사로는 사용되지 않음]

ⓒ every는 단수명사를 수식하고 단수 취급함
Every student is diligent. (모든 학생들은 부지런하다.)

SEMI-NOTE

any

- any는 부정문에서 주어로 쓸 수 없어 이를 'no one[none]'으로 바꾸어야 함
  - Any of them cannot do it. (×)
  → None of them can do it. (○)
- any는 '셋 이상 중의 하나'를 의미하기도 함
  - Any of the three will do. (셋 중 어떤 것도 괜찮습니다.)

any가 형용사로 사용되는 경우 예문
- If you have any books, will you lend me one? (책이 있으면, 하나 빌려주시겠습니까?)
- Do you have any sister? (당신은 여자 형제가 있습니까?)

each
- each는 부사로서 '한 사람[개] 마다', '각자에게[개개]'라는 의미를 지님
  - He gave the boys two dollars each. (그는 그 소년들에게 각각 2달러씩 주었다.)

every의 용법
- every + 기수 + 복수명사(매 ~마다)(= every + 서수 + 단수명사)
  - They come here every three months. (그들은 이곳에 석 달마다 온다.)
  = They come here every third month.
- 형용사 every 뒤에 오는 기수의 수사가 나오는 경우 복수 명사가 와야함
  - every two days = every second dat = every other day
  - every three days = every third day

SEMI-NOTE

either의 용법
- either은 부사로서 '또한역시(~아니다)', '게다가'라는 의미를 가짐 [주로 부정문에서 사용됨]
  - If you don't go, I won't, either. (네가 가지 않으면, 나도 역시 가지 않겠다.)
  = If you don't go, neither will I.
  cf. 긍정문에서는 too, also가 쓰임
- either A or B(A와 B 둘 중 하나)
  - Either you or she must go. (너와 그녀 중 한 사람은 가야 한다.)

neither의 용법
- neither A nor B(A도 B도 아니다[않다])
  - Neither you nor she is responsible for the accident. (당신도 그녀도 그 사고에 책임이 없다.)
  - Gold will neither rust nor corrode. (금은 녹슬지도 부식되지도 않는다.)

all을 포함한 관용표현
- at all : 부정문에서 '조금도[전혀]', '아무리 보아도', 의문문에서는 '도대체', 조건문에서 '이왕', '적어도', 긍정문에서 '하여간[어쨌든]'
- all over(다 끝나)
- all but 거의(= almost)
- above all 무엇보다도
- all at once 갑자기(= suddenly)

(5) either, neither

① either의 용법

㉠ 긍정문에서 '둘 중의 어느 하나[한쪽]'를 의미하며, 단수 취급
Either of the two will do. (둘 중 어느 것이든 괜찮습니다.)

㉡ 부정문에서 전체부정의 의미를 지님
I don't know either of your parents. (나는 당신의 부모님 두 분을 다 알지 못한다.)[전체부정]
= I know neither of your parents.
cf. I don't know both of your parents. (나는 당신의 부모님 두 분을 다 아는 것은 아니다.) [부분부정]
= I know one of your parents.

㉢ either는 형용사로서 '어느 한쪽의', '양쪽의'라는 의미를 가지며, 단수명사를 수식
- Either card will do. (어느 카드이든 좋습니다.)
- There are shops on either side of the road. (길 양쪽에 가게들이 있다.)
  = There are shops on both sides of the road. [both + 복수명사]

② neither의 용법

㉠ neither은 '둘 중 어느 쪽도 ~아니다[않다]'를 의미하며, 단수 취급
Neither of them was aware of the fact. (그들 (두 사람) 중 누구도 그 사실을 알지 못했다.)[전체 부정]

㉡ neither은 형용사로서 '둘 중 어느 쪽도 ~아닌[않는]'이라는 의미를 가지며, 단수명사를 수식
- Neither sentence is correct. (어느 문장도 옳지 않다.)
- In neither case can we agree. (우리는 어느 경우건 찬성할 수 없다.)

(6) all, both

① all의 용법

㉠ all은 '모두[모든 것, 모든 사람]'의 의미로 사람과 사물에 두루 쓰일 수 있으며, 수를 표시하면 복수, 양을 표시하면 단수 취급
- All of the students are diligent. (모든 학생들은 부지런하다.)
- All is well that ends well. (끝이 좋으면 모든 것이 좋다.)

㉡ all이 부정어 not과 함께 쓰이면 부분부정이 됨
- All is not gold that glitters. (빛이 난다고 모든 것이 금은 아니다.) [부분부정]
- I have not read all of these books. (나는 이 책들을 모두 읽은 것은 아니다.)
  = I have read some of these books.
  cf. I have read none of these books.[전체부정]

㉢ all은 형용사로서 '모든[모두의, 전체의]'이라는 의미를 지님

All the students of this school are diligent. (이 학교의 모든 학생들은 부지런하다.)

② both의 용법
  ㉠ both는 '둘 다[양쪽 다]'의 의미로 사람과 사물에 쓰이며, 복수 취급
    Both belong to me. (둘 다 내 것이다.)
    Both of his parents are dead. (양친 모두 돌아가셨다.)
    = Neither of his parents is alive.
  ㉡ both가 부정어 not과 함께 쓰이면 부분부정이 됨
    Both of his parents are not dead. (양친 모두가 돌아가신 것은 아니다.)
    [한 분만 돌아가셨다는 의미]
  ㉢ both는 형용사로서 '둘 다의[양쪽의, 쌍방의]'라는 의미를 지님
    Both her parents live in this city. (그녀의 부모님 두 분 다 이 도시에 살고 계신다.)
  ㉣ both A and B(A와 B 둘 다)
    Both Tom and July can play the violin. (Tom과 July 둘 다 바이올린을 켤 수 있다.)

02절 관계사(Relatives)

1. 관계대명사

(1) 관계대명사의 의의

① 관계대명사의 기능 및 특징
  ㉠ 관계대명사는 문장에서 '접속사 + 대명사'의 기능을 함
    I know the woman and she can speak English very well. [the woman = she]
    → I know the woman who can speak English very well. [접속사(and)와 대명사(she)를 관계대명사(who)로 전환]
  ㉡ 관계대명사가 이끄는 절은 문장에서 선행사(명사·대명사)를 수식하는 형용사(절)가 됨 : 위의 문장에서 관계대명사절(who ~)은 선행사(the woman)를 수식하는 형용사절
  ㉢ 관계대명사는 관계대명사 다음 문장의 주어나 목적어, 보어 중 하나가 되므로, 관계대명사를 제외한 다음 문장은 불완전한 형태의 문장이 됨
    • I know the boy who broke the window. [관계대명사 who는 관계대명사절에서 주어의 역할을 하므로, 관계대명사 다음의 문장(broke the window)은 불완전한 문장이 됨]
    • Tell me the title of the book which you choose. [관계대명사 which가 목적어 역할을 하므로, 다음의 문장(you choose)은 불완전한 문장이 됨]

SEMI-NOTE

부분부정

부정어와 전체 또는 완전의 의미를 지닌 표현이 결합하면 부분부정이 됨
• 부분부정 : not + every, either, all, both, always, entirely, completely, necessarily 등
• 전체부정 : no, none, neither, nobody, nothing, never 등
  – I like both of them. (나는 그들 둘 다 좋아한다.)[전체긍정]
  – I don't like both of them. (나는 그들 둘 모두를 좋아하는 것은 아니다.)[부분부정]
  – I don't like either of them(= I like neither of them.) (나는 그들 둘 다 좋아하지 않는다.)
  – I don't know all of them. (나는 그들 모두를 아는 것은 아니다.)[부분부정]
  – I know none of them. (나는 그들 중 한 사람도 알지 못한다.)[전체부정]
  – I don't know anything about it. (나는 그것에 대해 아무것도 알지 못한다.)[전체부정]

관계대명사의 격
• 주격
  – 선행사 + which(who, that) + 주어 + 동사
• 목적격
  – 선행사 + which(whom, that) + 주어 + 동사 + 목적어
• 소유격
  – 선행사 + whose + 관사/소유격 + 명사 + 동사

SEMI-NOTE

관계대명사 that
관계대명사 that은 who, whom, which 등을 대신하여 사용할 수 있음

실력up 관계대명사의 종류

선행사 \ 격	주격	소유격(관계형용사)	목적격	관계대명사절의 성격
사람	who	whose	whom	형용사절
동물이나 사물	which	whose / of which	which	형용사절
사람, 동물, 사물	that	—	that	형용사절
선행사가 포함된 사물	what	—	what	명사절

의문사 who와 관계대명사 who의 비교
- 의문사 who
  - I know who can speak English well. (나는 누가 영어를 잘할 수 있는지 안다.)['who ~'는 명사절로서, know의 목적어이고 who는 의문사]
- 관계대명사 who
  - I know the man who can speak Korean well. (나는 한국어를 잘할 수 있는 사람을 알고 있다.)['who ~'는 관계내명사절(형용사절)로서 선행사(the man)를 수식]

(2) who

① 선행사가 사람이고, 관계사절에서 주어 역할을 하는 경우 who를 씀
  I know a boy. + He is called Tom.
  → I know a boy who is called Tom. (나는 Tom이라고 불리는 소년을 알고 있다.)

② 선행사가 사람이고, 관계사절에서 목적어 역할을 하는 경우 whom을 씀
  I know a boy. + They call him Tom.
  → I know a boy whom they call Tom. (나는 사람들이 Tom이라고 부르는 소년을 알고 있다.)

③ 선행사가 사람이고, 관계사절에서 소유격 역할을 하는 경우 whose를 씀
  I know a boy. + His name is Tom.
  → I know a boy whose name is Tom. (나는 이름이 Tom인 소년을 알고 있다.)

which
- 선행사가 사물이고, 관계사절에서 소유격 역할을 하는 경우 whose를 씀
  - I live in a house. + Its roof is blue.
    → I live in a house whose roof is blue. (나는 지붕이 푸른 집에서 살고있다.)
  cf. 소유격의 경우 whose를 쓰지 않고 of which를 쓰는 경우도 있으나 드묾
  = I live in a house of which the roof is blue.
  = I live in a house the roof of which is blue.

(3) which

① 선행사가 사물이고, 관계사절에서 주어 역할을 하는 경우 which를 씀[주격 관계대명사]
  I live in a house. + It was built by father.
  → I live in a house which was built by father. (나는 아버지에 의해 지어진 집에서 살고 있다.)

② 선행사가 사물이고, 관계사절에서 목적어 역할을 하는 경우 which를 씀[목적격 관계대명사]
  I live in a house. + My father built it.
  → I live in a house which my father built. (나는 아버지가 지은 집에서 살고 있다.)

③ 사람의 지위, 직업, 성격이 선행사인 경우도 관계대명사 which를 씀
  He is not the man which his father wanted him to be. (그는 그의 아버지가 되기를 바란 사람이 아니다.)

④ which가 앞 문장의 일부 또는 전체를 받는 경우도 있음

She looked very happy, which she really was not. (그녀는 매우 행복해 보였다. 그러나 사실은 행복하지 않았다.) [계속적 용법]

(4) that

① 관계대명사 that을 쓸 수 있는 경우
  ㉠ 선행사가 사람인 경우 관계대명사 that을 쓸 수 있음
    He is the man that(= who) lives next door to us. (그는 옆집에 사는 사람이다.)[주격 관계대명사]
  ㉡ 선행사가 동물이나 사물인 경우에도 that을 쓸 수 있음
    This is the book that(= which) my uncle gave to me. (이 책은 삼촌이 나에게 준 책이다.)[목적격 관계대명사]

② 관계대명사 that을 쓰는 경우
  ㉠ 선행사가 '사람 + 동물'이나 '사람 + 사물'인 경우 보통 관계대명사 that을 씀
    Look at the girl and her dog that are coming here. (여기로 오고 있는 소녀와 개를 보아라.)
  ㉡ 선행사가 최상급이나 서수의 수식을 받는 경우 보통 that을 씀
    He is the greatest actor that has ever lived. (그는 지금까지 살았던 배우 중에서 가장 훌륭한 배우이다.)
  ㉢ 선행사가 the only, the very, the same 등의 제한적 표현의 수식을 받는 경우 보통 that을 씀
    She is the only girl that I loved in my childhood. (그녀는 내가 어린 시절 사랑했던 유일한 소녀이다.)
  ㉣ 선행사가 all, every, some, any, no, none, much, little 등의 수식을 받는 경우 보통 that을 씀
    • All that you read in this book will do you good. (이 책에서 네가 읽은 모든 것은 너를 이롭게 할 것이다.)
    • He has lost all the money that his mother gave him. (그는 그의 어머니께서 주신 모든 돈을 잃어버렸다.)

실력up 관계대명사 that의 주의할 용법

• 관계대명사 that은 제한적 용법으로만 사용되며, 계속적 용법에서는 쓸 수 없음
  – The car that[which] stands in front of the building is mine. (그 건물 앞에 서있는 차는 내 것이다.)[제한적 용법]
  – I met a gentleman, that told me the fact.(×)[계속적 용법]
  → I met a gentleman, who told me the fact.(○)
• 관계대명사 that 앞에는 전치사를 쓸 수 없음
  – This is the lady of that I spoke yesterday.(×)
  → This is the lady that I spoke of yesterday.(○)
  → This is the lady of which I spoke yesterday.(○)

SEMI-NOTE

관계대명사 that
관계대명사 that은 who나 whom, which 등을 대신해 사용할 수 있는데, 주격과 목적격이 'that'으로 같으며 소유격은 없음

관계대명사 that을 쓰는 경우
• 선행사가 -thing 형태로 끝나는 명사(something, anything, everything, nothing 등)인 경우 보통 that을 씀
  – There is nothing that I like better. (내가 더 좋아하는 것은 아무것도 없다.)
• 선행사가 의문사 who, which, what 등으로 시작되는 경우 보통 that을 씀
  – Who that has common sense will do such a thing? (상식이 있는 사람이 그런 짓을 할까?)
  – Who is the man that is standing there? (저기에 서 있는 사람은 누구입니까?)
• 관계대명사가 관계절의 보어로 쓰이는 경우 보통 that을 씀
  – He is not the man that he was ten years ago. (그는 10년 전의 그가 아니다.)

SEMI-NOTE

관계대명사 what과 접속사 that의 차이
- 선행사가 없다는 것은 같지만, 관계대명사 what 다음의 절은 완전한 문장이 아닌데 비해 접속사 that 다음의 절은 완전한 문장이 된다는 점에서 차이가 있음
  - What is beautiful is not always good. (아름다운 것이 항상 좋은 것은 아니다.) [what 이하의 절이 주어가 없는 불완전한 문장임]
  - That he is alive is certain. (그가 살아 있는 것이 분명하다.) [that 이하의 절이 '주어 + 동사 + 보어'로 된 완전한 문장임]

what의 관용적 표현
- what with ~, what with(한편으로는 ~ 때문에, 또 한편으로는 ~때문에)
  - What with drinking, and (what with) gambling, he is ruined. (한편으로는 술 때문에 또 한편으로는 도박 때문에 그는 파멸되었다.)
- what by ~, what by ~(한편으로 ~의 수단으로, 또 한편으로 ~의 수단으로)
  - What by threats, what by entreaties. (위협하기도 하고, 애원하기도 하여)

(5) what

① 선행사를 포함하고 있는 관계대명사 what
  ㉠ what은 선행사를 포함하고 있으므로 '선행사 + 관계대명사(which 등)'의 역할을 대신함
  ㉡ What이 이끄는 절(명사절)은 문장의 주어·목적어·보어 역할을 함
  ㉢ 의미상 '~하는 것', '~하는 모든[어떤] 것'이란 의미로 쓰임
  ㉣ What is done cannot be undone. (이미 한 것을 되돌릴 수 없다.)[주어]
    = That which is done cannot be undone.
  ㉤ What he said is true. (그가 말한 것은 사실이다.)
  ㉥ You must not spend what you earn. (너는 네가 버는 것 모두를 써버려서는 안 된다.)[목적어]
    = You must not spend all that you earn.
  ㉦ You may do what you will. (너는 네가 하고 싶은 것을 해도 좋다.)
    = You may do anything you will.
  ㉧ We must do what is right. (우리는 올바른 것을 행해야 한다.)
    = We must do the thing that is right.
  ㉨ This is what I want. (이것은 내가 원하는 것이다.)[보어]

② what의 관용적 표현
  ㉠ what we[you] call(= what is called)(소위)
    He is what is called a bookworm. (그는 소위 책벌레다.)
  ㉡ what is + 비교급(더욱 ~한 것은) / what is worse(설상가상으로), what is more[better](게다가)
    He lost his way, and what was worse, it began to rain. (그는 길을 잃었고, 설상가상으로 비가 내리기 시작했다.)
  ㉢ A is to B what C is to D(A와 B의 관계는 C와 D의 관계와 같다.)
    Reading is to the mind what food is to the body. (독서와 정신에 대한 관계는 음식과 신체에 대한 관계와 같다.)
  ㉣ what + S + be(현재의 S, S의 인격·위치), what + S + used to(과거의 S), what + S + have(S의 재산)
    - My parents made me what I am today. (나의 부모님이 나를 현재의 나로 만드셨다.)
    - We honor him not for what he has, but for what he is. (우리는 그의 재산이 아니라 인격 때문에 그를 존경한다.)
    - He is no longer what he used to be. (그는 더 이상 예전의 그가 아니다.)

(6) 관계대명사의 제한적 용법과 계속적 용법

① 제한적 용법
  ㉠ 관계대명사 앞에 comma(,)가 없음
  ㉡ 관계대명사가 앞의 선행사와 같으며 해석 시 관계대명사는 곧 선행사가 됨

ⓒ He has two sons who are doctors. (그는 의사가 된 두 아들이 있다. → 아들이 더 있을 수 있음)
② 계속적 용법
  ㉠ 관계대명사 앞에 comma가 있음
  ㉡ 선행사가 고유명사인 경우나 앞 문장 전체가 선행사가 되는 경우 등에 주로 사용됨
  ㉢ 관계대명사를 문장에 따라 '접속사(and, but, for, though 등) + 대명사'로 바꾸어 쓸 수 있음
  ㉣ He has two sons, who are doctors. (그는 아들이 둘 있는데, 둘 다 의사이다. → 아들이 두 명 있음)
  ㉤ She lives in Busan, which is the second largest city in Korea. (그녀는 부산에 사는데, 부산은 한국에서 두 번째 큰 도시이다.)[선행사가 고유명사]
  ㉥ I missed my train, which made me late to the meeting. (나는 기차를 놓쳤는데, 그것은 내가 그 모임에 늦게 만들었다.)[선행사는 앞 문장 전체]

(7) 관계대명사의 생략과 전치사
① 목적격 관계대명사의 생략
  ㉠ 동사의 목적어인 경우
    He is the man (whom) I saw there. (그는 내가 거기서 본 사람이다.)
  ㉡ 전치사의 목적어인 경우
    This is a doll (which / that) she plays with. (이 인형은 그녀가 가지고 노는 인형이다.)
② 주격 관계대명사의 생략 : 관계대명사의 주격·소유격은 생략할 수 없으나, 다음과 같은 경우 예외적으로 생략 가능
  ㉠ 관계대명사가 주격보어인 경우
    He is not the rude man (that) he used to be. (그는 예전처럼 무례한 사람이 아니다.)
  ㉡ 'There is' 또는 'Here is'로 시작하는 문장의 경우
    There is a man (who / that) wants to see you. (어떤 사람이 당신을 만나고자 합니다.)
  ㉢ 관계대명사절이 'there is'로 시작하는 경우
    This is one of the most beautiful mountains (that) there are in this country. (이 산은 이 나라에 있는 가장 아름다운 산 중의 하나입니다.)
③ 관계대명사를 생략할 수 없는 경우
  ㉠ 관계대명사의 계속적 용법
    I bowed to the gentleman, whom I knew well. (나는 그 신사에게 인사했는데, 그는 내가 잘 아는 사람이었다.)[관계대명사 whom은 생략 불가]
  ㉡ '전치사 + 관계대명사'가 시간, 장소, 방법 등을 나타내는 경우
    I remember the day on which he went to the building. (나는 그가 그 빌딩에 간 날을 기억한다.)

SEMI-NOTE

계속적 용법

계속적 용법으로 쓰일 수 있는 관계대명사는 who, which, as 등이 있음(that은 불가).

'주격 관계대명사 + be동사'는 생략이 가능
- That boy (who is) playing tennis there is my son. (저기서 테니스를 치고 있는 저 아이는 나의 아들이다.)
- It is a very old monument (which is) made of marble. (이것은 대리석으로 만들어진 아주 오래된 기념물이다.)

주격 관계대명사의 생략
- 'I think', 'you know', 'he says' 등이 삽입된 경우
  - I met a man (who) they said was an entertainer.
    (나는 그들이 연예인이라 말한 사람을 만났다.)

관계대명사의 계속적 용법
- 'of which', 'of whom' 등이 어느 부분을 나타내는 경우
  - I bought ten pencils, the half of which I gave my brother. (연필 열 자루를 샀는데, 그중 반을 내 동생에게 주었다.)

SEMI-NOTE

beyond, as to, during
- 관계대명사 앞에 위치함
  - There was a high wall, beyond which nobody was permitted to go.

④ 관계대명사와 전치사
  ㉠ 대부분의 전치사는 관계대명사의 앞 또는 문미(文尾)에 오는 것이 가능
    This is the house which I live in. (이 집은 내가 살고 있는 집이다.)
    = This is the house in which I live.
  ㉡ 관계대명사가 that인 경우 전치사는 문미(文尾)에 위치
    • This is the house that I live in.(○) (이것이 내가 사는 집이다.)
    • This is the house in that I live.(×)
  ㉢ 부분을 나타내는 전치사 of 앞에 all, most, many, some, any, one, both 등이 오는 경우 관계대명사는 of 뒤에 위치
    He had many friends, all of whom were sailors. (그는 친구들이 많았는데 모두 선원이었다.)

> **실력up** ask for, laugh at, look for, be afraid of 등이 쓰인 경우 전치사는 문장 뒤에 위치[관계대명사 앞에 쓰지 않음]
> The boy whom we laughed at got very angry. (우리가 비웃었던 소년은 매우 화가 났다.)

(8) 관계대명사의 격과 수의 일치

① 주격 : 관계대명사가 다음의 동사의 주어가 되는 경우
  ㉠ 주격 관계대명사 다음의 동사는 선행사의 수에 일치
    He has a son who lives in Incheon. (그는 인천에 사는 아들 하나가 있다.)[동사 live는 선행사(a son)에 일치]
  ㉡ 'I thought' 등이 삽입절이 되는 경우는 이를 제외하고 관계대명사의 격과 수 일치를 결정
    The man who (I thought) was your father turned out quite a stranger. (내가 너의 아버지라고 생각했던 사람은 전혀 낯선 사람으로 판명되었다.)
    [who는 주격 관계대명사이므로 동사(was)는 선행사(the man)에 일치]

② 목적격 : 관계대명사가 동사나 전치사의 목적어가 되는 경우
  ㉠ Who is the girl whom you were playing tennis with? (당신이 함께 테니스를 친 소녀는 누구입니까?)
    = Who is the girl with whom you were playing tennis?
  ㉡ The man whom I thought to be your father turned out quite a stranger. (내가 당신의 아버지라 생각했던 사람은 전혀 낯선 사람으로 판명되었다.)[이 경우 'I thought'는 삽입절이 아니며 관계대명사절의 주어와 동사에 해당됨]

(9) 유사관계대명사

① as
  ㉠ as가 such와 상관적으로 쓰이는 경우
    Choose such friends as will listen to you quietly. (너의 말을 경청하려는 친구들을 선택하라.)

주의할 수의 일치
- 'one of + 복수명사'가 선행사인 경우 관계대명사의 수는 복수로 받음
  - He is one of my friends who help me with my homework.
    (그는 내 숙제를 도와주는 친구들 중의 한 명이다.)
- 'only one of + 복수명사'가 선행사인 경우 관계대명사의 수는 단수로 받음
  - He is the only one of my friends who helps me with my homework.
    (그는 친구들 중에서 내 숙제를 도와주는 유일한 친구이다.)
- 관계대명사의 동사의 수는 항상 선행사의 수에 일치시킨다는 점에 주의

유사관계대명사 as, but, than

유사관계대명사(의사관계대명사) as, but, than은 관계대명사로 보기도 하나, 이를 엄밀히 보아 접속사로 분류하기도 함

ⓒ as가 same과 상관적으로 쓰이는 경우
　　This is the same camera as I bought yesterday. (이것은 내가 어제 산 카메라와 같은 종류의 카메라이다.)[the same ~ as(동일 종류의 ~)]
　　cf. This is the same camera that I bought yesterday. (이것은 내가 어제 산 그 카메라이다.)[the same ~ that(바로 그것)]
ⓓ as가 앞 또는 뒤의 문장 전체 또는 일부를 받는 경우
　　She is very careful, as her work shows. (그녀는 매우 조심성이 있다. 그녀의 작품이 그것을 말해준다.)
ⓔ 'as many A(복수명사) as ~'와 'as much A(단수명사) as ~'(~하는 모든 A)
　　As many passengers as were in the bus were injured. (버스에 타고 있던 모든 사람들이 다쳤다.)
② but : 'that ~ not'의 의미로 관계대명사처럼 쓰임
　　There is no one but loves peace. (평화를 사랑하지 않는 사람은 없다.)
③ than : 비교표현에서 '~이상의'란 의미로 관계대명사처럼 쓰임
　　He bought more books than he could read. (그는 자신이 읽을 수 있는 것보다 더 많은 책을 샀다.)

(10) 복합관계대명사

① 복합관계대명사의 특징
　ⓐ '관계대명사 + ever'의 형태를 지님 : whoever, whomever, whichever, whatever 등
　ⓑ 선행사를 포함하며, 명사절이나 양보의 부사절을 이끔
　ⓒ 명사절의 경우 '모든[누구, 어떤] ~ 도'의 의미이며, 양보의 부사절의 경우 '~이더라도[하더라도]'의 의미가 됨
　ⓓ Give it to whoever wants it. (그것을 원하는 어떤 사람[누구]에게라도 그것을 주어라.)[명사절을 이끄는 (주격) 복합관계대명사]
　ⓔ Give it to whomever you like. (당신이 좋아하는 어떤 사람[누구]에게도 그것을 주어라.)[명사절을 이끄는 (목적격) 복합관계대명사]
　ⓕ Whoever may object, I will go with you. (누가 반대를 하더라도 나는 당신과 함께 갈 것이다.)[양보의 부사절을 이끄는 복합관계대명사]
　ⓖ Whatever may happen, I must do it. (무슨 일이 생긴다 하더라도 나는 이것을 해야 한다.)[양보의 부사절을 이끄는 복합관계대명사]
② whoever
　ⓐ 명사절을 이끄는 whoever는 'anyone who'의 의미
　　Whoever(= Anyone who) comes will be welcomed. (오는 사람은 누구나 환영합니다.)
　ⓑ 양보의 부사절을 이끄는 whoever는 'no matter who'의 의미
　　Whoever(= No matter who) dissuades me, I will not change my mind. (누가 설득하더라도 나는 마음을 바꾸지 않을 것이다.)

SEMI-NOTE

as is often the case with(흔히 있는 일이지만, 늘 그랬듯이)

As is often the case with him, he was late for school. (늘 그랬듯이, 그는 학교에 지각했다.)

복합관계대명사 명사절

whoever (주격)	anyone who	~하는 어떤 사람도
whomever (목적격)	anyone whom	~하는 어떤 사람도
whatever	anything that	~하는 어떠한 것도
whichever	anything which	~하는 어느 것도

복합관계대명사 부사절

whoever	no matter who	비록 누가 ~할지라도
whomever	no matter whom	비록 누구를 ~할지라도
whichever	no matter which	비록 어느 것이 ~할지라도
whatever	no matter what	비록 무엇이 ~할지라도
whosever	no matter whose	누구의 ~이든지

SEMI-NOTE

복합관계대명사가 이끄는 양보의 부사절
- 복합관계대명사가 양보의 부사절을 이끄는 경우 'no matter who[what, which]'(비록 ~일지라도)'의 의미가 됨
  - Whichever you choose, make sure that it is a good one. (어느 것을 고르든지, 그것이 좋은 것인지 확인해라.)
  = No matter which you choose, make sure that it is a good one.

관계부사

선행사	때	장소	이유	방법
관계부사	when = at which	where = in which	why = for which	how = in which

③ whomever
  ㉠ 명사절을 이끄는 whomever는 'anyone whom'의 의미
    You can invite to the party whomever you like. (당신이 좋아하는 사람이라면 누구든지 잔치에 초대하십시오.)
  ㉡ 양보의 부사절을 이끄는 whomever는 'no matter whom'의 의미
    Whomever you recommend, I will not employ him. (당신이 누구를 추천하던지, 나는 그를 고용하지 않겠다.)

④ whichever
  ㉠ 명사절을 이끄는 whichever는 'anything[either thing] that'의 의미
    Take whichever you want. (당신이 원하는 건 뭐든지 가지시오.)
  ㉡ 양보의 부사절을 이끄는 whichever는 'no matter which'의 의미
    Whichever way you take, you'll be able to get to the park. (당신이 어떤 길을 택하던지, 공원에 도착할 수 있을 것이다.)
    cf. whichever가 형용사처럼 쓰이는 경우도 있음
    You may read whichever book you like. (당신이 좋아하는 어떤 책이라도 읽을 수 있다.)
    = You may read any book that you like.

⑤ whatever
  ㉠ 명사절을 이끄는 whatever는 'anything that'의 의미
    Whatever I have is yours. (내가 가진 것은 어느 것이든 당신 것이다.)
  ㉡ 양보의 부사절을 이끄는 whatever는 'no matter what'의 의미
    - Don't be surprised whatever may happen. (무슨 일이 일어나더라도 놀라지 마라.)
      cf. whatever가 형용사처럼 쓰이는 경우도 있음
    - Take whatever means is considered best. (최선이라고 여겨지는 무슨 조치든 취하라.)

2. 관계부사

(1) 관계부사의 의의

① 관계부사의 기능 : 문장 내에서 '접속사 + 부사'의 기능을 함
② 관계부사의 특징
  ㉠ 부사와 마찬가지로 문장의 필수성분이 아니므로 관계부사를 생략해도 다음문장은 완전한 문장이 되며, 관계부사 자체는 뜻을 지니지 않아 해석하지 않음
  ㉡ 관계부사 that은 모든 관계부사(where, when, why, how)를 대신할 수 있으며, 종종 생략됨

(2) 관계부사의 종류

① when
- ㉠ 시간을 나타내는 선행사(the time/day/year/season 등)가 있을 경우 사용됨
- ㉡ 관계부사 when은 '전치사(in/on/at) + which'로 나타낼 수 있음

② where
- ㉠ 장소를 나타내는 선행사(the place/house 등)가 있을 경우 사용됨
- ㉡ 관계부사 where는 '전치사(in/at/to) + which'로 나타낼 수 있음

③ why
- ㉠ 이유를 나타내는 선행사(the reason)가 있을 경우 사용됨
- ㉡ 관계부사 why는 '전치사(for) + which'로 나타낼 수 있음
- ㉢ Explain the reason why the stars cannot be seen in the daytime. (별이 낮에는 보이지 않는 이유를 설명하시오.)
  = Explain the reason for which the stars cannot be seen in the daytime.

④ how
- ㉠ 방법을 나타내는 선행사(the way)가 있을 경우 사용하나, 선행사(the way)와 관계부사 how는 같이 쓸 수 없고 하나를 생략해야 함
- ㉡ 'the way in which'로 나타낼 수 있음
- ㉢ Do you know how the bird builds its nest? (새가 둥지를 어떻게 만드는지 아니?)
  = Do you know the way the bird builds its nest?
  = Do you know the way in which the bird builds its nest?

⑤ that
- ㉠ 관계부사 that은 관계부사 when, where, why, how 대신에 쓰일 수 있음
- ㉡ 관계부사로 쓰인 that은 종종 생략됨

(3) 관계부사의 선행사 생략 및 용법

① 관계부사 앞의 선행사 생략
- ㉠ 관계부사 when 앞에 시간을 나타내는 선행사가 생략될 수 있음
  That is (the time) when the station is most crowded. (그때가 역이 가장 붐비는 시간이다.)
  cf. 선행사를 두고 관계부사를 생략하는 경우도 있음
- ㉡ 관계부사 where 앞에 장소를 나타내는 선행사가 생략될 수 있음
  Home is (the place) where you can have a peaceful time. (가정은 당신이 가장 평화로운 시간을 보낼 수 있는 곳이다.)
  cf. 선행사를 두고 관계부사를 생략하는 경우도 있음
- ㉢ 관계부사 why 앞에 이유를 나타내는 선행사(reason)는 생략될 수 있음
  That is (the reason) why she did not come on the day. (그 이유 때문

SEMI-NOTE

when
The birthday is the day when a person is born. (생일은 사람이 태어난 날이다.)
= The birthday is the day on which a person is born.

where
The village where he lives is famous for its production of potatoes. (그가 살고 있는 그 마을은 감자 산지로 유명하다.)
= The village in which he lives is famous for its production of potatoes.

관계부사의 제한적 용법과 계속적 용법
- 관계대명사처럼 제한적 용법과 계속적 용법 두 가지가 있으며, 계속적 용법으로 쓰이는 관계부사는 when과 where 두 가지임
- Please let me know the exact date when she will return. (그녀가 돌아오는 정확한 시간을 알려주시오.)[제한적 용법]
- I'll be back before supper, when we'll talk about plans for the trip. (저녁 식사 전까지 돌아오겠다. 그때 여행 계획에 대해서 논의 하자.)[계속적 용법]

에 그녀가 그날 오지 않았다.)

　　　cf. 선행사를 두고 관계부사를 생략하는 경우도 있음
　　ⓔ 관계부사 how 앞에 방법을 나타내는 선행사(way)는 언제나 생략됨
　　　Tell me (the way) how you caught the tiger. (호랑이를 어떻게 잡았는지 나에게 말해줘.)
　　　cf. 선행사를 쓰는 경우 관계부사 how는 반드시 생략해야 됨

(4) 복합관계부사

① 복합관계부사의 특징
　ⓐ '관계부사 + ever'의 형태를 지님 : whenever, wherever, however
　ⓑ 선행사를 포함하며, 양보의 부사절이나 시간·장소의 부사절을 이끎

② 복합관계부사의 종류

용법 \ 종류	시간·장소의 부사절	양보의 부사절
whenever	at any time when (~할 때는 언제나)	no matter when (언제 ~해도)
wherever	at any place where (~하는 곳은 어디나)	no matter where (어디에서 ~해도)
however	—	no matter how (아무리 ~해도)

　ⓐ whenever
　　Whenever(= At any time when) I visited her, she was not at home. (내가 그녀를 방문할 때마다 그녀는 집에 없었다.)[시간의 부사절]
　ⓑ wherever
　　• I will follow you wherever(= at any place where) you go. (당신이 가는 곳은 어디든지 따라가겠다.)[장소의 부사절]
　　• Wherever(= No matter where) you (may) go, remember me. (당신이 어디를 가더라도 나를 기억해라.)[양보의 부사절]
　ⓒ however
　　• However(= No matter how) hard you may try, you can't master English in a month. (당신이 아무리 열심히 노력하더라도 영어를 한 달 안에 마스터할 수 없다.)[양보의 부사절]
　　• However(= No matter how) fast you may run, you won't be able to overtake him. (당신이 아무리 빨리 달려도 당신은 그를 따라 잡을 수 없을 것이다.)

SEMI-NOTE

whenever
Whenever(= No matter when) you may come, I am always ready. (당신이 언제 오더라도 나는 준비가 되어 있다.)[양보의 부사절]

however(어떻게 ~하더라도) (= by whatever means)

However you express it, it is anything but a truth. (당신이 그것을 어떻게 표현하더라도 그것은 진실이 아니다.)[anything but(결코 ~이 아닌, ~이기는커녕)]

08장 형용사(Adjective)/부사(Adverb)/비교(Comparison)

01절 형용사(Adjective)

02절 부사(Adverb)

03절 비교(Comparison)

08장 형용사(Adjective)/부사(Adverb)/비교(Comparison)

01절 형용사(Adjective)

1. 형용사의 용법

(1) 한정적 용법

① 형용사가 명사를 수식하는 것을 말하며, 대부분 명사 앞에서 수식함[전치 수식]
  My family are all early risers. (우리 집 식구들은 모두 일찍 일어난다.)[early는 형용사로서 '(시각·계절 등이) 이른'의 의미]

② 한정적 용법으로만 쓰이는 형용사

> • -er 형태 : utter, former, inner, outer, upper, latter 등
> • -en 형태 : wooden, drunken, golden 등
> • 기타 형태 : mere, utmost, entire, sheer, only, very(바로 그), dramatic, medical, elder, lone 등

㉠ That man is an utter fool. (저 사람은 완전 바보이다.)
㉡ I prefer a wooden door to a metal door. (나는 금속재 문보다 목재 문을 더 좋아한다.)
㉢ I don't like drunken men. (나는 취한 사람은 싫어한다.)
   cf. He was drunk. (그는 취했다.)[drunk는 서술적 용법에만 쓰임]

(2) 서술적 용법

① 형용사가 주격 보어와 목적격 보어로 쓰이는 것을 말함
㉠ The sea is calm. (바다는 고요하다.)[주격 보어]
㉡ He looked happy. (그는 행복해 보인다.)
㉢ He died young. (그는 젊어서 죽었다.)
㉣ She made him happy. (그녀는 그를 행복하게 하였다.)[목적격 보어]
㉤ He opened his mouth wide. (그는 입을 크게 벌렸다.)

② 서술적 용법으로만 쓰이는 형용사

> • a-형태 : afloat, afraid, alike, alive, alone, asleep, awake, aware, averse 등
> • 기타 형태 : content, fond, glad, liable, unable, sorry, subject, worth 등

㉠ The plan is still afloat. (그 계획은 여전히 표류 중이다.)
㉡ She fell asleep. (그녀는 잠이 들었다.)
   cf. There are half-asleep children.[수식어 동반 시 전치 수식]

SEMI-NOTE

형용사의 의의
형용사(Adjective) 는 어떤 사람이나 사물의 성질을 나타내는 말을 말하는데, 문장에서 명사를 수식하거나 보어가 될 명사를 수식하는 것을 형용사의 한정적 용법이라 하며, 주격보어나 목적격보어가 되는 것을 서술적 용법이라 함 관사와 소유격도 형용사에 해당

일부 형용사
대부분의 형용사는 한정용법과 서술용법에 모두 사용될 수 있으나, 일부 형용사는 한정용법에만, 일부 형용사는 서술용법에만 사용됨

서술적 용법으로만 쓰이는 형용사 예문
• He is still alive. (그는 아직도 생존해 있다.)
   cf. This is a live program. (이 프로그램은 생방송입니다.)
• They were content with their salary. (그들은 자신들의 봉급에 만족하고 있었다.)

(3) 한정적 용법과 서술적 용법으로 쓰일 때 의미가 다른 형용사

① late
  ㉠ Mr. Brown was late. (브라운 씨가 늦었다.)
  ㉡ the late Mr. Brown (고(故) 브라운 씨)
② present
  ㉠ The mayor was present. (시장이 참석했다.)
  ㉡ the present mayor (현(現) 시장)
③ certain
  ㉠ I am certain of his success. (나는 그의 성공을 확신한다.)
  ㉡ A certain man came to see you during your absence. (어떤 남자가 당신이 외출했을 때 당신을 찾아 왔다.)
④ ill
  ㉠ She is ill in bed. (그녀는 아파서 누워 있다.)
  ㉡ Ill news runs fast. (나쁜 소식은 빨리 퍼진다.)

(4) 주의해야 할 형용사 유형

① 유형 1 ★빈출개념
  ㉠ 해당 형용사 : easy, hard, impossible, difficult, dangerous, convenient, pleasant, safe 등
  ㉡ 용법
    • 원칙상 사람 주어 불가(→ 단, 타동사나 전치사의 목적어(사람)가 주어로 오는 것은 가능)
      − Tom is difficult to read this book (×) [사람 주어 불가]
      − This book is difficult for Tom to read. (○) (이 책은 Tom이 읽기에는 어렵다.)
      − I am difficult to persuade him. (×) [사람 주어 불가]
        ⇒ He is difficult for me to persuade. (○) [동사의 목적어는 주어 위치에 올 수 있음] (내가 그를 설득하는 것은 어렵다.)
      − He is pleasant to talk with. (○) [전치사의 목적어는 주어 위치에 올 수 있음] (그와 이야기하는 것은 유쾌하다.)
    • 'It be ~ that절'의 형태가 불가능함(→ that절을 진주어로 쓸 수 없음)
    • 'It be ~ for + 목적어〈의미상 주어〉 + to V'의 형태로 사용됨
      − It is difficult that I persuade him. (×) ['It ~ that절' 불가]
        ⇒ It is difficult for me to persuade him. (○) ['It ~ to V' 가능]
      − It is pleasant to talk with him. (= He is pleasant to talk with.) [의미상 주어는 일반인이므로 생략됨]

② 유형 2
  ㉠ 해당 형용사 : natural, necessary, important, essential, vital, desirable, proper, right, rational, reasonable 등

SEMI-NOTE

혼동하기 쉬운 형용사

• comparative 비교의
• considerable 많은
• desirable 바람직한
• historic 역사적인
• literary 문학의
• memorable 기억할 만한
• sensible 분별 있는
• respective 각각의

난이 형용사

• easy, hard, difficult, safe
  − 난이 형용사는 의미상의 주어가 문장의 주어가 될 수 없음
  − 난이 형용사의 경우 의미상의 주어가 문장의 주어가 될 수 없지만 부정사의 의미상 목적어는 사람 일지라도 주어로 상승 할 수 있음
  − It ~ for + 목적격 + to 부정사 + 목적어
  − 목적어 ~ for + 목적어 + to 부정사

사람 주어가 불가능한 형용사

주로 사물의 성질을 나타내는 형용사에 해당하므로, 사람을 주어로 한 구문에서는 사용할 수 없음

SEMI-NOTE

유형 2 용법
- 'It be ~ that절'의 형태와 'It be ~ for + 목적어(의미상 주어) + to V'의 형태가 모두 가능
  - It is natural that you (should) get angry with her. (O) ['It ~ that절 가능]
  = It is natural for you to get angry with her. (O) ['It ~ to V 가능]
  - It is necessary that you study Spanish. (당신은 스페인어를 공부할 필요가 있다.)
  = It is necessary for you to study Spanish.
  - It is desirable that you should attend the meeting. (당신은 그 회의에 참석하는 것이 바람직하다.)
  = It is desirable for you to attend the meeting.

유형 3 용법
'It ~ 의미상주어 + to V' 형태는 불가
- It is certain for him to pass the exam. (×) [It ~ to V 형태는 불가]

프랑스어·라틴어 어순의 관용적 표현
- the sum total (개기일식)
- attorney general (법무장관)
- the court martial (군법회의)
- time immemorial (태고, 아득한 옛날)
- God Almighty (전능하신 신)
- the heir apparent (법정 추정 상속인)

ⓛ 용법
- 원칙상 사람 주어 불가(→ 단, 타동사나 전치사의 목적어(사람)가 주어로 오는 것은 가능)
  - He is impossible to persuade. (×) [사람 주어 불가]
  - It is impossible to persuade him. (O) (그를 설득하는 것은 불가능하다.)
  - You are natural to get angry with her. (×) [사람 주어 불가]
  - She is natural for you to get angry with. (O) [전치사의 목적어가 주어 위치에 올 수 있음] (당신이 그녀에게 화를 내는 것은 당연하다.)

③ 유형 3
  ⓐ 해당 형용사 : certain, likely 등
  ⓛ 용법
  - 'It ~ that절'의 형태로 쓰며, that절의 주어를 주어로 하는 부정사 구문도 가능
    - It is certain that he will pass the exam. (O) (그가 시험에 합격하는 것은 확실하다.)
    = He is certain to pass the exam. (O) 'that절의 주어 ~ to V' 형태 가능]

2. 형용사의 후치 수식과 어순

(1) 형용사의 후치 수식(형용사가 명사·대명사 뒤에서 수식하는 경우)

① '-thing', '-body', '-one'으로 끝난 대명사를 수식하는 경우
  ⓐ There is nothing new under the sun. (하늘 아래 새로운 것은 없다.)
  ⓛ Please give something cold to drink. (시원한 음료 좀 주세요.)

② 최상급, all, every의 한정을 받는 명사를 수식하는 경우(이 경우의 형용사는 주로 어미가 -able 또는 -ible인 경우가 많음)
  ⓐ He drove the car at the highest speed possible. (그는 자동차를 가능한 한 전속력으로 몰았다.)
  ⓛ They took all the trouble imaginable. (그들은 상상할 수 있는 모든 고생을 겪었다.)
  ⓒ I tried every means possible. (나는 가능한 모든 수단을 다했다.)

③ 두개 이상의 형용사가 겹치거나 대구를 이루는 경우
  ⓐ A lady tall, beautiful and attractive entered the office. (키가 크고, 아름답고, 매력적인 여성이 사무실에 들어왔다.)[형용사 tall, beautiful, attractive가 후치 수식]
  ⓛ He is a writer both witty and wise. (그는 재치 있고 현명한 작가이다.) [witty, wise가 후치 수식]

④ 형용사에 다른 수식어가 붙은 경우
  ㉠ She broke a glass full of wine. (그녀는 포도주가 가득한 잔을 깨뜨렸다.)
    [형용사 full에 수식어구 'of wine'이 붙어 명사 glass를 후치 수식]
  ㉡ The town famous for its film production grew into a big city. (영화 제작으로 유명한 그 마을은 큰 도시로 성장했다.)[형용사 famous가 수식어구를 동반하여 후치 수식]
  ㉢ He is a man of proud of his son. (그는 자신의 아들을 자랑스러워하는 남자이다.)
⑤ 서술적 용법으로 쓰이는 형용사가 명사를 수식할 경우
  All fish asleep stay still. (잠든 모든 물고기는 움직이지 않는다.)[asleep이 명사를 후치 수식]
⑥ 측정표시의 구가 오는 경우
  a child five years old (5세 된 아이)(= a five-year-old child) / a man forty-five years old (45세의 남자)
⑦ 대명사를 수식하는 경우
  those chosen (선발된[선택된] 자들) / those present (출석자[참석자]들)
⑧ 관용적 표현
  Asia Minor (소아시아) / France proper (프랑스 본토) / China proper (중국 본토) / the sum total (총액) / notary public (공증인) / the president elect (대통령 당선자)

(2) 형용사 등을 포함한 수식어의 어순

① 복수의 형용사가 포함된 수식어구의 어순

> • 일반적 어순 : '전치한정사 + 한정사 + 수량(서수 + 기수) + 성질 + 대소 + 상태 + 신구 / 연령 + 색깔 + 소속 / 출신 + 재료' + 명사
> • 전치한정사 : all, both, half(다음에 of를 둘 수 있음)
> • 한정사 : 관사, 소유격, 지시형용사(this, that 등), 부정형용사(some, any) 등

  ㉠ all the five beautiful Korean girls (모든 5명의 아름다운 한국의 소녀들)
  ㉡ our first two English lessons (우리의 첫 두 번의 영어 수업)
  ㉢ those three tall refined young English gentlemen (저 세 명의 키 크고 세련된 젊은 영국 신사들)

② 주의할 어순
  so/as/too/how + 형용사 + 관사 + 명사
  He is as great a scientist as ever lived. (그는 지금까지 없었던 위대한 과학자이다.)
  How handsome a man he is! (그는 정말 멋진 사람이군!)

SEMI-NOTE

서술적 용법
- asleep
  - 잠든
- well
  - 건강한
- worth
  - 가치 있는

관용적 표현

attorney general (법무장관, 검찰총장) / coral alive (살아있는 산호)(= living coral) / houses ablaze (불타는 집들) / the court martial (군법회의) / the authorities concerned (관계당국) / from time immemorial (태고부터) / things Korean (한국의 문물) / those present (출석자)

양보 구문에서의 형용사의 도치
• 접속사 as가 양보의 의미를 갖는 구문에서는 형용사가 접속사 앞으로 도치됨
  - Rich as he is, he is not happy.
  (그는 비록 부유하지만 행복하지 않다.)
  = Though(Although) he is rich, he is not happy.

such/quite/rather/what + 관사 + 형용사 + 명사
• She is such a beautiful woman. (그녀는 정말 아름다운 여성이다.)
• She has rather a good voice. (그녀는 꽤 아름다운 목소리를 가지고 있다.)
• What a pretty girl! (정말 예쁜 소녀다!)

3. 형용사의 전치사적 용법과 명사적 용법

(1) 전치사적 용법

> 형용사에는 전치사와 같이 목적어를 필요로 하는 것이 있는데, 이러한 형용사로는 like, near, opposite, unlike, worth 등이 있음

① Like a singer, he sang. (그는 가수처럼 노래했다.)[he ≠ singer]
　cf. As a singer, he sang. (그는 가수로서 노래했다.)[he = singer]
② She looks like her mother. (그녀는 그녀의 어머니와 닮았다.)

(2) 'the + 형용사/분사'가 명사의 역할을 하는 경우

① 'the + 형용사/분사 = 복수 보통명사'인 경우
　㉠ The rich(= Rich people) are not always happy. (부자가 항상 행복한 것은 아니다.)
　㉡ The living, the wounded, and the war dead were taken to a hospital right away. (생존자, 부상자 그리고 전사자들은 곧바로 병원으로 옮겨졌다.)
② 'the + 형용사/분사 = 추상명사'인 경우
　㉠ The true, the good and the beautiful
　　　= truth　= goodness　= beauty
　　were the ideals of the Greeks.
　　(진, 선, 미는 그리스 사람들의 이상이었다.)
　㉡ The unexpected has taken place. (예상치 못한 일이 벌어졌다.)

4. 수량 형용사

(1) many

① many + 복수명사[복수 취급]
　㉠ He has many books. (그는 많은 책을 가지고 있다.)
　㉡ Many people have the book. (많은 사람들이 그 책을 가지고 있다.)
② many + a + 단수명사[의미상 복수이나 단수 취급]
　Many a young soldier was killed in the battle. (많은 젊은 병사들이 그 전투에서 죽었다.)
③ a great[good] many(아주 많은) + 복수명사[복수 취급]
　㉠ We argued over a great many things. (우리는 아주 많은 문제에 대해 논쟁했다.)
　㉡ A good many applicants were deficient in qualification. (많은 지원자들은 자격에 결함이 있었다.)

SEMI-NOTE

worth while + to부정사/동명사(~할 가치가 있는)(= worthy of + (동)명사/to부정사)

- This book is worth while to read/reading.
- She is worthy of praise/to be praised.

'the + 형용사/분사'가 '단수 보통명사'인 경우
- the accused (피고인)
　- The accused was sentenced to life imprisonment. (피고인은 무기형의 선고를 받았다.)

number of
- a number of(많은) + 복수명사 + 복수동사
- the number of(~의 수의) + 단수·복수명사 + 단수동사

many의 관용표현
- as many + 복수명사(~ 같은 수의)(= the same number of)
　- There were five accidents in as many days.
　(5일에 5건의 사고가 있었다.)
- like[as] so many + 복수명사(마치 ~ 처럼)
　- We worked like so many ants.
　(우리는 마치 개미처럼 일했다.)
- not a few(많은)(= many)
　- He has seen not a few[many] movies recently.
　(그는 최근에 많은 영화를 보았다.)

④ many의 대용 표현 : a lot of, lots of, plenty of, a number of, numbers of 등
  ㉠ They have lots of books. (그들은 책이 많다.)
  ㉡ A number of people agree that he is untrustworthy. (많은 사람들이 그가 믿을 수 없는 사람이라는 점에 동의한다.)

(2) much

① much + 단수명사[단수 취급] : 양을 나타내므로 불가산명사(물질명사·추상명사)와 함께 쓰임
  ㉠ Much money is needed in repairing the house. (집을 고치는 데 많은 돈이 필요하다.)
  ㉡ Don't eat much meal. (식사를 많이 하지 마세요.)
② a great[good] deal of(다량의) + 단수명사[단수 취급](= an amount of, a lot of)
  They don't drink a good deal of wine. (그들은 와인을 많이 마시지 않는다.)
  cf. a large quantity of(많은, 다량의/다수의)

> **실력 up — much의 관용표현**
>
> - as much ... as (같은 양[정도]의)
>   – You can take as much as you want. (당신은 원하는 만큼 가져갈 수 있습니다.)
> - like[as] so much(그 정도의 ~로)
>   – I regard it as so much lost labor. (나는 그것을 그 정도의 헛수고로 여긴다.)
> - not so much A as B (A라기보다는 B)
>   – She is not so much honest as naive. (그녀는 정직하다기보다는 순진하다.)
> - cannot so much as (~조차도 못하다)
>   – The boy cannot so much as write his own name. (그 소년은 자신의 이름조차도 쓰지 못한다.)
> - not a little(적지 않은, 많은)(= much, a good little)
>   – She has made not a little profit. (그녀는 적지 않은 수입을 올렸다.)

(3) a few와 few

① a few
  ㉠ 'a few'는 '조금은 있는[다소의, 약간의]'의 긍정의 의미를 나타냄(= a couple of)
  ㉡ 수를 나타내는 표현으로, 명사의 복수형과 함께 쓰임
    There are a few apples in the box. (상자에는 사과가 약간 있다.)
② few
  ㉠ 'few'는 '거의 없는', '조금[소수]밖에 없는'이라는 부정의 의미를 나타냄
  ㉡ 수를 나타내는 표현으로, 명사의 복수형과 함께 쓰임
    There are few apples in the box. (상자에는 사과가 거의 없다.)

SEMI-NOTE

'a lot of(= lots of, plenty of)'는 수·양에 모두 사용

- I have a lot of books. [수]
- I have a lot of money. [양]

much의 대용 표현

- a lot of
- lots of
- plenty of
- a (large) amount of
  – There was a large amount of information. (많은 양의 정보가 있었다.)

수량 형용사

	수 형용사	양 형용사
긍정적	a few	a little
부정적	few	little

SEMI-NOTE

주의할 수량 형용사의 용법
- amount, audience, attendance, family, number, population, quantity, sum 등의 명사 : 수량 형용사 중 주로 large와 small을 사용
- income, salary, wage, fee 등의 명사 : 주로 high와 low를 사용
- '가능성(chance, odds)'을 의미하는 명사의 대소 표현
  - (가능성이) 높은 : fair, good, great, excellent
    We have[stand] a good chance. (우리는 가능성이 높다)
  - (가능성이) 낮은 : poor, slim
    The odds are slim. (가능성이 낮다.)

실력up — a few와 few 관련 관용표현
- only a few (거의 없는, 극히 소수만)[부정의 의미]
  - Only a few people attended the meeting. (불과 소수의 사람만이 회의에 참석했다.)
- quite a few(꽤 많은 (수), 상당히 많은)(= not a few, a good many, a fair number of)
  - Quite a few of them agreed. (그들 중 꽤 많은 사람들이 찬성했다.)

(4) a little과 little

① a little
  ㉠ '작은[약간의, 조금의]'이라는 긍정의 의미를 나타냄
  ㉡ 양을 나타내는 불가산명사와 함께 쓰임
    There is a little water in the bucket. (양동이에는 물이 약간 있다.)

② little
  ㉠ '거의 없는'이라는 부정의 의미를 나타냄
  ㉡ 양을 나타내는 불가산명사와 함께 쓰임
    There is little water in the bucket. (양동이에는 물이 거의 없다.)

실력up — 관련 관용표현
- only a little(거의 없는, 아주 적은, 조금뿐인)[부정의 의미]
  There is only a little wine. (포도주가 조금밖에 없다.)
- quite a little(꽤 많은, 상당히 많은)(= not a little, very much of)
  She knew quite a little about me. (그녀는 나에 관해서 많은 것을 알고 있었다.)

(5) enough, several

① enough
  ㉠ 복수형 명사나 불가산명사와 함께 쓰일 수 있음
  ㉡ enough는 명사의 앞과 뒤 어느 쪽에도 올 수 있음
    - I have enough apples. (나는 사과가 충분히 있다.)
    - He has money enough. (그는 돈이 충분히 있다.)

② several
  ㉠ 복수형 명사와 함께 쓰이며, (주로 6에서 8을 의미) '몇몇의[수개의]', '몇 명[사람]의', '몇 번의' 등의 의미로 쓰임
  ㉡ several은 'a few'보다는 많고 'many'보다는 적다는 느낌을 나타내며, 주로 '대여섯'을 의미함

several 예문
- I have been there several times.
  (몇 번인가 거기에 가 본 적이 있다.)
- We waited for the bus for several minutes.
  (우리는 버스를 몇 분 동안 기다렸다.)

02절 부사(Adverb)

1. 부사의 종류와 형태

(1) 부사의 종류

> **한눈에 쏙~**
>
> 부사의 종류
> - 단순부사 → 시간, 장소, 빈도 양태 정도, 부정, 원인
> - 의문부사 → 동사를 수식, 의문문을 이끎
> - 관계부사 → 접속사와 부사의 역할을 동시에 하는 부사

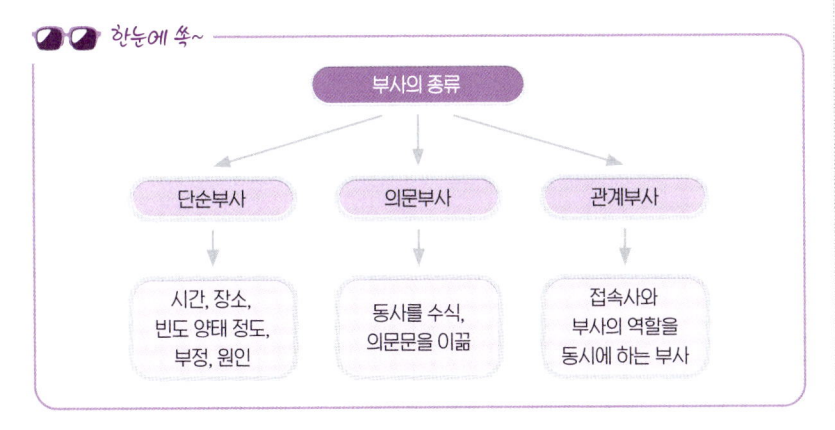

① 단순부사
  ㉠ 부사는 동사, 형용사 또는 다른 부사를 수식하는 말로, 대부분이 단순부사임
  ㉡ 주로 시간, 장소, 빈도(횟수), 양태(방법), 정도, 부정, 원인(이유) 등을 나타냄
② 의문부사
  ㉠ 의문의 뜻을 갖는 부사
  ㉡ 동사를 수식하며, 일반적으로 의문문을 이끎
    when, where, how, why 등
③ 관계부사 : 접속사와 부사의 역할을 동시에 하는 부사
    when, where, how, why, whenever, wherever, however 등

(2) 부사의 형태

① '형용사 + -ly'의 형태 : 대부분의 부사가 이 부류에 속함
  ㉠ kindly, carefully, easily, truly, gently, fully, probably, dramatically, scientifically 등
  ㉡ He drives carefully. He is a careful driver. (그는 조심성 있게 운전을 한다. 그는 조심성 있는 운전자이다.)
② 특정한 형태가 없는 경우
    Here comes the bus. (버스가 온다.)
③ 형용사와 부사의 형태가 동일한 경우
  ㉠ early, late, high, low, deep, fast, long, hard, near, far 등
  ㉡ He rises early. (그는 일찍 일어난다.)[early는 부사]
  ㉢ He is an early riser. (그는 일찍 일어나는 사람이다.)[early는 형용사]
  ㉣ He is a hard worker. (그는 열심히 일하는 사람이다.)[형용사]

SEMI-NOTE

수식어로서의 부사
부사는 기본적으로 동사, 형용사, 부사 등을 수식하는 수식어로서의 역할을 함

단순부사
now, here, there, once, sometimes, slowly, yet, no, not, never 등

명사 + -ly
- '명사 + -ly'가 형용사가 되는 경우
  - lovely, friendly, womanly, timely 등

형용사와 형태가 동일한 부사와 '-ly'가 붙은 부사의 의미가 다른 경우
- late(늦게) - lately(요즈음, 최근에)
- near(가까이) - nearly(거의, 하마터면, 매우 가까이, 긴밀하게)
- high(높이, 높게) highly(크게, 대단히, 몹시, 고귀하게)
- hard(굳게, 단단히, 열심히, 몹시) hardly(애써서, 가까스로, 거의 ~ 않다)
- The doctor arrived too late. (의사는 너무 늦게 도착했다.)
- haven't seen him lately. (나는 그를 최근에 보지 못했다.)
- He studies hard. (그는 열심히 공부한다.)
- He hardly studies. (그는 거의 공부하지 않는다.)

SEMI-NOTE

수식어구로서의 부사
- 부사구를 수식하는 경우
  - He came here just at six. (그는 6시 경각에 이곳에 왔다.)
  [부사 just가 뒤에 나오는 부사구 'at six'를 수식]
- 부사절을 수식하는 경우
  - They had arrived long before we came. (그들은 우리가 오기 훨씬 이전에 도착했다.)
  [부사 long이 뒤에 나오는 부사절 'before we came'을 수식]
- 문장 전체를 수식하는 경우
  - Happily he did not die. (다행스럽게도 그는 죽지 않았다.)
  → happily가 문장 전체(he did not die.)를 수식함

부정부사의 도치
Never did I see such a beautiful woman. (나는 그런 아름다운 여성을 본 적이 없다.)
[부정부사 never가 강조를 위해 도치되면서 다음의 주어·동사도 도치되어 '조동사 + 주어 + 본동사'의 어순이 됨]

부사의 위치
부사는 동사의 뒤에서, 형용사나 다른 부사의 앞에서 수식함. 그런데 예외적으로 강조 부사의 경우 주어와 동사 사이에 위치하며, 부사 'enough'의 경우 형용사 뒤에서 수식함

ⓓ This magazine is published weekly. (이 잡지는 주마다 발행된다.)[부사]

2. 부사의 용법

(1) 수식어구로서의 부사

① 동사를 수식하는 경우
  ㉠ He lived frugally. (그는 검소하게 살았다.)[부사 frugally가 동사 lived를 수식]
  ㉡ I often go to the movies. (나는 종종 극장에 간다.)

② 형용사를 수식하는 경우
  ㉠ The game is very exciting. (그 경기는 아주 흥미진진했다.)[부사 very가 형용사 exciting을 수식]
  ㉡ This book is very difficult. (이 책은 매우 어렵다.)

③ 부사를 수식하는 경우
  Thank you so much. (대단히 고맙습니다.)[부사 so가 뒤에 나오는 다른 부사 much를 수식]

④ 명사를 수식하는 경우
  Even children can do the work. (어린이들조차도 그 일을 할 수 있다.)[부사 even이 뒤에 나오는 명사 children을 수식]

⑤ 대명사를 수식하는 경우
  She alone knows that. (그녀 혼자 그것을 알고 있다.)[부사 alone이 앞에 나오는 대명사 she를 수식]

(2) 강조어구로서의 부사(강조를 위해 도치되는 경우)

문장필수부사의 도치
There are four seasons in a year. (한 해에는 4계절이 있다.)[보통 부사는 문장 필수성분이 아니나 여기서의 there는 필수성분이며, there가 문두로 도치되는 경우 다음의 주어와 동사도 도치됨]

> **실력up 부사절(종속절)의 도치**
>
> - If I had the book, I could lend it to you. (내가 그 책을 가지고 있다면 그것을 당신에게 빌려줄 텐데.)[부사절(If ~ book)이 문두로 도치]

3. 부사의 위치

(1) 동사를 수식하는 경우

① 부사는 일반적으로 동사 뒤에서 수식
  The dog was running fast. (그 개는 빠르게 달리고 있었다.)

② 빈도부사나 정도부사의 위치
  ㉠ 일반적으로 조동사와 be동사가 있는 경우는 그 뒤에, 일반동사만 있는 경우는 그 앞에 위치
  ㉡ often, always, sometimes, usually, hardly, never, only, too, still, also 등
    • She often comes to see me. (그녀는 종종 나를 보러 온다.)[빈도부사 often이 일반동사 앞에 위치]
    • She would often come to see me. (그녀는 종종 나를 보러 왔다.)[조동사 뒤에 위치]
    • She is often late for school. (그녀는 종종 학교에 지각을 한다.)[be동사 뒤에 위치]
    • What do you usually do on weekends? (당신은 주말에 보통 무엇을 합니까?)[조동사 뒤에, 일반동사 앞에 위치]

(2) 형용사, 부사를 수식하는 경우
① 일반적으로 부사가 형용사나 다른 부사를 수식하는 경우 형용사·부사 앞에 위치
  ㉠ This book is very easy. (이 책은 매우 쉽다.)
  ㉡ Thank you very much. (대단히 감사합니다.)
② enough가 부사로서 형용사나 부사를 수식할 때는 형용사·부사 뒤에 위치
  He is smart enough to understand how to deal with the matter. (그는 그 일에 어떻게 대처해야 할지를 알 정도로 똑똑하다.)

(3) 명사, 대명사를 수식하는 경우
① 일반적으로 수식하는 명사와 대명사 뒤에 위치
  The man there is my uncle. (저기에 있는 남자는 나의 삼촌이다.)
② alone, also, else, too의 경우 명사와 대명사 뒤에서 수식
  We can't live on bread alone. (우리는 빵만으로 살 수 없다.)
③ even, quite, just, almost의 경우 명사와 대명사 앞에서 수식
  Even a child can answer such an easy question. (아이들조차도 그렇게 쉬운 문제에는 답할 수 있다.)

(4) 부정사를 수식하는 경우
not, never, always, merely, only 등은 부정사 앞에 놓임
She told me not to go there. (그녀는 나에게 그곳에 가지 말라고 하였다.)
My parents want me always to be an honest man. (나의 부모님께서는 내가 항상 정직한 사람이기를 바라신다.)

(5) 문장 전체를 수식하는 경우
① 일반적으로 문두에 놓이나, 문중·문미에 놓일 수 있음
  ㉠ Fortunately she was not seriously injured. (다행스럽게도 그녀는 중상

SEMI-NOTE

양태부사
- 자동사 뒤에 위치
- 타동사의 앞 또는 목적어의 뒤에 주로 위치
- 타동사가 목적어절을 가질 때, 양태부사는 목적어절 앞에 위치
  - bravely
  - hastily
  - happily
  - nervously
  - eagerly
  - thoughtfully
  - awkwardly

문장 전체를 수식하는 부사
- 일반적으로 : generally, mostly
- 아마 : probably, supposedly
- 확실히 : certainly, surely
- 분명히 : apparently, obviously
- 다행히 : fortunately, happily

SEMI-NOTE

을 입지 않았다.)
ⓒ He will certainly become ill if he goes on working like this. (이런 식으로 계속해서 일을 하면 그는 분명 병이 날 것이다.)

> **실력up 부사(구)가 2개 이상인 경우**
>
> - 「장소 + 방법(목적)・횟수 + 시간」, 「작은 단위 + 큰 단위」의 순서를 취함
> - 일반적으로 「좁은 장소 + 넓은 장소」의 순서가 되며, 문두에는 넓은 장소만 가능
>   - I went there by bus yesterday morning. (나는 어제 아침에 버스를 타고 그곳에 갔다.)
>   - I met her in a hotel in Seoul yesterday. (난 그녀를 어제 서울의 한 호텔에서 만났다.)
>   - In Seoul many workers eat in restaurants. (서울에서는 많은 근로자들이 음식점에서 식사를 한다.)
>   cf. In restaurants many workers eat in Seoul.(×)

4. 주의해야 할 부사의 용법

(1) ago, before, since

① ago
  ㉠ '그 전에', '지금부터 ~전'의 뜻으로, 항상 과거 시제와 함께 쓰임
  ㉡ 문장에서 주로 '과거동사 + 시간 + ago'의 형태로 사용됨
    He went to Japan five years ago. (그는 5년 전에 일본에 갔다.)

② before
  ㉠ '그때보다 ~전', '~앞에'의 의미
  ㉡ 과거나 현재완료, 과거완료 시제와 함께 쓰이나, 주로 과거완료와 함께 쓰임

③ since
  ㉠ '그때부터 지금까지 쭉'(=since then)의 의미로, 주로 현재완료시제와 함께 쓰임
  ㉡ 문장에서 부사, 전치사, 접속사로 쓰임
    She left home three weeks ago and we haven't heard from her since. (그녀는 3주 전에 집을 떠났는데 그 이후로 우리는 그녀에게서 소식을 못 들었다.)

(2) already, yet, still

① already
  ㉠ '이미[벌써]'의 뜻으로, 일반적으로 긍정문에 쓰임[부정문에 쓰지 않음]
    She has already gone to bed. (그녀는 이미 잠자리에 들었다.)
  ㉡ 의문문에 쓰인 「already」에는 놀람('벌써', '이렇게 빨리')의 뜻이 내포되어 있음
    Have you read the book already? (그 책을 벌써 다 읽었니?)

② yet
  ㉠ 긍정문에서 '아직도'의 뜻으로 사용됨

---

before 예문

- I went to Paris two years ago, but he had gone there two years before. (나는 2년 전에 파리에 갔으나 그는 2년 더 이전에 거기에 갔었다.)
- He said that she had left for China three days before. (그는 그녀가 3일 전에 중국으로 떠났다고 말했다.)

since 예문

The castle has long since been demolished. (그 성은 허물어진 지가 오래 되었다.)

부사 enough

- enough가 형용사로 사용되는 경우 명사 앞이나 뒤에서 사용되나, 부사로 사용되는 경우 형용사나 부사 뒤에 위치함
  - They has enough food for the winter.[형용사로서 명사 앞에 위치]
  - It is good enough for me.[부사로서 형용사 뒤에 위치]
  - I know well enough what he is up to.[부사로서 다른 부사 뒤에서 수식]

My daughter is sleeping yet. (나의 딸은 아직도 자고 있다.)
ⓛ 부정문에서 '아직 (~않다)'의 뜻으로 사용됨
- I have not finished my homework yet. (나는 아직 내 숙제를 다하지 못했다.)
- I have never yet lied. (나는 아직 거짓말을 한 적이 없다.)
ⓒ 의문문에서는 '벌써'의 뜻으로 사용됨
- Do you have to go yet? (당신은 벌써 가야 합니까?)
- Has he come home yet? (그는 벌써 집에 왔습니까?)
③ still : 긍정문, 부정문, 의문문에서 '지금도[아직도, 여전히]'의 뜻으로 사용됨
ⓛ They still love July. (그들은 지금도 July를 사랑한다.)
ⓒ Is she still in bed? (아직 그녀는 자고 있나요?)

(3) very와 much

① 의미
ⓛ very는 '대단히[매우, 무척]', '바로'의 의미이며, 부정문에서는 '그다지', '조금도'의 의미를 지님
ⓒ much는 '매우[대단히]', '훨씬[무척]'의 의미를 지님
② 수식
ⓛ very는 형용사와 부사의 원급을, much는 형용사와 부사의 비교급을 수식
- This house is very old. (이 집은 매우 오래된 집이다.)
- This house is much older than that. (이 집은 저 집보다 훨씬 오래된 것이다.)
ⓒ very는 현재분사를, much는 과거분사를 수식
- This book is very interesting to me. (이 책은 내게 아주 재미있다.)
- He is much addicted to sleeping pills. (그는 수면제에 심하게 중독이 되어 있다.)
ⓒ 형용사로 생각되는 감정을 나타내는 과거분사는 very로 수식[tired, pleased, satisfied, excited, surprised 등]
- She is very tired. (그녀는 아주 지쳐있다.)
- He is very pleased. (그는 매우 기쁘다.)
- I was very surprised at the news. (나는 그 소식을 듣고 매우 놀랐다.)
- They are very (much) interested in English. (그들은 영어에 매우 흥미를 가지고 있다.)

(4) too와 either

① too : '또한[역시]', '지나치게[너무나]'의 의미를 지니며, 긍정문에 쓰임
ⓛ I like music. He likes music, too. (나는 음악을 좋아한다. 그도 또한 음악을 좋아한다.)
ⓒ You cannot be too diligent. (당신은 아무리 부지런해도 지나치지 않다.)

SEMI-NOTE

최상급을 수식하는 경우 very는 명사 앞에서, much는 정관사 앞에서 수식

- This is the very best thing. (이것은 단연 가장 좋은 것이다.)
- This is much the best thing. (이것은 단연 가장 좋은 것이다.)

> SEMI-NOTE

either
It is nice place, and not too far, either. (이곳은 멋진 곳이고 게다가 그렇게 멀지도 않다.)

so
A : I'm tired. (A : 나는 지쳤다.)
B : So am I. (= I'm tired, too.) (B : 나도 지쳤다.)
A : I like music. (A : 나는 음악을 좋아한다.)
B : So do I. (= I like music, too.) (B : 나도 음악을 좋아한다.)

기타 부사의 용법
- rather, fairly
  - rather(좀, 꽤)는 나쁜 의미로 사용되는 경우가 많으며, 부드러운 어조에서는 very의 의미로 사용됨
- fairly(좀, 꽤)의 의미로, 좋은 의미로 사용됨
  - She is fairly diligent, but her younger sister is rather idle. (그녀는 꽤 부지런하지만 그녀의 여동생은 좀 게으르다.)
  - = Her elder sister is rather clever. (그녀의 여동생은 아주 영리하다.)
- hardly, scarcely, barely
  - '(정도·양이) 거의 ~않다'의 의미이며, 부정의 뜻을 갖고 있기 때문에 부정어(not, never, no 등)와 함께 사용하지 않음
  - There's hardly any coffee left. (커피가 남아 있는 것이 거의 없다.)
  - I can scarcely believe it. (나는 그것을 거의 믿을 수가 없다.)
  - She barely acknowledged his presence. (그녀는 그가 있는 것을 거의 알은체도 안 했다.)
- seldom, rarely
  - '(횟수가) 좀처럼 ~않다'의 의미
  - He had seldom seen a child with so much talent. (그는 그처럼 재능이 많은 아이는 좀처럼 보지 못했다.)
  - We rarely agree on what to do. (우리는 할 일에 대해 합의를 보는 일이 드물다.)

② either : '~도 역시'라는 의미로, 부정문에 쓰임
I don't like cats. He doesn't like cats, either. (나는 고양이를 싫어한다. 그도 고양이를 싫어한다.)

(5) so와 neither

① so
　㉠ '역시 ~하다'를 의미하며, 'So + 동사 + 주어'의 형태로 긍정문에 씀
　㉡ be동사와 조동사인 경우 be동사와 조동사를 그대로 사용하며, 일반동사인 경우 do동사를 사용함

② neither
　㉠ '역시 ~아니다'를 의미하며, 'Neither + 동사 + 주어'의 형태로 부정문에 씀
　㉡ be동사와 조동사인 경우 be동사와 조동사를 그대로 사용하며, 일반동사인 경우 do동사를 사용함
　　A : I'm not Japanese. (A : 나는 일본인이 아니다.)
　　B : Neither am I. (= I'm not Japanese, either.) (B : 나도 일본인이 아니다.)
　　A : I don't like cats. (A : 나는 고양이를 싫어한다.)
　　B : Neither do I. (= I don't like cats, either.) (B : 나도 고양이를 싫어한다.)

(6) 기타 부사의 용법

① only(단지, 오직)
　㉠ He has only four books. (그는 단지 4권의 책만 가지고 있다.)
　㉡ I did it only because I felt it to be my duty. (나는 단지 그것을 나의 의무라 느꼈기 때문에 그것을 했다.)

② just : '꼭', '겨우[간신히]', '방금', '다만'의 의미로, 현재·과거·현재완료 시제와 함께 쓰임
　㉠ This is just what I mean. (이것이 바로 내가 하려던 말이다.)
　㉡ He was just in time for school. (그는 간신히 학교에 늦지 않았다.)

③ else(그 외에[그 밖에], 그렇지 않으면)
　㉠ anybody else (누구든 다른 사람)
　㉡ anything else (그 외에 무엇인가)
　㉢ somewhere else (다른 어디에서)
　㉣ Where else can I go? (내가 달리 어디로 갈 수 있겠는가?)
　㉤ She must be joking, or else she is mad. (그녀는 농담을 하고 있음에 틀림없다, 그렇지 않다면 그녀는 미친 사람이다.)

④ even(~조차도, ~라도, 더욱, 한결같은)
　㉠ Even a child can do it. (어린아이조차도 그것을 할 수 있다.)
　㉡ This book is even more useful than that. (이 책은 저것보다 더욱 더 유용하다.)

⑤ ever
　㉠ 긍정문에서 '언제나[늘]'의 의미
　　The boy is ever quick to respond. (그 소년은 언제나 응답이 빠르다.)
　㉡ 부정문·의문문·조건문에서 '지금까지 (한번도 ~않다)', '언젠가'의 의미
　　• We haven't ever been there. (우리는 지금까지 한 번도 거기에 가본 적이 없다.)
　　• Have you ever been to Jeju Island? (당신은 제주도에 가본 적이 있습니까?)

실력 up here, there

- be동사나 live, appear, come, go, remain 등의 동사와 함께 사용되는 경우, 도치되어 'Here/There + V + S'의 어순이 됨
- 주어가 대명사인 경우에는 보통 'Here/There + S + V'의 어순이 됨
  – Here comes the bus! (버스가 온다!)
  – There it goes! (그것이 온다!)
  – Here's a cup of coffee for you. (여기 커피 한 잔 가지고 왔습니다.)

SEMI-NOTE

부정의문문에 대한 대답

- 부정의문문에 대한 대답은 우리말의 대답과 반대가 된다는 것에 유의
  – Don't you smoke? (담배를 안 피우십니까?)
  → Yes, I do. I'm a heavy smoker. (아니요, 담배를 피웁니다. 저는 애연가입니다.)
  → No, I don't. I'm a nonsmoker. (예, 담배를 피우지 않습니다. 저는 비흡연자입니다.)

03절 비교(Comparison)

1. 비교 변화

(1) 비교(Comparison)

① 의미
　㉠ 형용사와 부사가 그 성질이나 정도의 차이를 표현하기 위해 어형변화를 하는 것을 말함
　㉡ 다른 품사와 구별되는 형용사·부사만의 특징으로, 원급·비교급·최상급 3가지가 있음
② 비교변화의 형태
　㉠ 원급 : 형용사와 부사의 원형
　㉡ 비교급 : 원칙적으로 원급에 '-er'을 붙임(더 ~한, 더 ~하게)
　㉢ 최상급 : 원칙적으로 원급에 '-est'를 붙임(가장 ~한, 가장 ~하게)

(2) 규칙 변화

① 1음절의 경우 비교급은 원급에 -er을 붙이고, 최상급은 원급에 -est를 붙임
　tall – taller – tallest / clever – cleverer – cleverest / small – smaller – smallest / long – longer – longest
② 원급의 어미가 '-e'로 끝나는 경우 -r, -st만을 붙임

규칙 변화

- -ful, -ous, -less, -ing, -ed, -ive, -ish, -able로 끝나는 형용사와 -ly로 끝나는 부사는 원급 앞에 more를, 최상급 앞에 most를 씀
- useful – more useful – most useful
- famous – more famous – most famous
- interesting – more interesting – most interesting

SEMI-NOTE

right, wrong, like, fond, afraid, just, real 등은 3음절이 아니지만, 비교급에서 more, 최상급에서 most를 붙임

예) like - more like - most like
real - more real - most real

복합어의 비교 변화
• 복합어의 일부 또는 전체를 비교 변화시키는 경우
• well-known - better-known - best-known
• old-fashioned - more old-fashioned - most old-fashioned

---

wise - wiser - wisest / brave - braver - bravest / fine - finer - finest

③ 「단모음 + 단자음」으로 끝난 경우 자음을 반복하고, -er과 -est를 붙임

big - bigger - biggest / hot - hotter - hottest / thin - thinner - thinnest

④ 「자음 + y」로 끝난 경우 y를 i로 바꾸고, -er과 -est를 붙임

happy - happier - happiest / busy - busier - busiest / easy - easier - easiest / early - earlier - earliest

⑤ 3음절 이상인 경우 원급 앞에 more를, 최상급 앞에 most를 씀

diligent - more diligent - most diligent / important - more important - most important

(3) 불규칙 변화

① 비교 변화가 불규칙한 경우

good[well] - better - best / bad[ill] - worse - worst / many[much] - more - most / little - less - least

② 의미에 따라 비교 변화가 2가지가 있는 경우

㉠ late - later - latest [시간이 늦은] / late - latter - last [순서가 늦은]

㉡ old - older - oldest [연령, 신구] / old - elder - eldest [형제자매·친척등의 비교]

㉢ far - farther - farthest [거리가 먼] / far - further - furthest [정도가 깊은]

2. 원급의 용법

(1) 동등비교

① 동등비교는 「as + 형용사·부사의 원급 + as」의 형식을 취함

㉠ He is as tall as his father. (그는 그의 아버지만큼 키가 크다.)

㉡ We have as much food as we need. (우리는 필요한 만큼의 많은 음식을 가지고 있다.)

② 'as + 원급 + as'에서 뒤의 품사는 접속사이므로 다음에 '주어 + 동사'의 형태를 취함

She is as tall as he (is). (그녀는 그만큼 키가 크다.)[이를 등위접속사의 병치법에서 앞의 'she is'와 같이 '주어 + 동사'가 오는 것으로 볼 수도 있음]
cf. She is as tall as him. (×)

③ 부정어 + as[so] + 원급 + as + A (A만큼의[같은] 정도는 아니다[없다])[최상급 의미]

㉠ Nothing is as important as health. (어떤 것도 건강만큼 중요하지 않다.)

 = Health is the most important thing.

㉡ No (other) mountain in the world is so high as Mt. Everest. (세계의 어떤 산도 Everest 산만큼 높지 않다.)

 = Mt. Everest is the highest mountain in the world.

동등비교
동등비교의 부정은 「not so[as] + 원급 + as」의 형식이 됨
He is not so[as] old as she. (그는 그녀보다 나이가 적다.)
= He is younger than she.
= She is older than he.

④ 동등비교의 관용적 표현
  ㉠ so[as] long as (~하는 동안, ~하는 한)
    Stay here as long as you want to. (당신이 있고 싶은 만큼 여기 머물러 있어라.)
  ㉡ as[so] far as (~하는 한, ~까지)
    As far as I know, he is trustworthy. (내가 아는 한 그는 믿음이 가는 사람이다.)
  ㉢ as good as (~이나 다름없는[같은], 거의 ~인, ~에 충실한)
    He is a man as good as his word[promise]. (그는 약속을 잘 지키는 사람이다.)
  ㉣ A as well as B (B뿐만 아니라 A도 역시)
    Our teacher gave us books as well as pencils. (선생님은 우리에게 연필뿐만 아니라 책도 주셨다.)

> **실력up 동등비교의 관용적 표현**
>
> as busy as a bee (쉴 틈 없이 바쁜, 부지런한) / as slow as a snail (매우 느린) / as cool as a cucumber (아주 냉정한[침착한]) / as flat as a pancake (아주 납작한) / as like as two peas (흡사한, 꼭 닮은) / as poor as a church mouse (몹시 가난한) / as sweet as honey (매우 상냥한)

(2) 기타 원급의 중요 표현

① 「as ~ as possible」(가능한 한 ~)(= as ~ as one can)
   The boy walked as fast as possible. (그 소년은 가능한 한 빨리 걸었다.)
   = The boy walked as fast as he could.

② 「as ~ as any + 명사」(어느 ~ 못지않게)(= as ~ as ever + 동사)
   He is as great as any statesman. (그는 어떤 정치인 못지않게 위대한 정치인이다.)
   = He is as great a statesman as ever lived.
   = He is the greatest statesman that ever lived.

③ not so much A as B (A라기보다는 오히려 B이다)
   = not A so much as B
   = B rather than A
   = more B than A = less A than B
   He is not so much a poet as a philosopher. (그는 시인이라기보다는 오히려 철학자이다.)
   = He is not a poet so much as a philosopher.
   = He is a philosopher rather than a poet.
   = He is more a philosopher than a poet.
   = He is less a poet than a philosopher.

SEMI-NOTE

비교급에서의 as, than

비교급 구문 'as ~ as'의 뒤의 as나 'rather than'의 than 등은 등위접속사의 역할을 하므로 앞뒤의 어구는 그 형태나 품사가 같은 병치(병렬) 구조를 이룸(동일 형태의 반복 시 접속사 다음의 중복어구는 생략 가능)

동등비교의 관용적 표현

- as obstinate as a mule (고집불통인)
  - The man is as obstinate as a mule. (그 남자는 고집이 매우 세다.)
- as white as snow (새하얀, 결백한)
  - Her skin is as white as snow. (그녀의 피부는 눈처럼 하얗다.)

기타 원급의 중요 표현

- may[might] as well A as B (B하기보다는 A하는 편이 낫다, B와 마찬가지로 A해도 좋다.)
  - You may as well go as stay. (너는 머무르느니 떠나는 게 낫다.)
  - You might as well keep it there. (그냥 놔두는 게 낫겠어요.)

not so much as(~조차 하지 않다)(= not even)

He could not so much as write his own name. (그는 자신의 이름조차도 쓰지 못했다.)

SEMI-NOTE

> **실력up 배수 표현**
>
> - 배수 표현은 '배수사 + as ~ as …(… 보다 몇 배 ~한)'로 표현
>   - This island is twice as large as that. (이 섬은 저 섬보다 2배나 크다.)
>   = This island is twice the size of that.
>   - The house is three times as large as mine. (이 집은 내 집보다 3배 더 크다.)
>   - That room is half as large as the living room. (저 방은 응접실 크기의 반이다.)

3. 비교급의 용법

(1) 우등비교와 열등비교

① 우등비교(우월비교) : 「비교급 + than」의 형식을 취함
  ㉠ He is taller than she. (그는 그녀보다 크다.)
  ㉡ She is more honest than he. (그녀는 그보다 정직하다.)

② 열등 비교 : 「less + 원급 + than」의 형식을 취함
  ㉠ She is less tall than he. (그녀는 그보다 키가 작다.)
    = She is not so tall as he.
    = He is taller than she.
  ㉡ Ashley is less beautiful than her sister. (Ashley는 그녀의 동생보다 덜 아름답다.)

③ than이 이끄는 절의 생략 : 무엇과 무엇의 비교인지 명확할 경우 생략이 가능함
  ㉠ Could I have a bigger one? (제가 더 큰 걸 가져도 될까요?)
  ㉡ There were less cars on the road then. (그때는 도로에 차들이 더 적었다.)

(2) 비교급을 강조하는 어구

① much, even, far, by far, a lot, still, yet, a good[great] deal 등은 비교급 의미를 강조하여 '훨씬[한층 더]'의 의미가 됨
  He is much older than his wife. (그는 그의 부인보다 나이가 훨씬 많다.)

② a little이 비교급 앞에서 오는 경우 '조금[약간]'의 의미가 되며, somewhat은 '다소'의 의미가 됨
  March is a little warmer than February. (3월은 2월보다 약간 더 따뜻하다.)

(3) 「비교급 + and + 비교급」 구문

① 비교급 + and + 비교급 (점점 더 ~)
  ㉠ The balloon went higher and higher. (그 기구는 점점 더 높이 올라갔다.)
  ㉡ She began to dance more and more quickly. (그녀는 점점 더 빨리 춤추기 시작했다.)

동일인 또는 동일물의 다른 성질 비교

- 동일인이나 동일물(物)의 다른 성질을 비교하는 경우 「more A than B」의 형식을 취함
  - He is more clever than wise. (그는 현명하기보다는 영리하다.)[cleverer로 쓰지 않음]
    = He is clever rather than wise.

비교급의 용법

- 「the + 비교급」구문
  - 「the + 비교급 + of the two」 또는 「the + 비교급 + of A and B」(둘 중에 더 ~하다)
  - Tom is the taller of the two. (Tom이 둘 중에서 키가 크다.)
- 「(all) the + 비교급 + 이유의 부사구[because, as, for ~]」(~ 때문에 더 하다)[여기서의 'the'는 '매우'의 의미가 됨]
  - He works the harder, because his parents praise him. (그는 그의 부모님이 칭찬하기 때문에 더 열심히 공부한다.)
  - She got the better for a change of air. (그녀의 건강은 전지(轉地) 요양으로 더 좋아졌다.)
- 「the + 비교급 ~, the + 비교급 ~」(~하면 할수록 점점 더 ~하다)
  - The more we have, the more we want. (많이 가지면 가질수록 더 많이 원하게 된다.)
  - The more I know her, the more I like her. (내가 그녀를 알면 알수록 더욱 더 좋아하게 된다.)

실력UP 라틴어 유래의 형용사

superior to (~ 보다 월등한) / inferior to (~ 보다 못한)
prior to (~ 보다 앞선) / anterior to (~ 앞쪽인) / posterior to (~ 보다 후에)
senior to (~보다 손위의) / junior to (~보다 어린)
major to (~ 보다 많은[큰]) / minor to (~ 보다 적은)
interior to (안의) / exterior to (밖의)
preferable to (~보다 더 좋은)

(4) 기타 비교급의 관용적 표현

① 「A is no more B than C is D」(D가 B와 같을 경우 D 생략 가능)(A가 B가 아닌 것은 C가 D가 아닌 것과 같다)
A whale is no more a fish than a horse is. (고래가 물고기가 아닌 것은 말이 물고기가 아닌 것과 같다.)
= A whale is not a fish any more than a horse is.

② 「A is no less B than C is D」(C가 D인 것처럼[마찬가지로] A가 B이다)
A whale is no less a mammal than a horse is.
(고래는 말과 마찬가지로 포유동물이다.)

③ 「A is no less ~ than B」(A는 B와 마찬가지로 ~이다)
He is no less handsome than his elder brother.
(그는 그의 형과 마찬가지로 미남이다.)

④ 「A is not less ~ than B」(A는 B 못지않게 ~하다)
He is not less handsome than his elder brother.
(그는 그의 형 못지않게 미남이다.)

⑤ 「no more than」(단지)(= only)[적다는 기분의 표현]
He has no more than two dollars. (그는 2달러밖에 가지고 있지 않다.)

⑥ 「not more than」(기껏해야)(= at most)[적다는 기분의 표현]
He has not more than five dollars. (그는 많아야 5달러를 가지고 있다.)

⑦ 「no less than」(~만큼이나)(= as much[many] as)[많다는 기분의 표현]
He has no less than two dollars. (그는 2달러나 가지고 있다.)

⑧ 「not less than」(적어도)(= at least)[많다는 기분의 표현]
He has not less than two dollars. (그는 적어도 2달러를 가지고 있다.)

⑨ 「much more ~」(더욱 ~하다)(= still more)[긍정문에 사용]
She can speak French, much more English. (그녀는 불어를 할 수 있는데, 영어는 더 잘한다.)

⑩ 「much less ~」(더욱 ~않다)(= still less)[부정문에 사용]
He can't speak English, much less French. (그는 영어를 할 수 없는데, 불어는 더 못한다.)

SEMI-NOTE

「get[grow, become] + 비교급 + and + 비교급」(점점 더[더욱 더] ~하게 되다)
It is getting warmer and warmer day by day. (날씨가 날마다 점점 더 따뜻해지고 있다.)

no longer(= not ~ any longer)
- 'no longer(= not ~ any longer)'는 '더 이상[이제는] ~아니다'는 의미의 구문임.
 - You are no longer a child.
 (당신은 이제 아이가 아니다.)
 = You are not a child any longer.

SEMI-NOTE

「비교급 + than anyone (anything) else」

- '비교급 + than anyone(anything) else'도 최상급을 의미하는 표현
  - Mary is kinder than anyone else in the class.

최상급 관련 주요 관용표현

- the last ~ but one(= the second last) 마지막에서 두 번째의
- at last 마침내
  - At last we're home!
- at (the) most 많아야(= not more than)
- at (the) worst 최악의 경우에도
- at (the) latest 늦어도
- at (the) least 적어도
- not ~ in the least 조금도 ~않다(= not ~ at all)
- for the most part 대부분
- to the best of my knowledge 내가 알고 있는 한

부사의 최상급

She always works hardest among the employees. (그녀는 늘 직원들 중 가장 열심히 일한다.)

4. 최상급의 용법

(1) 다양한 최상급 표현

① 일반적 형태 : 최상급의 표현은 주로 「the + 최상급 + in + 단수명사」의 형식이나 「the + 최상급 + of + 복수명사」의 형식을 취함

㉠ He is the most attractive in our class. (그는 우리 반에서 가장 매력적이다.)
㉡ February is the shortest of all the months. (2월은 일 년 중 가장 짧은 달이다.)

② 최상급 대용 표현 : 최상급 표현에는 일반적 형태 외에도 'as ~ as any + 단수명사', 'as ~ as ever + 동사', '비교급 + than any other + 단수명사', '비교급 + than all the other + 복수명사', '부정주어 ~ + so[as] + 원급 + as', '부정주어 ~ + 비교급 + than', '비교급 + than anyone(anything) else' 등이 있음

> **실력 up** Mt. Everest is the highest mountain in the world. (에베레스트 산은 세상에서 가장 높은 산이다.)
>
> = Mt. Everest is the highest of all the mountains in the world.
> = Mt. Everest is as high as any mountain in the world.
> [as ~ as any + 단수명사]
> = Mt. Everest is higher than any other mountain in the world.
> [비교급 + than any other + 단수명사]
> = Mt. Everest is higher than all the other mountains in the world.
> [비교급 + than all the other + 복수명사]
> = No (other) mountain in the world is so high as Mt. Everest.
> [부정주어 + 동사 + so[as] + 원급 + as + 주어]
> = No (other) mountain in the world is higher than Mt. Everest.
> [부정주어 + 동사 + 비교급 + than + 주어]

(2) 최상급의 강조하는 어구

최상급을 수식하여 의미를 강조하는 어구로는 much, the very, (by) far, far and away 등이 있다.

This is much[by far] the best book. (이것이 단연 가장 좋은 책이다.)
= This is the very best book.

(3) 정관사(the)를 생략한 최상급(무관사 최상급)

① 동일인이나 동일물의 성질·상태를 비교할 때 보통 생략[최상급이 보어가 되는 경우]
This lake is deepest at this point. (이 호수는 이 지점이 가장 깊다.)
cf. This lake is the deepest in this country.

② 정관사가 명사 또는 대명사의 소유격으로 대체되는 경우
㉠ She is my best friend. (그녀는 나의 가장 친한 친구이다.)
㉡ It is my greatest honor to meet you. (당신을 만나게 된 것은 대단한 영광입니다.)

(4) 기타 최상급의 특별한 용법

① **양보를 나타내는 최상급** : 문장에서 최상급 표현이 양보의 의미로 사용됨

The richest man in the world cannot avoid death. (세상에서 가장 부유한 사람도 죽음을 피할 수는 없다.)
= Even the richest man in the world cannot avoid death.

② 「a most」(매우 ~한)

He is a most clever man. (그는 아주 영리한 사람이다.)
= He is a very clever man.

SEMI-NOTE

기타 최상급의 특별한 용법

- 「the 서수 + 최상급」(몇 번째로 가장 ~)

  Busan is the second largest city in Korea. (부산은 한국에서 두 번째로 가장 큰 도시이다.)
  = Busan is the largest city but one in Korea.[but은 '~ 외에는[제외하고](= except)'의 의미]

- 「the last + 명사 + to ~」(결코 ~ 할 것 같지 않은, 가장 부적당한[안 어울리는])

  He is the last man to do such a thing. (그는 그런 일을 할 사람이 결코 아니다.)

9급공무원
영어

나두공

09장 접속사(Conjunction)/전치사(Preposition)

01절 접속사(Conjunction)

02절 전치사(Preposition)

09장 접속사(Conjunction)/전치사(Preposition)

SEMI-NOTE

「go/come/try + and + 동사」는 「go/come/try + to + 동사」로 쓸 수 있음

Come and see him. (와서 그를 만나보렴.)
= Come to see him.

And
- 절과 절을 연결하는 경우
  - Winter is over and spring has come. (겨울이 가고 봄이 왔다.)
  - The sun set, and the moon rose. (태양이 지고, 달이 떴다.)
- 「명령문, + and ~」(…해라, 그러면 ~ 할 것이다)
  - Work harder, and you will pass the exam. (더 열심히 공부해라. 그러면 시험에 합격할 것이다.)
  = If you work harder, you will pass the exam.

but for
- 'but for(= without, if it were not for / if it had not been for)'의 구문에서 but은 전치사로 봄
  - But for[Without] the rain, we would have had a pleasant journey. (비가 오지 않았더라면 우리는 즐거운 여행을 했을 것이다.)
  = If it had not been for the rain, we would have had a pleasant journey.

01절 접속사(Conjunction)

1. 등위접속사

(1) 등위접속사의 의의

① 등위접속사의 의미와 종류

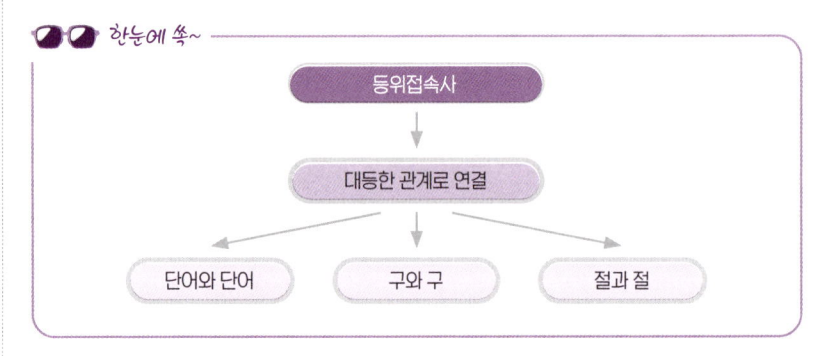

👓 한눈에 쏙~

```
        등위접속사
            ↓
      대등한 관계로 연결
       ↙     ↓     ↘
   단어와 단어  구와 구   절과 절
```

㉠ 단어와 단어, 구와 구, 절과 절 등을 대등한 관계로 연결하는 역할을 함(등위절을 연결하는 역할)
㉡ 등위접속사에는 and, but, or, so, for, yet, still 등이 있음

② 병치법(병렬관계, 평행구조) : 등위접속사 전후의 어구는 문법구조나 조건(형태, 품사, 시제 등)이 같은 병치(병렬)구조가 됨
㉠ She stayed in London and in Paris. (그녀는 런던과 파리에 머물렀다.)
㉡ He happened to see her and came to love her. (그는 그녀를 우연히 만났고 그녀를 사랑하게 되었다.)

(2) And

① 단어와 단어를 연결하는 경우 : A and B는 복수 취급하는 것이 원칙
㉠ Tom and Jack are good friends. (Tom과 Jack은 좋은 친구 사이이다.)
㉡ He learns to listen, speak, read, and write. (그는 듣기와 말하기, 읽기, 쓰기를 배운다.)

② 구와 구를 연결하는 경우
I go to school by bus and by train. (나는 학교에 버스와 기차를 타고 간다.)

(3) But

① 단어와 단어를 연결하는 경우
He is poor but happy. (그는 가난하지만 행복하다.)

② 절과 절을 연결하는 경우
   He speaks German, but he doesn't speak French.
   (그는 독일어를 말할 수 있지만 프랑스어는 말하지 못한다.)
③ 「not A but B」(A가 아니라 B)[등위 상관접속사]
   ㉠ This is not an apple, but a pear. (이것은 사과가 아니라 배이다.)
   ㉡ Not he but you are to be blamed. (그가 아니라 너에게 책임이 있다.)
④ 「부정어 + but」(…하면 반드시 ~한다)[여기서의 but은 'that + not'의 의미]
   I never meet her but I think of her mother. (내가 그녀를 만날 때마다 그녀의 어머니가 생각난다.)[부정어 + but + S + V]
   = I never meet her without thinking of her mother.
   = [부정어 + without V-ing]
   = When I meet her, I always think of her mother.[when + S + V, S + always + V]
   = Whenever I meet her, I think of her mother.[whenever + S + V, S + V]

(4) Or

① 단어와 단어를 연결하는 경우
   Which do you like better, apples or oranges? (너는 사과와 오렌지 중에서 어느 것을 더 좋아하니?)
② 구와 구를 연결하는 경우
   To be or not to be, that is the question. (사느냐 죽느냐, 그것이 문제로다.)
③ 절과 절을 연결하는 경우
   He will come to my house, or I will go to his house. (그가 우리 집에 오거나, 내가 그의 집으로 갈 것이다.)

(5) So, For

① So : 어떤 사실의 결과를 나타내며, 일반적으로 '그래서[그러므로]'의 의미를 지님
   He is rich, so he can buy the car. (그는 부자다. 그래서 그는 그 차를 살 수 있다.)
② For : for는 앞에 나온 내용의 이유나 판단의 원인을 나타내므로 문장의 뒤에 위치함
   It must have rained last night, for the ground is wet. (간밤에 비가 온 것이 분명하다. 땅이 젖은 것을 보면.)

2. 상관접속사

(1) 「both A and B」

'both A and B'는 'A와 B 둘 다[양자 긍정]'의 의미이며, 동사는 복수 취급함
Both brother and sister are alive. (형과 누나 모두 생존해 있다.)

SEMI-NOTE

Or
• 「명령문, + or ~」(…해라, 그렇지 않으면 ~할 것이다)
  – Work harder, or you will fail the exam.
  (더 열심히 공부해라. 그렇지 않으면 불합격할 것이다.)
  = If you don't work harder, you will fail the exam.
  = Unless you work harder, you will fail the exam.

형태에 따른 접속사의 분류
• 접속사를 형태에 따라 분류할 때 단순접속사와 상관접속사, 군접속사로 구분할 수 있음
  – 단순접속사 : 일반적으로 한 단어로 된 접속사(and, but, if, that 등)를 말함
  – 상관접속사 : 분리되어 있는 접속사(both ~ and, either ~ or 등)
  – 군접속사(접속사구) : 둘 이상의 단어가 하나의 접속사 역할을 하는 것(as well as 등)을 말함

SEMI-NOTE

as well as
- 'B as well as A(A뿐만 아니라 B도)'의 경우 동사의 수의 인칭은 B에 따름
  - I as well as you was wrong. (당신뿐만 아니라 나도 잘못되었다.)
  - Amnesia may rob people of their imaginations as well as their memories. (건망증은 사람들에게서 기억력뿐만 아니라 상상력을 빼앗아 갈 수 있다.)

접속사 that
'except that(~을 제외하고)'과 'in that(~라는 점에서)' 두 경우를 제외하고는 접속사 that 앞에 어떠한 전치사도 올 수 없음

종속접속사 that
종속접속사 that의 뒤에는 완전한 문장이 오지만, 관계대명사 that의 뒤에는 주어나 목적어가 탈락한 불완전한 문장이 오는 것으로, 둘을 구분할 수 있음

(2) 「not only A but also B」

① 'not only A but (also) B'는 'A뿐만 아니라 B도'라는 의미이며, 동사는 B에 따름
② 'not just[merely, simply] A but (also) B' 또는 'B as well as A'의 표현으로 바꾸어 쓸 수 있음

Not only you but also he is right. (너뿐만 아니라 그도 옳다.)
= He as well as you is right.

실력up 「either/neither A or B」

- either A or B : 'A이든 B이든 어느 한쪽[양자택일]'의 의미이며, 동사는 B에 따름
  - Either you or I am to attend the meeting. (너 아니면 내가 회의에 참석해야 한다.)
- neither A nor B : 'A도 B도 둘 다 아닌[양자 부정]'의 의미이며, 동사는 B에 따름
  - Neither he nor I am the right person for the post. (그도 나도 그 일에 적임자가 아니다.)

3. 종속접속사

(1) 종속접속사의 의의

① 의미와 종류
  ㉠ 종속접속사 절을 주종의 관계로 연결하는 역할, 즉 종속절을 주절에 연결하는 접속사를 말함
  ㉡ 종속접속사에는 that, if, whether, when 등이 있음
② 용법
  ㉠ 종속접속사 이하의 문장(종속절)은 전체 문장에서 명사나 부사가 됨
  ㉡ 부사가 강조를 위해 문두나 문미로 이동하는 것과 마찬가지로, 조건이나 양보, 이유, 시간을 나타내는 경우 문두로 나갈 수 있음[종속접속사가 나가면 문장 중간에는 도치되었다는 의미의 'comma(,)'를 찍는 것이 원칙]

(2) 명사절을 이끄는 종속접속사

① that절 : 명사의 역할을 하므로 문장에서 주어절·보어절·목적어절 등이 될 수 있음
  ㉠ 주어절을 이끄는 경우
    That she did her best is true. (그녀가 최선을 다했다는 것은 사실이다.)
    = It is true that she did her best.[that절인 주어는 복잡하므로 가주어(it)를 사용해 전환한 것으로, that 이하가 진주어에 해당함]
  ㉡ 보어절을 이끄는 경우[이때의 that은 잘 생략되지 않음]
    The trouble is that my mother is sick in bed. (문제는 어머니께서 병석에 누워 계시다는 것이다.)[the trouble = that my mother is sick in bed]
  ㉢ 목적어절을 이끄는 경우[이때의 that은 종종 생략됨]
    • I know (that) you are honest. (나는 당신이 정직하다는 것을 알고 있다.)

- He admitted that he was in the wrong. (그는 자신이 틀렸다는 것을 시인했다.)

ⓔ 동격절을 이끄는 경우

I know the fact that I have made many mistakes. (나는 내가 실수를 많이 했다는 사실을 안다.)[동격의 that은 완전한 문장을 연결하는 것으로, '~라고 하는'으로 해석됨]

② whether절

㉠ 주어절을 이끄는 경우

Whether he will come or not is very doubtful. (그가 올지 오지 않을 지는 매우 의심스럽다.)

㉡ 보어절을 이끄는 경우

The question is whether you do it well or not. (문제는 네가 잘하느냐 잘하지 않느냐이다.)

㉢ 목적어절을 이끄는 경우[이 경우 whether는 if로 바꾸어 쓸 수 있음]

He asked me whether[if] I liked fish. (그는 나에게 생선을 좋아하느냐고 물었다.)

③ if절

㉠ whether절이 문장의 주어·목적어·보어가 될 수 있는 데 비해, if절은 타동사의 목적어만 될 수 있음[전치사의 목적어도 될 수 없음]

Do you know if[whether] she is at home? (당신은 그녀가 집에 있는지 아십니까?)

㉡ if는 'whether + or not'과 같은 의미이므로, if 뒤에 'or not'을 쓸 수 없음

- I don't know whether it will rain tomorrow or not. (나는 내일 비가 올지 안 올지를 모른다.)
- I don't know if it will rain tomorrow or not. (×)
- I don't know if it will rain tomorrow. (○)

㉢ whether는 문두로 도치될 수 있으나 if는 불가능

Whether she can come, I doubt. (나는 그녀가 올 수 있을지 어떨지 의심스럽다.)

(3) 부사절을 이끄는 종속접속사

① 시간을 나타내는 접속사

> when, while, as(~할 때, ~하면서, ~함에 따라서), whenever(~할 때마다), till[until], before, after, since, as soon as, as long as(~하는 동안, ~하는 한), no sooner ⋯ than ~ (하자마자 ~하다)

② 장소를 나타내는 접속사

> where, wherever(~하는 곳은 어디든지)

SEMI-NOTE

동격절을 이끄는 경우

The question whether he will join us is uncertain.
(그가 우리와 합류하느냐 하는 문제는 매우 불확실하다.)

명사절을 이끄는 if와 whether

- 보통 의미가 확실한 타동사 다음의 절은 that절이 되는데 비해, 불확실한 동사나 의문동사 다음의 절은 if나 whether 등이 이끄는 절이 됨
- 불확실하거나 의문을 나타내는 표현으로는 ask, doubt, wonder, inquire, don't know, be not sure, Do you mind ~? 등이 있음

시간을 나타내는 접속사 예문

- When it rains, he stays at home. (비가 오면 그는 집에 머무른다.)
- She came up as I was speaking. (내가 말하고 있을 때 그녀가 다 왔다.)
- It is three years since he passed away. (그가 죽은 지 3년이 되었다.)

SEMI-NOTE

조건이나 양보, 이유, 시간의 접속사가 이끄는 종속절

- 종속접속사 중 조건이나 양보, 이유, 시간의 접속사가 이끄는 종속절의 경우에는 문두로 나갈 수 있음. 이 경우 종속절에 comma(,)를 찍어 구분하는 것이 일반적임
  - I cannot run because I am very tired.
    → Because I am very tired, I cannot run.

결과를 나타내는 접속사

- so + 형용사/부사 + that(매우 ~해서), so that(그래서)
- such + 명사 + that(매우 ~해서)
  - He is so honest that I trust him. (그는 매우 정직해서 나는 그를 믿는다.)
    = He is so honest a man that I trust him.
    = He is such an honest man that we trust him.
  - This is so difficult a problem that I can't solve it. (이 문제는 매우 어려워 내가 풀 수가 없다.)
  - Her father died suddenly, so that she had to leave school. (그녀의 아버지가 갑자기 돌아가셔서 그녀는 학교를 그만둬야 했다.)

비교를 나타내는 접속사

- as(~와 같이[처럼], ~만큼), than(보다(도)), ~하느니보다 (오히려), ~할 바에는 (차라리))
  - He is not so tall as she. (그는 그녀만큼 키가 크지 않다.)
  - She is older than I (am). (그녀는 나보다 나이가 많다.)
  - cf. He is older than me.[구어에서 주로 쓰는 것으로, 이때의 than은 전치사]

㉠ Where there is life, there is hope. (삶이 있는 곳에 희망이 있다.) → 하늘이 무너져도 솟아날 구멍은 있다.
㉡ Sit wherever you like. (당신이 좋아하는 곳 어디든지 앉아라.)

③ 이유나 원인을 나타내는 접속사

> because, since(~때문에), as(~때문에), for, now that(~이니까) 등

㉠ I was late because there was a lot of traffic on the way. (나는 오는 도중에 차량이 많아서 늦었다.)
㉡ Since she spoke in French, I couldn't understand her. (그녀가 프랑스어로 말했기 때문에 나는 이해할 수 없었다.)
㉢ He must have been ill, for he was absent. (그가 결석했으니까 그는 아팠음에 틀림없다.)
㉣ Now that you mention it, I do remember. (당신이 그것을 언급하니까 나는 정말 기억이 나네요.)

④ 목적을 나타내는 접속사

> - 「~하기 위하여, ~하도록」: (so) that ~ may[can], in order that ~ may[can]
> - 「~하지 않기 위하여, ~하지 않도록」: so that ~ may not = lest ~ should

㉠ Make haste (so) that you may catch the last train. (마지막 기차를 잡을 수 있도록 서둘러라.)
   = Make haste in order that you may catch the last train.
㉡ I worked hard (so) that I might not fail. (나는 실패하지 않기 위해서 열심히 일했다.)
   = I worked hard lest I should fail.[lest에 부정의 의미가 포함되어 있으므로 부정어를 따로 쓰지 않도록 주의]

⑤ 조건을 나타내는 접속사

> if, unless(만일 ~하지 않는다면), so long as(~하는 한은), in case(~의 경우를 생각하여, 만일 ~라면)

㉠ If it is fine tomorrow, we will go on a picnic. (내일 날씨가 좋으면 우리는 소풍을 갈 것이다.)
㉡ Unless you get up early, you will miss the train. (만일 당신이 일찍 일어나지 않는다면, 당신은 기차를 놓일 것이다.)
   = If you do not get up early, you will miss the train.

⑥ 양보를 나타내는 접속사

> though, although, even if(비록 일지라도[할지라도]), even though(~인데도[하는데도]), whether(~이든지 아니든지 (간에), ~이든지 여하간에))

172

㉠ Though[Although] he is poor, he is always cheerful. (그는 비록 가난하지만 항상 밝은 모습을 하고 있다.)
㉡ I will go there even if it rains. (비가 오더라도 나는 그곳에 갈 것이다.)
⑦ 양태를 나타내는 접속사

> as(~와 같이, ~대로), as if, as though(마치 ~인 것처럼) 등

㉠ Do in Rome as the Romans do. (로마에 가면 로마의 법을 따르라.)
㉡ He looks as if he had seen the ghost. (그는 마치 유령을 보았던 것처럼 보인다.)

실력UP 비례를 나타내는 접속사

- as(~함에 따라, ~할수록), according as(~에 따라서[준하여], ~나름으로)
  - As we go up, the air grows colder. (올라갈수록, 공기는 더 차가워진다.)

02절 전치사(Preposition)

1. 전치사의 의의

(1) 전치사의 의미

① **전치사** : 명사 상당어구(명사, 대명사, 동명사 등) 앞에서 명사 상당어구와 다른 말과의 관계를 나타냄
② **전치사 + 명사 상당어구(목적어)** : 대부분 부사(구)의 역할을 하며, 일부는 형용사(구)의 역할을 함
  ㉠ I found it with ease. (나는 손쉽게 그것을 찾았다.)['with ease'는 부사구]
  ㉡ He is a man of ability. (그는 능력이 있는 사람이다.)['of ability'는 형용사구]

(2) 전치사의 종류

① **단순전치사** : 하나의 전치사로 된 것을 말함
  at, by, from, till, up, with 등
② **이중전치사** : 2개 이상의 전치사가 한 개의 전치사 역할을 하는 것을 말함
  from under, till, after 등
③ **분사전치사** : 현재분사에서 나온 전치사를 말함
  concerning, respecting(~에 관하여) 등

SEMI-NOTE

전치사와 접속사의 구분
전치사는 뒤에 명사 상당어구가 목적어로 오며, 접속사 다음에는 절이 나옴

구 전치사(전치사구)

- 2개 이상의 단어가 모여 하나의 전치사 역할을 하는 것
  - in spite of(~에도 불구하고, ~을 무릅쓰고), in front of, at odds with(~와 마찰을 빚는), such as(~와 같은) owing to(~덕택에), thanks to(~덕분에) 등

2. 전치사의 목적어

(1) 명사와 대명사를 전치사의 목적어로 취하는 경우

① 명사가 목적어가 되는 경우
  ㉠ The books on the desk are mine. (책상 위에 있는 책들은 나의 것이다.)
    [명사(desk)가 전치사(on)의 목적어가 됨. 여기서 'on the desk'는 형용사 역할을 함]
  ㉡ The river runs between two countries. (그 강은 두 나라 사이를 흐른다.)
② 대명사가 목적어가 되는 경우
  ㉠ She is fond of me. (그녀는 나를 좋아한다.)[대명사가 전치사의 목적어가 되는 경우 목적격이 되어야 함]
  ㉡ He looked at her for a while. (그는 잠시 동안 그녀를 바라보았다.)

(2) 형용사와 부사를 전치사의 목적어로 취하는 경우

① 형용사가 목적어가 되는 경우
  Things went from bad to worse. (사태가 악화되었다.)[형용사 bad와 worse 다음에 'thing'이 생략되어 있음]
② 부사가 목적어가 되는 경우
  ㉠ She got back from abroad in 2009. (그녀는 2009년에 해외에서 돌아왔다.)
  ㉡ How far is it from here to the station? (여기서 역까지 거리가 어떻게 됩니까?)

(3) 준동사를 전치사의 목적어로 취하는 경우

① 동명사가 목적어가 되는 경우
  ㉠ She left the room without saying a word. (그녀는 말없이 방을 나갔다.)
    [to say (×) / say (×)]
  ㉡ My son is fond of swimming. (나의 아들은 수영하는 것을 좋아한다.)
② 과거분사가 목적어가 되는 경우
  They gave up the man for lost. (그들은 그 사람을 실종된 것으로 여기고 찾기를 그만두었다.)

(4) 구(句)나 절(節)을 전치사의 목적어로 취하는 경우

① 구를 목적어로 취하는 경우
  He sat up till late at night. (그는 밤늦게까지 깨어 있었다.)
② 절을 목적어로 취하는 경우
  Men differ from animals in that they can think and speak. (사람은 생각하고 말을 한다는 점에서 동물과 다르다.)[여기서 in과 that 사이에는 'the fact'가 생략되어 있으며, 여기서 that은 동격접속사로서 '~라는 점에서'의 의미가 됨]

SEMI-NOTE

전치사의 목적어

- 전치사에 따르는 명사 상당어구가 전치사의 목적어가 되는데, 전치사의 목적어는 대부분 명사, 대명사이지만 그 외에 동명사나 부정사, 과거분사, 형용사·부사구, 절 등도 목적어가 될 수 있음
- 명사가 목적어가 되는 때에는 반드시 목적격으로 써야 함

부정사가 목적어가 되는 경우

- but과 except, save(~을 제외하고는, ~외에는), than 등은 예외적으로 to부정사와 원형부정사를 목적어로 취할 수 있음
  - He had no choice but to give up the plan.
    (그는 그 계획을 포기하는 수밖에 없다.)

타동사와 전치사

- 타동사는 전치사가 필요 없음
- discuss, reach, marry, resemble, become 등의 자동사처럼 해석되나 타동사이므로 전치사를 사용하지 않도록 주의
  - We will discuss the situation tomorrow. (그 상황에 대해서는 내일 논의할 것이다.)
  - Such conduct does not become a gentleman. (그러한 행동은 신사에게는 어울리지 않는다.)

3. 전치사구의 용법

(1) 형용사적인 용법

① 명사, 대명사를 수식
  ㉠ He is a man of wisdom. (그는 현명한 사람이다.)[전치사구(of wisdom)가 명사(man)를 수식]
  ㉡ I don't know any of them in the room. (나는 그 방안의 그들 어느 누구도 모른다.)[대명사를 수식]

② 주격보어, 목적격보어로 쓰임
  ㉠ He was against the proposal. (그는 그 제안을 반대하였다.)[주격보어]
  ㉡ Please make yourself at home. (편하게 계십시오.)[목적격보어]

(2) 부사적 용법

동사, 형용사, 부사, 문장 전체를 수식

Please hang this picture on the wall. (이 그림을 벽에 걸어주십시오.)[동사를 수식]

The town is famous for its hot springs. (이 도시는 온천으로 유명하다.)[형용사를 수식]

He came home late at night. (그는 밤늦게 집에 돌아왔다.)[부사를 수식]

To my joy, the rain stopped. (기쁘게도 비가 그쳤다.)[문장전체를 수식]

> **실력up 명사적 용법**
> - 전치사구가 주어의 역할을 하는 경우도 있음
>   – From here to the park is about five miles. (여기서 공원까지는 약 5마일이다.)

4. 전치사의 위치

(1) 전치사의 전치

전치사는 목적어 앞에 위치하는 것이 원칙(전치사 + 목적어)

My cell phone is ringing on the table. (내 휴대폰이 테이블 위에서 울리고 있다.)

I have lived in Seoul since my birth. (나는 태어난 이래로 서울에서 살고 있다.)

(2) 전치사의 후치

① 의문사가 목적어인 경우
  ㉠ Who are you waiting for? (당신은 누구를 기다리고 있습니까?)[의문사 who는 전치사 for의 목적어]
    = Whom are you waiting for?

SEMI-NOTE

강조를 위해 목적어를 전치(前置)한 경우

Classical music he is very fond of. (고전 음악을 그는 좋아한다.)
= He is very fond of classical music.

전치사의 생략
- 현재분사화한 동명사 앞에서 생략
  – I was busy (in) preparing for the exam. (나는 시험 준비로 바빴다.)

전치사를 포함하는 타동사구가 수동태 문장에 쓰인 경우
- The baby was looked after by her. (그 아이는 그녀가 돌봤다.)
  = She looked after the baby.
- He was laughed at by everybody. (그는 모두에 의해 비웃음 당했다.)
  = Everybody laughed at him.

SEMI-NOTE

ⓒ What was it like? (그것은 무엇과 닮았습니까?)
② 관계대명사가 목적어인 경우
This is the house which he lives in. (이 집은 그가 살고 있는 집이다.)
= This is the house in which he lives.
③ 전치사를 포함한 to부정사가 형용사적 용법으로 쓰인 경우
He has no friends to talk with. (그는 대화를 나눌 친구가 없다.)
= He has no friends with whom he can talk.

(3) 전치사의 생략

① 요일·날짜 앞의 on은 구어에서 생략하는 경우가 많음. 요일·날짜 앞에 last, next, this, that, every, some 등의 어구가 붙을 경우 on은 문어체에서도 생략함
ⓐ That store is closed (on) Sundays. (저 가게는 일요일에는 영업을 하지 않는다.)
ⓑ Let's meet next Sunday. (다음 일요일에 만나요.)
② 시간·거리·방법·정도·양태 등을 나타내는 명사는 전치사 없이 부사구 역할을 하는 것이 보통임
ⓐ It lasted (for) two hours. (그것은 2시간 동안 계속되었다.)
ⓑ Do it (in) this way (그것은 이렇게 하시오.)

전치사의 생략

- 연령·모양·대소·색채·가격·종류 등을 나타내는 명사가 'of + 명사(구)'의 형태로 형용사 역할을 할 때 of는 보통 생략
  - John and Jane are (of) same age. (존과 제인은 동갑이다.)
  - It is (of) no use crying. (울어도 소용없다.)

5. 전치사의 분류

(1) 시간을 나타내는 전치사

① at, on, in
ⓐ at : 하루를 기준으로 함
at 7:00 / at nine o'clock / at noon (정오에) / at midnight (한밤중에) / at sunset (해질녘에)
ⓑ on : 요일, 날짜, 특정한 날
on Sunday / on Sunday afternoon (일요일 오후에) / on the first of May (5월 1일에) / on Christmas Day (크리스마스 날에)
ⓒ in : at, on 보다 광범위한 기간의 표현
in May (5월에) / in 2012 (2012년에) / in the 20th century (20세기에) / in the past (과거에) / in the future / in summer

at과 관련된 관용구

- at table 식사 중에
- at random 함부로
- be at home in ~에 정통하다
- at sea 항해 중에
- people at large 일반 대중

in과 관련된 관용구

- in demand (수요가 있는)
- in a day (하루에)
- in time (늦지 않게)
- in summary (요컨대)
- in cash (현금으로)
- in one's right mind (제 정신인)
- in this regard (이 점에 대해서는)
- in place (제자리에)

실력UP 시간을 나타내는 전치사 예외적인 경우

- at night
- at Christmas
- at the moment
- at the same time (동시에)
- in the morning (아침에)
- in the afternoon (오후에)
- in the evening (저녁에)

② by, untill, to
　㉠ by(~ 까지는) : 미래의 어떤 순간이 지나가기 전 행위가 발생하게 되는 경우
　　I will come here by ten o'clock. (나는 10시까지 여기에 올 것이다.)
　㉡ until[till](~까지 (줄곧)) : 미래의 어느 순간까지 행위가 계속되는 경우
　　I will stay here until[till] ten o'clock. (나는 10시까지 여기서 머무르겠다.)
　㉢ to(~까지) : 시간·기한의 끝
　　I will stay here to the end of May. (나는 5월 말까지 여기에 머무르겠다.)

실력up by와 until의 구분
- I'll be there by 7 o'clock. (7시 정각까지 그곳에 가겠다.)[7시까지 계속 그곳에 있는 것은 아님]
- Let's wait until the rain stops.
  (비가 그칠 때까지 계속 기다리자.)[비가 그칠 때까지 기다리는 행위가 계속됨]

③ for, during, through
　㉠ for(~동안)
　　I have lived in Seoul for ten years. (나는 10년 동안 서울에 살고 있다.)
　㉡ during(~동안 (내내), ~ 사이에)
　　I am going to visit China during this vacation. (나는 이번 방학 동안에 중국을 방문하려고 한다.)
　㉢ through(동안 내내, 줄곧)
　　It kept raining through the night. (밤새 계속해서 비가 내렸다.)

④ in, within, after
　㉠ in(~후에, ~지나면) : 시간의 경과를 나타냄
　　He will come back in a few hours. (그는 몇 시간 후에 돌아올 것이다.)
　㉡ within(~이내의, ~ 범위 내에서) : 기한 내를 의미함
　　He will come back within a few hours. (그는 몇 시간 내에 돌아올 것이다.)
　㉢ after(~의 뒤에[후에], 늦게)
　　He came back after a few hours. (그는 몇 시간이 지나서 돌아왔다.)

⑤ since, from
　㉠ since(~이래 (죽), ~부터 (내내), ~ 이후)
　　She has been sick in bed since last Sunday. (그녀는 지난 일요일부터 아파서 누워있다.)
　㉡ from(~에서, ~로부터)
　　He worked hard from morning till night. (그는 아침부터 밤까지 열심히 일했다.)

SEMI-NOTE

구분해야 할 전치사
- consist in (~에 있다) / consist of (~로 구성되다)
- call on + 사람 (~을 방문하다) / call at + 장소 (~을 방문하다)
- succeed in (~에 성공하다) / succeed to (~을 계승하다)
- at the rate of (~의 비율로) / in the ratio of (~의 비율로)
- come by (얻다, 입수하다) / come across (우연히 만나다)
- result in (~이 되다, ~로 끝나다) / result from (~에서 유래[기인]하다)
- stay at + 장소 (~에 머물다) / stay with + 사람 (~와 머물다)
- bump into (~와 부딪히다) / collide into (~와 부딪히다)
- attend to (~에 주의하다) / attend on (~을 시중들다)
- in the way (방해가 되는) / on the way (도중에)

SEMI-NOTE

장소를 나타내는 전치사

- behind, before
  - The blackboard is behind the table, and the table is before the blackboard.
  (칠판은 탁자 뒤에 있고, 탁자는 칠판 앞에 있다.)
- between, among
  - between(~사이에) : 명백하게 분리된 둘 이상에서 사용됨
  - The river runs between two countries.
  (그 강은 두 나라 사이를 흐른다.)
  - I couldn't see any difference between the three cars.
  (나는 세 자동차들 사이의 차이점을 알 수 없었다.)(셋 이상이나 명백히 분리된 대상에 관한 것이므로 among이 아닌 between이 사용됨)
- among(~사이에) : 분리할 수 없는 집단 사이에서 사용됨
  - His car was hidden among the trees.
  (그의 차는 나무들 사이에 숨겨져 있었다.)(분리할 수 없는 나무들의 집단에 관한 것이므로 among이 사용됨)
  - Seoul is among the biggest cities in the world.
  (서울은 세계에서 가장 큰 도시 중 하나이다.)

for, to, toward

- for(~을 향하여)
  - He left for Tokyo. (그는 도쿄를 향해 떠났다.)
- to(~쪽으로, ~로 향하여)
  - He came to Gwang-ju last night. (그는 지난밤에 광주에 왔다.)
  - He went from Seoul to Tokyo. (그는 서울을 떠나 도쿄로 갔다.)
- toward(~쪽으로, 향하여, 면하여)
  - He ran toward the capital. (그는 수도를 향해서 달렸다.)

(2) 장소를 나타내는 전치사

① at, in
  ㉠ at(~에, ~에서) : 위치나 지점을 나타냄
  He is now staying at a hotel in Seoul. (그는 지금 서울의 한 호텔에서 머물고 있다.)
  ㉡ in(~의 속에, ~에 있어서)
  He lived in the small village. (그는 작은 마을 안에서 살았다.)

② on, above, over
  ㉠ on(~의 표면에, ~ 위에) : 장소의 접촉을 나타냄
  • There is a picture on the wall. (벽에 그림이 한 점 걸려 있다.)
  • There is a book on the desk. (책상 위에 책이 있다.)
  ㉡ above(~보다 위에[로], ~보다 높이[높은])
  The moon is rising above the mountain. (달이 산 위로 떠오르고 있다.)
  ㉢ over(~위쪽에[의], ~바로 위에[의]) : 바로 위쪽으로 분리된 위치를 나타냄
  There is a wooden bridge over the stream. (시내 위로 나무다리가 놓여있다.)

③ under, below
  ㉠ under(~의 아래에, ~의 바로 밑에)
  The box is under the table. (그 상자는 탁자 밑에 있다.)
  ㉡ below(~보다 아래[밑]에)
  The sun sank below the horizon. (태양이 지평선 너머로 넘어갔다.)

④ up, down
  Some children ran up the stairs and others walked down the stairs.
  (몇 명의 아이들은 계단을 뛰어 올라가고, 다른 몇 명은 계단을 걸어 내려왔다.)

⑤ around, about
  ㉠ around(~의 주위에, ~을 둘러싸고, ~ 주위를 (돌아))
  The earth goes around the sun. (지구는 태양의 주위를 돈다.)
  ㉡ about(~주위를[둘레를], ~ 주위에)
  The man walked about the room. (그 남자는 방안을 돌았다.)

⑥ across, through
  ㉠ across(~을 가로질러[횡단하여], ~의 맞은편[건너편]에)
  Take care when you walk across the street. (길을 건널 때는 조심하시오.)
  ㉡ through(~을 통하여, ~을 지나서, ~을 꿰뚫어)
  • The birds fly through the air. (새들이 공중을 날아간다.)
  • The Han river flows through Seoul. (한강은 서울을 가로질러 흐른다.)

⑦ in, to, on
  ㉠ in the + 방위 + of ~(~내의 …쪽에)
  The building is in the north of the park. (그 건물은 공원 내의 북쪽에 있다.)

ⓒ to the + 방위 + of ~(~에서 떨어져 …쪽으로)
　　　The building is to the north of the park. (그 건물은 공원에서 북쪽으로 떨어진 곳에 있다.)
　　ⓒ on the + 방위 + of ~(~에 접하여 …쪽으로)
　　　The building is on the north of the park. (그 건물은 공원 북쪽 외곽에 있다.)
⑧ on, off
　　㉠ on(~에 접하여, ~의 위로)
　　　an inn on the lake (호수에 접한 여관)
　　ⓒ off(~으로부터 떨어져[벗어나])
　　　five kilometers off the main road (간선도로에서 5km 떨어져)
⑨ into, out of
　　㉠ into(~안으로)
　　　Come into the house. (집 안으로 들어오세요.)
　　ⓒ out of(~의 밖으로)
　　　He hustled me out of the house. (그는 나를 집 밖으로 밀어냈다.)
⑩ by, next to, near
　　㉠ by(~의 옆에)
　　　a house by the river (강가에 있는 집)
　　ⓒ next to(~와 나란히, ~에 이어, ~의 다음에)
　　　We sat next to each other. (우리는 서로 바로 옆에[나란히] 앉았다.)
　　ⓒ near(~ 가까이)
　　　Do you live near here? (여기에서 가까운 곳에 사세요?)

(3) 수단·방법·재료를 나타내는 전치사

① by(~에 의하여, ~으로)
　　I usually go to school by bus. (나는 보통 버스를 타고 학교에 간다.)
② with(~을 사용하여, ~으로)
　　Try opening the door with this key. (이 열쇠로 문을 열어보도록 해라.)
③ of, from
　　㉠ This desk is made of wood. (이 책상은 나무로 만든 것이다.)
　　ⓒ Wine is made from grapes. (포도주는 포도로 만든다.)
④ on, in
　　㉠ I heard the news on the radio. (나는 그 소식을 라디오에서 들었다.)
　　ⓒ The report was written in ink. (그 보고서는 잉크로 씌어 있었다.)
　　ⓒ Please reply the email in French. (프랑스어로 그 이메일에 답장을 보내주세요.)

SEMI-NOTE

out of + 명사 관용표현

- out of date 구식의
- out of sorts 불쾌한
- out of place 부적절한
- out of hand 즉시
- out of spirits 기가 죽어

운송수단의 전치사 by

- 일반적으로 운송수단은 by를 사용 by car, by ship, by bicycle, by boat, by sea(바다로, 배편으로), by subway, by air(비행기로)
- 걸어서 이동하는 것은 경우 on을 사용 : on foot(걸어서, 도보로)
- one's car, the train, a taxi 등은 by를 사용하지 않음
  - I'll go by my car. (×) → I'll go in my car. (○)
  - We'll go there by train. (×) → We'll go there on the train. (○)
  - She came here by taxi.(×) → She came here in a taxi. (○)

SEMI-NOTE

목적 · 결과를 나타내는 전치사

- They fought for independence.
  (그들은 독립을 위해 싸웠다.)
- He sought after fame.
  (그는 명예를 추구하였다.)
- She tore the letter to pieces.
  (그녀는 편지를 갈기갈기 찢었다.)

(4) 원인·이유를 나타내는 전치사

① Many people died from hunger. (많은 사람들이 굶어 죽었다.)
② His father died of cancer. (그의 아버지는 암으로 돌아가셨다.)
③ She trembled with fear. (그녀는 두려움으로 몸을 떨었다.)

> **실력UP** 관련을 나타내는 전치사
>
> - I've heard of him, but I don't know him. (나는 그에 대해서 들어 알고 있지만, 그를 직접 아는 것은 아니다.)
> - He wrote a book on atomic energy. (그는 원자력에 대한 책을 썼다.)
> - We talked about our school days. (우리는 학창 시절에 대해서 이야기했다.)

10장 특수구문(Particular Sentences)

01절　도치 및 강조구문

02절　부정구문

03절　생략구문

특수구문(Particular Sentences)

01절 도치 및 강조구문

1. 도치구문

(1) 목적어 및 보어의 강조

① 목적어나 보어를 강조하기 위해 문장 앞으로 도치하며, 주어가 지나치게 긴 경우 목적어나 보어를 문장 앞으로 도치시키는 것이 보통임
  ㉠ 목적어의 강조 : 「목적어 + 주어 + 동사」
  ㉡ 보어의 강조 : 「보어 + 동사 + 주어」[주어와 동사도 도치된다는 점에 주의]
    • Her song and dance was great. (그녀의 노래와 춤은 대단했다.)
    → Great was her song and dance.[보어가 문두로 나가면 주어와 동사도 도치됨]
    • Those who know the pleasure of doing good are happy. (좋은 일을 하는 즐거움을 아는 사람들은 행복하다.)
    → Happy are those who know the pleasure of doing good.

(2) 부사의 강조

① 「시간의 부사 + 주어 + 동사」
  She is at home on Sunday. (그녀는 일요일에 집에 있다.)
  → On Sunday she is at home.[부사 + 주어 + 동사]
② 「장소 · 방향 등의 부사 + 동사 + 주어」[주어와 동사도 도치된다는 점에 주의]
  ㉠ The sun is shining behind the clouds. (태양이 구름 뒤에서 빛나고 있다.)
    → Behind the clouds is the sun shining.[장소의 부사 + 동사 + 주어]
  ㉡ A taxi drove down the street. (택시가 길 아래로 운전해 갔다.)
    → Down the street drove a taxi.[방향의 부사 + 동사 + 주어]
    cf. He walked down the street with the children. (그는 거리를 따라 아이들과 함께 걸어갔다.)
    → Down the street he walked with the children.[부사 + 주어 + 동사
    → 주어가 대명사인 경우는 주어와 동사가 도치되지 않음]

(3) 부정어의 강조

① 부정어구가 문두로 나갈 때 「부정어구 + 조동사 + 주어 + 본동사/부정어구 + be동사 + 주어」의 어순으로 도치됨
② 부정어구(부정의 부사 · 부사구)로는 not, never, no, few, little, hardly, scarcely, no sooner, rarely, only 등이 있음

SEMI-NOTE

목적어의 강조 예문

He broke that promise within a week. (그 약속을 그는 일주일도 못 가서 깼다.)
→ That promise he broke within a week.[목적어(promise) + 주어(he) + 동사(broke)]

「장소 · 방향 등의 부사 + 동사 + 주어」[주어와 동사도 도치된다는 점에 주의]

He fulfilled the duties so well. (아주 훌륭하게 그는 그 임무를 수행했다.)
→ So well did he fulfill the duties.[부사 + 조동사 + 주어 + 본동사]

유도부사(there, here)가 이끄는 문장의 도치

• There is one bed in this room. (이 방에는 침대 하나가 있다.) [there + 동사 + 주어]
• There lived a pretty princess in the palace. (그 궁전에는 예쁜 공주가 살았다.)
• Here comes our bus. (버스가 온다.)

ⓐ I never saw him again. (나는 그를 다시는 만나지 않았다.)
  → Never did I see him again.[부정어 강조를 위해 문두로 나갈 때 다음은 '조동사 + 주어 + 본동사'의 어순이 됨]
ⓑ Never have I seen such a strange animal. (나는 그렇게 이상한 동물은 본적이 없다.)[부정어 never의 강조]
ⓒ Little did she think that her daughter would become a lawyer. (그녀는 자신의 딸이 변호사가 되리라고는 전혀 생각하지 못했다.)[부정어 little의 강조]
ⓓ He not only was brave, but (also) he was wise. (그는 용감할 뿐 아니라 현명했다.)
  → Not only was he brave, but (also) he was wise.[부정어구 'not only'의 강조 시 주어와 동사가 도치]
ⓔ I did not know the truth until yesterday. (나는 어제서야 진실을 알았다.)
  → Not until yesterday did I know the truth.[부정어(not until) + 조동사 + 주어 + 본동사]
ⓕ They go to the office only on Monday. (그들은 월요일에만 출근한다.)
  → Only on Monday do they go to the office.['only + 부사(구·절)'가 문두에 오는 경우에도 원래 부정의 의미가 있다고 보아 다음의 주어·동사가 도치됨]
ⓖ I had not understood what she said until then. (나는 그때서야 그녀가 말한 것을 이해하였다.)
  → Only then did I understand what she said.

(4) so, neither 도치구문(So/Neither + (조)동사 + 주어)

① so + (조)동사 + 주어(~역시 그러하다) : 긍정문의 뒤에서 동의 표시의 절을 이룸
  ⓐ Tom played tennis. So did Jane.(= Jane did, too.) (Tom은 테니스를 쳤다. Jane도 그랬다.)
  ⓑ She can go with you. So can I.(= I can, too.) (그녀는 당신과 함께 갈 수 있다. 나도 그렇다.)
  ⓒ My little brother started crying and so did his friend Alex. (내 동생이 울기 시작했고 그의 친구 Alex도 그랬다.)
  cf. You look very tired. So I am (tired). (피곤해 보이는군요. 예, 그렇습니다.)['So+ 주어+동사'(예, 그렇습니다)]

② neither + (조)동사 + 주어(~ 역시 아니다) : 부정문 뒤에서 동의 표시의 절을 이룸
  ⓐ July never eats potatoes. Neither does Alice.(= Alice doesn't either.) (July는 절대 감자를 먹지 않는다. Alice도 먹지 않는다.)
  ⓑ He won't accept the offer. Neither will I.(= I won't either.) (그는 그 제안을 받아들이지 않을 것이다. 나도 받아들이지 않을 것이다.)

SEMI-NOTE

부정어의 강조

The luggage had hardly[no sooner] been loaded when[than] the train started off. (수하물을 싣자마자 열차는 출발했다.)
→ Hardly[Scarcely] had the luggage been loaded when the train started off.[부정어(hardly) 강조 시 도치][Hardly + had + 주어 + p.p. when + 주어 + 동사(~하자마자 ~했다)]
→ No sooner had the luggage been loaded than the train started off.[No sooner + had + 주어 + p.p. than + 주어 + 동사(~하자마자 ~하였다)]

If절에서의 도치

• If절에 should, were, had 등이 있을 때, 'If'가 생략되면 should, were, had 등이 도치되어 주어 앞에 위치
  - If you had talked to me earlier, I would have done that. (당신이 좀 더 일찍 나에게 말했더라면, 나는 그것을 했을 텐데.)
  → Had you talked to me earlier, I would have done that. [If의 생략 시 조동사(had)가 주어 앞으로 도치됨]
  - If anything should happen to me, please ask your disciples to look after her. (나에게 무슨 일이 생기면, 당신 제자들에게 그녀를 보살펴달라고 요청해 주세요.)
  → Should anything happen to me, please ask your disciples to look after her.

SEMI-NOTE

강조구문과 형식 주어 구문의 구분

- 'it be'와 'that'을 빼도 문장이 성립하면 「It ~ that」의 강조구문이며, 문장이 성립하지 않으면 형식 주어 구문이라 할 수 있음
  - (It is) he (that) is to blame.[강조구문]
  - It is certain that he is to blame.[형식주어 구문]

「전치사 + whom[which]」의 분열문

It was John whom[that] I gave the pen to. (내가 펜을 준 사람은 바로 John이었다.)
→ It was John to whom[which] I gave the pen.

반복어구에 의한 강조

She read the messages on Internet bulletin board again and again. (그녀는 인터넷 게시판의 글들을 몇 번이고 읽었다.)['again and again'은 반복에 의한 강조 어구]

ⓒ She can't play the piano, and neither can I. (그녀는 피아노를 칠 수 없다. 나도 칠 수 없다.)
= She can't play the piano, nor can I.

2. 강조구문

(1) 「It ~ that」 강조구문(분열문(分裂文))

① 강조하고자 하는 말을 It과 that 사이에 두며, 명사, 대명사, 부사, 부사구(절)등을 강조할 수 있음
② that대신에 who, whom, which, when 등을 쓸 수 있음[where이나 how는 쓸 수 없음]
  ㉠ Tom lost a watch here today. (Tom은 오늘 여기서 시계를 잃어버렸다.)
    → It was Tom that[who] lost a watch here today. (오늘 여기서 시계를 잃어버린 사람은 바로 Tom이었다.)[명사(주어) Tom을 강조]
    → It was a watch that[which] Tom lost here today. (Tom이 오늘 여기서 잃어버린 것은 바로 시계였다.)[명사(목적어) 'a watch'를 강조]
    → It was here that Tom lost a watch today. (Tom이 오늘 시계를 잃어버린 곳은 바로 여기였다.)[부사 here를 강조]
    → It was today that[when] Tom lost a watch here. (Tom이 여기서 시계를 잃어버린 것은 바로 오늘이었다.)[부사 today를 강조]
    cf. It was here where Tom lost a watch today. (×)[that 대신 where나 how를 쓰는 것은 불가함]
  ㉡ Who was it that lost a watch here today? (오늘 여기서 시계를 잃어버린 사람은 도대체 누구였는가?)[의문사 who를 강조하는 것으로, who가 문두로 나가면서 동사 was와 it이 도치됨]
  ㉢ What was it (that) Tom lost here today? (오늘 여기서 Tom이 잃어버린 것은 도대체 무엇이었는가?)[의문사 what을 강조]
③ 「whose + 명사」의 분열문
  It is John whose hat is red. (모자가 빨간색인 사람이 바로 John이다.)

(2) 기타 강조 표현

① 동사의 강조 : 「do/does/did + 동사원형」
  ㉠ He came at last. (그는 마지막에 왔다.)
    → He did come at last.[did가 동사 come을 강조]
  ㉡ She does speak several languages freely. (그녀는 몇 개 국어를 자유롭게 구사한다.)[does가 동사 speak를 강조]
② 명사의 강조
  ㉠ The accident happened at that very moment. (사고는 바로 그 순간에 발생했다.)[very가 명사 moment를 강조]

ⓛ Saving money itself is not always good. (돈 자체를 절약하는 것이 항상 좋은 것은 아니다.)[재귀대명사 itself가 명사 money를 강조]

③ 의문사의 강조

What on earth are you looking for? (도대체 당신은 무엇을 찾고 있는가?) ['on earth'가 의문사 what을 강조]

= What in the world are you looking for?['in the world'가 what을 강조]

SEMI-NOTE

부정어 강조

He was not in the least surprised at the news. (그는 그 뉴스에 전혀 놀라지 않았다.)['not in the least(= not at all)'는 '조금도 ~않다'를 의미]

02절 부정구문

1. 주요한 부정구문

(1) 「not ~, but …」

① 「not ~, but …」 구문은 '~이 아니고 …이다'라는 의미를 지니며, but 앞에 comma(,)가 있으며, but 다음에 명사, 구, 절 어느 것이나 올 수 있음

  ㉠ What I want is not wealth, but health. (내가 원하는 것은 부가 아니라 건강이다.)

  ㉡ Most people talk not because they have anything to say, but because they like talking. (대부분의 사람들은 할 말이 있어서가 아니라 말하기를 좋아하기 때문에 말을 한다.)[not because ~, but because …(~때문이 아니라 …때문이다)]

(2) 「not only ~, but (also) …」 (~뿐만 아니라 …도)

① He has not only knowledge, but also experience. (그는 지식뿐 아니라 경험도 가지고 있다.)

② We like him not only for what he has, but for what he is. (우리는 그가 가진 것 때문만 아니라 그의 사람됨 때문에도 그를 좋아한다.)

③ She can not only sing, but dance. (그녀는 노래를 할 수 있을 뿐 아니라 춤도 출 수 있다.)

(3) 「not ~ until[till] …」 (…할 때까지는 ~않다, …하고서야 비로소 ~하다)

① We do not know the blessing of our health until we lose it. (우리는 건강을 잃고서야 비로소 그 고마움을 안다.)

② Until now I knew nothing about it. (지금까지 나는 그 일에 대해 전혀 몰랐다.)

③ I had not eaten anything until late in the afternoon. (오후 늦게까지 나는 아무 것도 안 먹었다.)

④ He won't go away until you promise to help him. (당신이 그를 돕겠다고 약속할 때까지 그는 떠나지 않을 것이다.)

「not ~ but …」, 「no ~ but …」

- 「not ~ but …」과 「no ~ but …」 구문은 '…하지 않는[않고는] ~는 없다[하지 않는다]', '모든 ~는 …하다'는 의미
  - There is no rule but has exceptions.
    (예외 없는 규칙은 없다.)
  - It never rains but it pours.
    (비가 오기만 하면 언제나 쏟아 붓는다.)
  - Not a day passed but I met her.
    (그녀를 만나지 않고 지나는 날이 하루도 없었다.)

「not~until」의 구문은 「It is not until~that」의 형태로 변환가능

- They did not come back until late at night. (그들은 밤이 늦어서야 겨우 돌아왔다.)
  → It was not until late at night that they came back.
- I didn't learn Korean until I came to Korea. (나는 한국에 와서야 비로소 한국어를 배웠다.)
  → It was not until I came to Korea that I learned Korean.

SEMI-NOTE

명사절을 이끄는 but
- but이 명사절을 이끄는 경우 'that ~ not'의 의미를 지니며, 주로 부정문이나 수사의문에 쓰임
  - It was impossible but he should notice it.
  (그가 그것을 알아차리지 못했다니 있을 수 없는 일이었다.)
  - Who knows but he may be right?
  (그가 옳을지 누가 아는가? → 그가 옳을지도 모른다.)

같은 문장이라도 경우에 따라서 전체부정이나 부분부정으로 해석될 수 있음
- All that he says is not true. (그가 말하는 것은 모두가 사실이 아니다.)[전체부정]
  = Nothing that he says is true.
- All that he says is not true.
  (그가 말하는 것 모두가 사실인 것은 아니다.)[부분부정]
  = Not all that he says is true.

부정 비교구문
- 「A no more ~ than B(= A not ~ any more than B)」은 'A가 ~이 아닌 것은 B가 ~이 아닌 것과 마찬가지다'라는 의미를 지님
  - He is no more a scholar than we are.
  (그가 학자가 아닌 것은 우리가 학자가 아닌 것과 마찬가지이다.)
  = He is not a scholar any more than we are.
  - Economic laws cannot be evaded any more than can gravitation. (경제법칙을 피할 수 없는 것은 중력을 피할 수 없는 것과 마찬가지이다.)
  - He can not swim any more than fly. (그는 날 수가 없듯이 헤엄칠 줄도 모른다.)

(4) 「nothing but ~」, 「anything but」

① 「nothing but ~」(그저 ~일뿐)은 'only'와 같은 의미를 지니며, 주로 부정적인 시각을 표현함
   He is nothing but an opportunist. (그는 그저 기회주의자일 뿐이다.)
② 「anything but」은 '~이외에는 무엇이든지'와 '결코 ~아니다'라는 의미를 지님
   ㉠ I would give you anything but life. (목숨 이외에 무엇이든 주겠다.)
   ㉡ He is anything but a liar. (그는 결코 거짓말쟁이가 아니다.)
      = He is not a liar at all.

2. 주의해야 할 부정구문

(1) 부분부정과 전체부정

① 부분부정(모두[항상, 완전히] ~한 것은 아니다) : 부정어(not, never, no)가 all, every, both, always 등과 함께 쓰이면 부분부정이 됨
   ㉠ All that glitters is not gold. (반짝이는 것이 모두 금은 아니다.)
   ㉡ Not every good man will prosper. (착한 사람이라고 모두 성공하는 것은 아니다.)
   ㉢ Not everybody likes him. (모두가 그를 좋아하는 것은 아니다.)
   ㉣ I don't know both those girls. (내가 저 소녀들을 둘 다 아는 것은 아니다.)
   ㉤ Both are not young. (두 사람 모두 젊은 것은 아니다.)
   ㉥ The rich are not always happy. (부자들이 언제나 행복한 것은 아니다.)
② 전체부정(결코[하나도] ~하지 않다) : 'no(none, neither, never, nobody)', 'not + any(either)' 등이 쓰이면 전체부정이 됨
   ㉠ None of them could make it to the finals. (그들 중 누구도 결승전에 진출하지 못했다.)
   ㉡ He did not get any better. (그는 병세가 조금도 나아지지 않았다.)
   ㉢ I don't like either of them. (나는 그들 중 누구도 좋아하지 않는다.)

(2) 주절이 없는 부정구문

① 「Not that ~, but that …」(~이 아니라 …라는 것이다), 「Not because ~, but because …」(~ 때문이 아니라 … 때문이다) 등은 주절이 없는 부정구문으로, 「It is not that/because ~, but that/because …」의 생략형으로 볼 수 있음
   ㉠ It is not that I dislike it, but that I cannot afford it.
      (그것이 마음에 안 든다는 것이 아니라 살 만한 여유가 없는 것이다.)
   ㉡ Not that I loved Caesar less, but that I loved Rome more.
      (내가 시저를 덜 사랑했다는 것이 아니라 로마를 더 사랑했다는 것이다.)
   ㉢ Not that I am displeased with it, but that I do not want it.
      (그것이 마음에 들지 않는 것이 아니라 그것을 원치 않는다는 것이다.)
   ㉣ Not because I dislike the work, but because I have no time.

(내가 그 일을 싫어하기 때문이 아니라 내가 시간이 없기 때문이다.)

(3) 준부정어 구문

① 준부정어의 의의
   ㉠ 부정의 의미를 지닌 부사를 말하며, hardly, scarcely, rarely, seldom, little 등이 이에 해당
   ㉡ 준부정어는 be동사나 조동사 다음에 쓰고, 일반동사 앞에 쓰는 것이 원칙

② hardly[scarcely](거의 ~않다)
   ㉠ A man can hardly live a week without water. (사람은 물 없이 일주일도 살 수 없다.)[hardly는 주로 can, any, ever, at all 등과 함께 쓰임]
   ㉡ I scarcely know him. (나는 그를 거의 모른다.)[일반동사 앞에 위치]

③ little(거의 ~않는)
   ㉠ I slept little last night. (간밤에 잠을 거의 못 잤다.)
   ㉡ He little expected to fall in love with her. (그는 그녀를 사랑하게 되리라고는 결코 생각하지 못했다.)
      cf. little이 imagine, think, guess, know, expect, dream 등의 동사와 함께 쓰인 경우 강한 부정의 의미를 지니기도 함

03절 생략구문

1. 생략구문의 일반적 유형

(1) 중복을 피하기 위한 생략

① His wife died and also his children (died). (그의 부인도 죽었고 그의 아이들도 죽었다.)
② One will certainly make life happy, the other (will make it) unhappy. (하나는 분명 인생을 행복하게 할 것이고, 다른 하나는 불행하게 할 것이다.)

(2) 접속사 when, while, if, though 등이 이끄는 부사절에서 「주어 + 동사」의 생략

① When (he was) a boy, he was very smart. (소년이었을 때, 그는 아주 영리했다.)
② She had to work while (she was) yet a little girl. (그녀가 아직 어린 소녀였을 때 그녀는 일을 해야만 했다.)
③ I will give you the money today, if (it is) necessary. (필요하다면 오늘 돈을 드리겠습니다.)[「주어 + 동사」를 함께 생략]
④ Though (he is) timid, he is no coward. (그는 수줍어하기는 하지만 겁쟁이는 아니다.)

SEMI-NOTE

단어/구의 직접 부정

- not 등의 부정어가 부정할 단어나 구의 바로 앞에 붙어 직접 부정하는 것을 의미
  – No, not you, of course. (아니, 물론 당신은 아니야.)
  – It is his book, not mine. (그것은 그의 책이지 나의 것이 아니다.)
  – Not a man spoke to her. (누구 하나 그녀에게 말을 걸지 않았다.)
  – He spoke not a word. (그는 단 한마디도 하지 않았다.)

seldom[rarely](좀처럼 ~하지 않다, 드물게 ~하다)

- She seldom gives me a call. (그녀는 좀처럼 나에게 전화하지 않는다.)
- He rarely watches TV. (그는 좀처럼 TV를 보지 않는다.)

관용구문에서의 생략

- Why (do you) not go and see the doctor? (의사의 진찰을 받지 그래?)
- (I wish you) A merry Christmas. (즐거운 성탄절이 되길.)
- (This article is) Not for sale. (비매품)
- No parking (is allowed). (주차금지)

비교 구문에서의 생략

- They worked harder than (they worked) before. (그들은 전보다도 더 열심히 일했다.)
- You are not so tall as he is (tall). (당신은 그만큼 크지 않다.)['is'도 생략가능]
- He is as brave as you (are brave). (그는 당신만큼 용감하다.)

2. 문장의 간결성을 위한 특수한 생략구문

(1) 일정어구를 대신하는 대형태

① 명사(구)를 대신하는 대명사

Do you have the book? Yes, I have it(= the book).
(당신은 그 책을 가지고 있습니까? 예, 그것을 가지고 있습니다.)[대명사(it)가 명사(the book)를 대신함]

② 술어를 대신하는 대동사

Do you have the book? Yes, I do(= have the book).
(당신은 그 책을 가지고 있습니까? 예, 그렇습니다.)[동사(do)가 술어(have the book)를 대신함]

③ 부정사의 중복을 피하는 대부정사

㉠ I asked her to stay, but she didn't want to (stay).
(나는 그녀에게 머무를 것을 부탁했지만, 그녀는 원하지 않았다.)

㉡ He shouted to me to jump, but I refused to (jump).
(그는 나에게 뛰라고 소리쳤지만 나는 거절했다.)

㉢ You need not tell me, if you don't want to (tell me).
(만일 당신이 원하지 않는다면, 당신은 나에게 말할 필요가 없다.)

(2) 반복사용의 금지

동의어의 반복 금지

Tom and his friend they are walking together. (×) [같은 의미의 명사와 대명사의 중복 금지]

→ Tom and his friend are walking together. (○) (Tom과 그의 친구가 함께 걷고 있다.)

→ They are walking together. (○) (그들은 함께 걷고 있다.)

He has sufficient enough money to buy the new computer. (×)

→ He has sufficient money to buy the new computer. (○) (그는 새 컴퓨터를 살만큼 충분한 돈을 가지고 있다.)

→ He has enough money to buy the new computer. (○)

SEMI-NOTE

대부사 so와 not

- think, suppose, believe, hope, say, be afraid 등이 목적어인 that절을 긍정으로 대신하면 so, 부정으로 대신하면 not을 씀

  - Will she leave? (그녀는 떠날까요?)
    → I hope so(= that she will leave). (나는 그러기를 바랍니다.)
    → I hope not(= that she won't leave). (나는 그러지 않기를 바랍니다.)

  - Does he stay home? (그가 집에 있을까요?)
    → I am afraid so(= that he stays home). (아무래도 그럴 것 같은데요.)
    → I am afraid not(= that he doesn't stay home). (아무래도 그러지 않을 것 같은데요.)

- 'think/believe not' 등이 부정의 that절을 대신할 때 종종 'don't think/believe so' 등으로 바꾸어 쓰기도 함

  - Will she return? (그녀는 돌아올까요?)
    → I think not(= that she won't return). (그러지 않을 것 같아요.)
    → I don't think so(= that she will return).

불필요한 수식어구의 반복 금지(간결성)

Different many kinds of tissues can be combined together. (×)
→ Different kinds of tissues can be combined together. (○)
(다른 종류의 조직들이 함께 결합될 수 있다.)

11장 문제유형별 연습

01절 글의 내용 이해

02절 글의 흐름 이해

03절 중요 이론 정리

04절 생활영어

05절 중요 숙어 및 관용어구 정리

11장 문제유형별 연습

SEMI-NOTE

글의 구체적 내용 이해

- 제시문에서 구체적·세부적 내용이나 특정한 정보를 찾아내도록 요구하는 문제 유형
- 이러한 문제들은 우선 문제와 선택지를 먼저 보고 자신이 찾아내야 하는 정보가 어떤 것인지를 먼저 이해하는 것이 중요
- 이를 통해 글의 어떤 부분에 중점을 두고 확인해야 하는지 알 수 있음 특히, 글의 일부나 특정 내용에 한정된 문제인 경우 지문 전체를 파악하기보다 관련된 부분을 선택적으로 파악하는 것이 더 효율적

지시 내용의 파악

- 글에 사용된 지시어의 지시 대상을 파악하는 문제 유형
- 지시어는 반복 표현을 피하면서 글의 연결 관계를 유지하기 위해 사용됨
- 우선 지시어와 가까운 문장들부터 살펴 지시어가 본문 중 어떤 부분을 지칭하고 있는지를 찾아서, 그 부분을 대입해 보아 의미 파악에 이상이 없는지 확인
- 지시어가 나타내는 것이 본문에 직접 나오지 않았을 경우에는 글 전체의 의미를 파악하여 무엇을 나타내고 있는지를 유추함

01절 글의 내용 이해

1. 글의 주제·제목·요지 파악

(1) 글의 주제 파악

① 주제(topic, theme, subject)는 글쓴이가 말하고자 하는 핵심 내용
② 글의 주제가 주어와 술어의 문장 형태로 드러난 것을 주제문(topic sentence)이라 함
③ 핵심어(keyword)를 파악한 후, 이를 일반적인 형태로 종합하고 있는 주제문을 찾음
④ 주제문과 주제문을 부연 설명하고 있는 뒷받침 문장들을 구별하도록 함
⑤ 주제문은 대개 글의 첫 부분에 위치하지만 글의 중간이나 끝 부분에 위치하기도 함

(2) 글의 제목 파악

① 제목은 글의 내용과 성격을 반영하여 글 전체를 대표하는 역할
② 주제를 핵심적으로 드러낼 수 있는 것을 선택
③ 제목이 주제문에 나타날 수도 있으나 그렇지 않은 경우 내용을 종합하여 추론

(3) 글의 요지 파악

① 요지(main idea)는 글쓴이가 글에서 나타내려는 견해 또는 주장
② 글의 내용과 관련 있는 속담이나 격언을 찾는 형태로 출제될 수 있으므로 평소에 영어 속담, 격언 등을 정리해 두도록 함

2. 글의 종류·목적 파악

(1) 이는 글쓴이가 어떤 목적(purpose)으로 쓴 글인지를 파악하는 문제 유형

글의 요지를 중심으로 하여 그것이 누구를 대상으로 하고 있는지, 무엇을 의도하거나 기대하고 있는지 등을 파악함으로써 문제를 해결할 수 있음

실력UP 글의 목적과 관련된 어휘

어휘	목적	어휘	목적
to request	요청	to advertise	광고
to argue	논의	to appreciate	감사
to give a lesson	교훈	to inform	통보, 정보제공
to criticize	비평, 비판	to praise	칭찬
to complain	불평, 불만	to persuade	설득
to suggest	제안, 제의	to advise	충고
to inspire	격려, 고취	to recommend	추천

(2) 글의 분위기·어조·태도의 파악

① 글 전체의 의미 이해를 통해 글이 주는 분위기나 어조(tone), 상황, 글쓴이의 태도 등을 파악하는 문제 유형
② 글의 전체적 분위기나 흐름, 전개방향 등에 주의하되, 본문에 어떤 형용사, 부사 등이 사용되고 있는지도 살펴보아야 함

02절 글의 흐름 이해

1. 흐름상 무관한 문장 고르기

(1) 주어진 문단의 주제와 연관이 없는 문장을 찾는 문제 유형

① 주제문을 파악한 후 주제문의 뒷받침 문장들을 검토해 글의 통일성(unity)을 떨어뜨리는 문장이 무엇인지 찾음
② 이 유형의 경우에는 첫문장이 주제문일 가능성이 매우 높음

SEMI-NOTE

글의 분위기·어조와 관련된 어휘

descriptive	묘사적인	serious	진지한
peaceful	평화로운	cheerful	기운을 북돋는
amusing	즐거운	cold	차가운
sarcastic	빈정대는	concerned	걱정스러운
ironic	반어적인	cynical	냉소적인
desperate	절망적인	fantastic	환상적인
critical	비판적인	gloomy	우울한
persuasive	설득력 있는	suspicious	의심스러운
warning	경고하는	hopeful	희망찬
pessimistic	비관적인	impatient	참을성 없는
optimistic	낙관적인	inspiring	고무적인
satirical	풍자적인	instructive	교훈적인

문장의 순서 및 전후 내용 파악하기

- 문장을 의미 덩어리로 만든 후 문장의 전후 위치를 결정짓는 연결사, 대명사나 지시어를 단서로 활용하여 글의 논리적 흐름이 매끄럽게 되도록 함
- 다른 유형으로, 제시된 문단의 앞뒤에 어떤 내용이 와야 하는지를 묻는 것이 있는데, 이는 제시문의 전체적 흐름을 바탕으로 단락의 첫 부분과 마지막 부분에 사용된 연결사, 대명사, 지시어, 상관어구 등을 살펴봄으로써 보다 쉽게 해결할 수 있음

2. 적합한 연결어 넣기

(1) 문단 안에서 문장과 문장 사이의 흐름을 매끄럽게 하는 연결어를 찾는 문제 유형

① 채워 넣어야 할 빈칸의 앞뒤 부분의 논리적 관계를 파악한 후 해당논리 관계에 적합한 연결어를 고름
② 논리 관계에 따른 주요 연결어들을 미리 숙지해 둘 필요가 있음

실력UP 주요 연결어

관계	연결어
결과	hence, thus, so, therefore, as a result, consequently, finally, after all, in the end, in the long run
요약	in conclusion, in short, in brief, to sum up, in a word
예시	for instance, for example, for one thing, to illustrate this
대조	however, but, in contrast, on the contrary, contrarily, on the other hand, while, whereas, rather than, yet, instead
양보	though, although, nevertheless, with all, for all, despite, in spite of, still
부연	in other words, furthermore, moreover, in addition, in addition to, besides, apart from, aside from, also, that is, that is to say, namely, to put it differently
열거	at first, in the first place, above all, first of all, to begin with
비교	as, similarly, likewise, in the same way, equally

03절 중요 이론 정리

1. 작문 관련 표현

(1) 부정어 + without + (동)명사 / 부정어 + but + 주어 + 동사

① 부정어 + without + (동)명사 / 부정어 + but + 주어 + 동사 부정어(no, never, cannot 등) 다음에 'without + 명사(동명사)'나 'but + 주어 + 동사'가 오는 구문은 이중부정의 표현으로 '~하지 않고는[없이는] ~하지 않는다[도 없다]', '~하면 ~하기 마련이다', '~할 때마다 ~(반드시) 하다'의 의미가 됨

② 부정어 ~ without …
= 부정어 ~ but + S + V …
= when ~, S + always + V …
= whenever ~, S + V …

SEMI-NOTE

글의 순서 이해하기
• 주어진 문장이 문단 속 어디에 들어가야 하는지를 묻는 문제 유형
 - 이는 글의 통일성(unity) 뿐만 아니라 글의 일관성(coherence), 즉 문장이 자연스럽게 연결되도록 글 전체를 이해하는 능력을 요구
 - 문장의 지엽적 해석에 치중하기보다는, 각 문장을 의미덩어리로 만든 후 문장의 전후 위치를 결정 짓는 연결사, 대명사나 지시어를 단서로 활용하여 글의 논리적 흐름이 매끄럽게 되도록 함
 - 특히 this, these 등의 지시형용사가 결정적인 단서가 됨

기억·회상·회고 동사의 목적어
• remember, recall, forget, regret 등의 기억·회상·회고 동사는, 해당 동사와 동일 시점이나 미래의 일을 목적어로 하는 경우는 to부정사, 이전(과거)의 일을 목적어로 하는 경우는 동명사를 목적어로 가짐(→ 시차에 따른 의미 차이가 있는 동사).

'A is no more ~ than B is', 'A is no more B than C is D'
• 'A is no more ~ than B is(= A is not ~ any more than B is)'는 'A가 ~이 아님은 B가 ~이 아님과 마찬가지다'라는 의미를 지님
• 'A is no more B than C is D(A is not ~ any more than C is D)'는 'A가 B가 아닌 것은 C가 D가 아닌 것과 같다'는 의미

(2) 'either + of the + 복수명사'와 'both + of the + 복수명사'

① 'either/neither + of the + 복수명사'는 주로 단수 동사로 받지만 간혹 복수동사로 받기도 함
② 'both/all + of the + 복수명사'는 항상 복수동사로 받음

> **실력up 최상급의 여러 가지 표현**
>
> - 최상급 + in + 장소 · 집합명사
>   – Tom is the kindest boy in our class.
> - 최상급 + of all + 복수명사
>   – Tom is the kindest of all boys in our class.
> - 비교급 + than any other + 단수명사
>   – Tom is kinder than any other boy in our class.
> - 비교급 + than all the other + 복수명사
>   – Tom is kinder than all the other boys in our class.
> - 비교급 + than anyone(anything) else
>   – Tom is kinder than anyone else in our class.
> - as + 원급 + as any + 단수명사
>   – Tom is as kind as any boy in our class.
> - 부정주어 + 동사 + so(as) + 원급 + as + 주어
>   – No boy is so(as) kind as he in our class.
> - 부정주어 + 동사 + 비교급 + than + 주어
>   – No boy is kinder than he in our class.

(3) 'A라기보다는 B'의 표현

'A라기보다는 (오히려) B'라는 표현으로는 'more B than A(= less A than B = B rather than A = not A so much as B = not so much A as B)'가 있음

(4) 'not ~ until[till] …(…하고서야 비로소 ~ 하다, …할 때까지는 ~않다)'

① 이 구문을 강조하기 위해 부정어구를 문두로 도치('Not until ~')하거나 'It ~ that'의 형태로 전환할 수 있음
② 부정어구가 문두로 나가는 경우 주어와 동사가 도치되어, '부정어구 + 조동사 + 주어 + 본동사' 또는 '부정어구 + be동사 + 주어'의 어순이 됨

I had not realized she was not in her office until she called me.
= Not until she called me had I realized she was not in her office.
= It was not until she called me that I had realized she was not in her office.

SEMI-NOTE

'cannot but + R(~하지 않을 수 없다)'
cannot (choose) but + do
= can do nothing but + do
= cannot help[avoid] + doing
= cannot keep[abstain, refrain] from + doing
= have no choice but + to do
= have no other way but + to do
= have no alternative[option] but + to do

SEMI-NOTE

전화 기본 표현

- 누구시죠?
  - Who's calling?
  - Who is this speaking?
  - Who's this?
  - Who am I speaking to?
- 누구와 통화하시겠습니까?
  - Who do you want to speak to?
  - Who are you calling?
- Mr. Choi를 바꿔주세요.
  - May I speak to Mr. Choi?
  - Is Mr. Choi available now?
  - Give me Mr. Choi (on the line).
  - Is Mr. Choi in?
  - I'd like to speak[talk] to Mr. Choi.
  - How can I reach Mr. Choi?
- 자리에 있는지 알아보겠습니다.
  - I'll see if he[she] is in now.
- 지금 자리에 안 계십니다.
  - I'm afraid he[she] is not here right now.
  - He[She] has just stepped out.
  - He[She] is not in at the moment.
  - He[She] is out now.
- 그런 분 안 계십니다.
  - There's no one here by that name.
  - There's no such a person.
- 전화 잘못 거셨습니다.
  - You have the wrong number.
- 전화가 혼선입니다.
  - The lines are crossed.
  - The line is crossed.
- 다시 전화 드리죠.
  - I'll call you back later.

04절 생활영어

1. 인사 · 소개의 기본 표현

(1) James 씨(氏), 이 분이 박 씨(氏)입니다.

Mr. James, this is Mr. Park. / Mr. James, let me introduce Mr. Park. / Mr. James, May I introduce Mr. Park to you? / Mr. James, allow me to introduce Mr. Park.

(2) 처음 뵙겠습니다. 만나서 반갑습니다.

Hello? Glad to meet you. / I'm pleased to know you. / It's a pleasure to know you. / I'm delighted to meet you.

(3) 제 소개를 하겠습니다.

May I introduce myself to you? / Let me introduce myself.

(4) 어떻게 지내십니까?

How have you been? / How are you getting along? / How are you doing? / How are things going?

(5) 무슨 일 있어요? / 어떻게 지내요? (인사말)

What's new? / What's up?

(6) 그럭저럭 지냅니다.

Nothing much. / The same as ever. / Nothing in particular. / Just surviving.

(7) 오래간만입니다.

Long time no see. / It's a long time since I saw you last time. / I haven't seen you for a long time.

(8) Gale 씨(氏)에게 안부 전해주세요.

Remember me to Mr. Gale. / Give my best regards to Mr. Gale. / Give Mr. Gale my regards. / Say hello to Mr. Gale.

(9) 몸조심하세요.

Take care of yourself. / Take it easy.

(10) 성함이 어떻게 되십니까?

　　May I have your name, please? / How should I address you?

(11) 이름의 철자가 어떻게 되십니까?

　　How do you spell your name?

(12) 고향이 어디입니까?

　　Where are you from? / Where do you come from?

(13) 직업이 무엇입니까?

　　What's your job? / What do you do for your living? / What line are you in? / What business are you in? / What's your line? / How do you make your living?

(14) 계속 연락하고 지냅시다.

　　Let's get[keep] in touch.

(15) 연락처가 어떻게 되시죠?

　　How can I get in touch with you? / How can I reach you?

(16) 가족이 몇 분이나 되세요?

　　How many are there in your family? / How big is your family?

(17) 우리 가족은 모두 5명입니다.

　　There are five people in my family. / We are a family of five in all.

2. 시간 · 날짜 · 날씨의 기본 표현

(1) 지금 몇 시입니까?

　　Do you have the time? / What's the time? / Can you tell me the time? / What time do you have?

(2) 시간 있으세요?

　　Do you have time? / Can you spare a moment? / May I have a moment of your time?

(3) 저는 지금 바쁜데요.

　　I'm busy now. / I'm tied up now. / I have no time to spare.

SEMI-NOTE

길 안내의 기본 표현

• 시청 가는 길을 가르쳐 주세요.
　- Could you tell me the way to the city hall?
　- Where is the city hall?
　- Will you direct me to the city hall?
　- How can I get to the city hall?

• 여기서 시청까지 걸어가면 어떻게 됩니까?
　- How far is it from here to the city hall?

• 지하철로 10분 정도 걸립니다.
　- It takes about 10 minutes to go there by subway.

• 앞으로 쭉 가세요.
　- Go straight ahead.
　- Keep going straight.

• 길 맞은편에 있습니다.
　- It's across the street.

• 교차로에서 오른쪽으로 가세요.
　- Turn to the right at the intersection.

• 틀림없이 찾으실 겁니다.
　- You can't miss it.
　- You'll never miss it.

• 미안하지만 길을 모릅니다.
　- I'm sorry, but I am a stranger here.
　- I'm sorry, but I don't know this area.
　- I'm sorry, but I'm not familiar with this area.

• 청계천 가는 버스는 어디서 타면 됩니까?
　- Where can I take the bus to Cheonggye Stream?

SEMI-NOTE

(4) 그 분은 퇴근했습니다.

He's left for the day. / He's gone for the day. / He's out for the day.

(5) 잠깐 자리를 비우셨습니다.

He's just stepped out. / He's just popped out. / You've just missed him.

(6) 몇 시까지 출근합니까?

What time do you report for work?

(7) 몇 시에 퇴근합니까?

When do you get off?

(8) 오늘은 그만 합시다.

Let's call it a day. / It is so much for today.

(9) 아슬아슬했습니다.

That was close. / That was a close shave[call].

(10) 천천히 하세요. 급하지 않습니다.

Take your time. I'm in no hurry.

(11) 오늘은 11월 1일입니다.

It's November (the) first. / It's the first of November.

(12) 오늘이 무슨 요일이죠?

What day is (it) today? / What day of the week is (it) today?

(13) 제 시계는 5분 빠릅니다.

My watch gains five minutes. / My watch is five minutes fast.

(14) 제 시계는 5분 느립니다.

My watch loses five minutes. / My watch is five minutes slow.

(15) 오늘은 날씨가 어떻습니까?

How's the weather today? / What's the weather like today? / What's the weather forecast for today?

(16) 비가 많이 내립니다.

It's raining cats and dogs. / It's raining in torrents.

날씨의 기본표현
- 비가 오다 말다 합니다.
  – It's raining off and on.
- 오늘은 쌀쌀합니다.
  – It's chilly.
- 오늘은 매우 춥습니다.
  – It's biting[cutting] cold.
- 오늘은 덥고 습합니다.
  – It's hot and humid.
- 오늘은 매우 덥습니다.
  – It's muggy.
  – It's sizzling.
  – It's boiling hot.
- 지금 기온이 어떻게 되죠?
  – What is the temperature now?
- 아마 (화씨) 55도가량 될 거예요.
  – I'd say it's about 55 degree.

실력up 날씨의 기본 표현

- 정말 날씨 좋죠?
  - It's a beautiful day, isn't it?
  - Nice day, isn't it?
- 7, 8월은 대단히 덥습니다.
  - July and August are sizzlers.
- 바깥 날씨가 어떻습니까?
  - How is the weather out there?
- 비가 올 것 같나요?
  - Do you think it might rain?
- 바깥 기온이 영하로 떨어졌겠는데요.
  - It must be below zero out there.
- 당신 고향의 기후는 어떻습니까?
  - What is the weather like in your hometown?

3. 교통 기본 표현

(1) 여기까지 어떻게 오셨습니까?

How did you come here?

(2) 시청까지 몇 정거장 더 갑니까?

How many more stops to the city hall?

(3) 교통이 막혔다.

The traffic is jammed. / The street is jammed with traffic. / The traffic is backed-up. / The traffic is heavy. / The traffic is bumper to bumper. / The traffic is congested.

(4) 교통체증에 갇혔다.

I got stuck in traffic. / I was caught in a traffic jam. / I was tied up in traffic.

4. 부탁·제안·약속의 기본 표현

(1) 제가 창문을 열어도 됩니까?

Would you mind my opening the window?

(2) 물론이죠.(mind로 묻는 질문에 대한 대답)

Of course not. / No, I don't mind. / No, not at all. / Not in the least. / No, certainly not.

SEMI-NOTE

교통 기본 표현

- 인천국제공항까지 갑시다.
  - Take me to the Incheon International Airport.
- 안전벨트를 매세요.
  - Fasten your seat belt, please.
- 여기서 우회전 하세요.
  - Take a right turn here.
- 여기 세워 주세요.
  - Please pull over right here.
  - Let me off here, please.
- 다 왔습니다.
  - Here you[we] are.
- 요금이 얼마입니까?
  - How much do I owe you?
  - What's the fare?
- 나는 버스로 통근합니다.
  - I commute by bus.

부탁·제안·약속의 기본 표현

- 지금 어떤 영화를 하고 있는데요?
  - What's on?
- (약속시간을) 언제로 할까요?
  - When can you make it?
- 편하게 계세요.
  - Please make yourself at home.
  - Please make yourself comfortable.
- 좋으실 대로 하십시오.
  - Suit yourself.
  - Do as you please.
  - Have it your own way.
  - It's up to you.
- 남의 일에 상관 마세요.
  - Mind your own business.
  - It's none of your business.

(3) 담배를 피워도 될까요?

Would[Do] you mind if I smoke? / Mind if I smoke? / Do you mind my smoking?

(4) 기꺼이 해드리죠.

Sure thing. / No problem. / No sweat. / Why not? / Be my guest. / With great pleasure.

(5) 영화관에 가는 게 어때요?

How about going to the movies? / What do you say to going to the movies?

(6) 좋습니다.

That's a good idea. / Why not. / That would be nice.

5. 감사 · 사과의 기본 표현

(1) 대단히 감사합니다.

Many thanks. / I'm so grateful. / I'm much obliged to you. / I appreciate it.

(2) 천만에요.

You're welcome. / Not at all. / It's a pleasure. / Don't mention it. / It's my pleasure. / The pleasure is mine.

(3) 죄송합니다.

I'm sorry. / Excuse me. / Forgive me. / I beg your pardon.(문장 끝의 억양을 내리면 '죄송합니다', 억양을 올리면 '다시 한 번 말씀해 주세요.')

(4) 괜찮습니다.

That's all right. / Never mind. / Forget it. / Don't bother. / Don't worry about it. / It doesn't matter.

(5) 어쩔 수 없었습니다.

I had no choice. / I couldn't help it.

SEMI-NOTE

은행 · 우체국 기본 표현

- 예금 계좌를 개설하고 싶습니다.
  - I'd like to open an account.
- 50달러를 인출(예금)하려고 합니다.
  - I'd like to withdraw(deposit) 50 dollars.
- 예금 잔고를 알고 싶습니다.
  - I want to know my balance.
- 수표를 현금으로 바꿔주십시오.
  - I'd like to cash this check.
- 수표 뒷면에 배서해주십시오.
  - Could you endorse the reverse side of this check, please?
- 이 편지를 속달로 부쳐주세요.
  - I'd like to send this letter by express delivery.
- 이 소포를 항공우편으로 보내주십시오.
  - I'd like this package sent by airmail.
- 50달러를 우편환으로 바꿔주십시오.
  - I'd like to buy a money order for 50 dollars.

6. 공항 · 호텔 기본 표현

(1) 여권을 보여주십시오.

Please show me your passport. / Your passport, please.

(2) 탑승권을 보여주십시오.

Please show me your boarding pass. / Would you show me your boarding pass, please?

(3) 국적이 어떻게 됩니까?

What is your nationality? / Where are you from?

(4) 방문 목적이 무엇입니까?

What's the purpose of your visit?

(5) 관광하러 왔습니다.

I am travelling for sightseeing. / I am here on a tour. / I am here to see the sights.

(6) 얼마나 체류하실 예정입니까?

How long are you staying? / How long are you going to stay?

(7) 신고하실 것이 있습니까?

Anything to declare?

(8) 8시 30분 항공편에 예약해주세요.

I want to make a reservation for 8:30 flight. / Book me for the 8:30 flight, please.

(9) 빈방 있습니까?

I want a room, please. / Do you have a vacancy?

(10) 방을 예약하고 싶습니다.

I'd like to make a reservation. / I'd like to book a room.

(11) 독방의 숙박비는 얼마입니까?

What's the rate[charge] for a single room? / How much do you charge for a single room?

(12) 체크아웃 하겠습니다. 계산서 부탁합니다.

I'm checking out. Will you make out my bill?

SEMI-NOTE

기타 기본 표현

- 그는 전혀 손재주가 없다.
  – His fingers are all thumbs.
- 까먹었습니다.
  – It slipped my mind.
- 살다 보면 그럴 수 있죠.
  – Well, these things happen.
- 별일 아니에요.
  – It's no big deal.
- 지난 일은 잊읍시다.
  – Let bygones be bygones.
- 누구시죠?
  – Do I know you?
- 몰라보게 변했군요.
  – You've changed beyond recognition.
- 아직 결정되지 않았습니다.
  – It's up in the air.
- 땡전 한 푼도 없다.
  – I'm (flat / dead) broke.
- 설마, 농담이죠?
  – Are you kidding? Are you pulling my leg? You must be kidding.
- 그럴 줄 알았다니까.
  – That figures.
- 먼저 하세요.(상대에게 양보하면서)
  – After you, please. Go ahead.
- 그건 누워서 떡 먹기죠.
  – It's a piece of cake. It's a cinch. Nothing is easier.
- 꼴좋다.
  – It serves you right.
- 천만에 말씀.(싫다.)
  – No way.
- 오늘 몸이 좀 안 좋다.
  – I'm out of sorts today. I'm feeling off today. I'm not feeling myself today. I'm under the weather today.
- 감기 기운이 있어.
  – I'm coming down with a cold.
- 잉크가 떨어졌어요.
  – I've run out of ink.
- 내 입장에서 생각해봐.
  – Put yourself in my shoes.
- 너하고는 끝이야.(헤어지겠어.)
  – I'm through with you.
- 이 자리 비었습니까?
  – Is this seat occupied[taken]?
- 두고 보자.
  – You'll pay for this.

SEMI-NOTE

7. 식당 · 술집 기본 표현

(1) 스테이크를 어떻게 해드릴까요?

How do you like your steak? / How would you like your steak?

(2) 덜 익힌 것 / 중간 정도 익힌 것 / 바짝 익힌 것으로 주세요.

Rare / Medium / Well-done, please.

(3) 저도 같은 걸로 주세요.

Same here, please. / The same for me.

(4) 소금 좀 건네주세요.

Would you please pass me the salt? / Would you mind passing me the salt?

(5) 제가 사겠습니다.

This is on me. / I'll pick up the tab. / Let me treat you. / Let me have the bill.

(6) 반반씩 냅시다.

Let's go Dutch. / Let's split the bill. / Let's go halves. / Let's go fifty-fifty. / Let's go half and half.

(7) 건배!

Cheers! / Let's make a toast! / Bottom up! / No heeltaps!

8. 상점 · 쇼핑 기본 표현

(1) 그냥 구경 중입니다.

I'm just browsing. / I'm just looking around.

(2) 이것이 당신에게 잘 어울립니다.

This looks good on you. / This goes well with you.

(3) 입어봐도 될까요?

Can I try it on? / May I try it on?

(4) 이건 어떻습니까?

How about this one? / How do you like this one?

상점 · 쇼핑 기본 표현
- 얼마 정도 원하십니까?
  – What's your price range?
- (당신은) 바가지를 썼다.
  – That's a rip-off.
- 이것을 환불받고 싶습니다.
  – I'd like to get a refund on this.
- 영수증 있으세요?
  – Do you have the receipt?

(5) 얼마입니까?

How much is it? / What's the price? / How much do I owe you? / How much does it cost?

(6) 가격이 싸군요 / 적당하군요 / 비싸군요.

The price is low / reasonable / high.

실력UP 조금 깎아주세요.

- Can I get a discount on this?
- Can't you cut down just a bit more?
- Can you make it cheaper?

05절 중요 숙어 및 관용어구 정리

1. 숙어 및 관용어구

(1) A

a bit(= a little)	조금, 다소, 약간	a bone in the throat	골칫거리
a castle in the sky	백일몽	a close call	위기일발
a coffee break	짧은 휴식 시간	a couple of(= two)	두 개[사람]의
a few	몇몇의, 약간의	a great many	매우 많은
a lot of(= lots of, plenty of, many/ much)	많은	a pair of	한 쌍의
a small number of	소수의	a storm in a teacup [teapot]	헛소동
a white elephant	귀찮은 물건	abide by	(규칙 등을) 따르다 [지키다, 준수하다], 고수하다
above all	우선	according to~	~에 따라, ~에 의하여, ~나름으로
account for	~을 설명하다	across-the-board (= overall)	전면적인, 전체에 미치는, 복합식의, 월요일부터 금요일 주 5일에 걸친
act on	~에 따라 행동하다	act one's age	나이에 걸맞게 행동하다

SEMI-NOTE

기타 A 관련 숙어 및 관용어구

- apart from ~은 별도로 하고(= aside from)
- apply for ~에 신청하다
- apply oneself to ~에 전념하다, 몰두하다
- as ~ as one can(= as ~ as possible) 할 수 있는 한 ~하게
- as a matter of fact 사실
- as a result of ~의 결과로서(= in consequence of)
- as a rule 대체로, 일반적으로, 보통(= by and large, in general, on the whole)
- as far as it goes 어느 정도(까지)는
- as follows 다음과 같이
- as hard as nails 동정심이 없는
- as if 마치 ~인 듯이[~인 것처럼](= as though)
- as is (often) the case (with) 흔히 있는 일이지만, 흔히 있듯이
- as much as to say ~라고나 말하려는 듯이, 마치 ~이라고 말하려는 것처럼
- as soon as ~하자마자, ~하자 곧
- as yet 아직(그때)(까지)
- ask a favor of ~에게 부탁하다
- at a loss(= at one's wit's end) 당황하여, 어쩔 줄 몰라서
- at a[one] time 한 번에
- at any rate 어쨌든(= in any case, in any event)
- at first hand 직접적으로
- at issue 계쟁[논쟁] 중인, 문제가 되고 있는
- at least 적어도, 최소한
- at odds with~ ~와 불화하여[사이가 나빠], 일치하지 않는(= in disagreement with)
- at once 동시에, 즉시
- at one's disposal ~의 마음대로 이용[사용]할 수 있게
- at stake(= at risk) 위태로워, 내기에 걸려서, 관련이 되어
- at the cost of ~을 희생해서[희생을 치르고], 대가로
- at the discretion of ~의 재량대로, 좋을 대로 cf. discretion 결정권, 분별, 자유재량
- at the end of ~의 끝에

SEMI-NOTE

기타 B 관련 숙어 및 관용어구

- be well off (경제적으로) 잘 살다, 부유하다
- bear[keep] ~ in mind 명심[기억]하다
- because of ~ 때문에
- before long 조만간
- believe in~ ~가 존재한다고 믿다, ~의 됨됨이를 믿다, ~이 좋은 것이라고 믿다
- beside oneself (걱정·흥분으로) 이성을 잃고, 어찌할 바를 모르고, 제정신이 아닌
- between A and B A와 B 사이에
- between one's teeth 목소리를 죽여
- beyond description 형용할 수 없을 만큼, 말로다 할 수 없는
- beyond question 의심할 여지 없이, 물론, 분명히
- bit by bit 하나씩, 서서히, 조금씩 점점
- black out 캄캄하게 하다[해지다], 잠시 시각[의식, 기억]을 잃게 하다[잃다]
- blow a fuse 분통이 터지다, 화내다
- blow one's own horn 자화자찬(自畵自讚)하다, 자기 자랑을 늘어놓다, 허풍을 떨다
- break down(= be out of order) 부서지다, 고장나다; 건강이 쇠약해지다, (협상 등이) 깨지다, 결렬되다, 파괴하다, 진압하다, 분류[분해]하다
- break loose 도주하다, 속박에서 벗어나다
- break off (나쁜 버릇이나 관계 등을) 끊다, 절교하다, (갑자기) 중지하다, 꺾어 버리다
- break the ice 어색한 분위기를 깨다, (딱딱한 분위기를 깨기 위해) 처음으로 입을 떼다, 긴장을 풀게 하다
- bring home to ~에게 뼈저리게 느끼게 하다
- bury the hatchet 화해하다, 강화(講和)하다
- by accident 우연히(= by chance)

add insult to injury	(누구와 이미 관계가 안 좋은 판에) 일이 더 꼬이게 만들다[한 술 더 뜨다]	add up to	~가 되다, ~임을 보여주다 결국 ~이 되다
against all odds	곤란을 무릅쓰고	agree with~	~(의 의견)에 동의하다
all at once	갑자기	all of a sudden	갑자기
all one's life	평생 동안	all the way	줄곧, 도중 내내
all thumbs(= clumsy, awkward)	서툰, 손재주가 없는	along with(= together with)~	~와 함께
and so on	기타 등등	anything but	결코 ~이 아니다 (= never)

(2) B

bark up the wrong tree	잘못 짚다, 헛수고하다, 허탕치다, 엉뚱한 사람을 비난하다	be acquainted with	[사실 따위를] 알다[알게되다], 친분이 있다
be afraid of~	~을 두려워하다	be afraid(+that절)	~일까봐 걱정하다
be anxious about~	~에 근심[걱정]하다	be anxious for	갈망하다[간절히 바라다], 기원하다
be anxious to부정사 (= be eager to~)	~하기를 갈망하다	be based on~	~에 토대를 두다
be behind bars	감옥에 수감되다	be bent on	여념이 없다, ~에 열중하다
be concerned about	~을 걱정하다	be concerned with	~에 관계되다
be covered with~	~으로 덮이다	be curious about~	~을 알고 싶어 하다
be everything to~	~에게 가장 소중하다	be famous for~	~로 유명하다
be fond of~	~을 좋아하다	be free from	~이 없다
be full of(= be filled with)~	~가 많다[가득차다, ~투성이다], ~에 몰두하다	be good at~	~에 능숙하다 cf. be poor at ~에 서투르다[못하다]
be held(= take place)	개최되다	be impressed by~	~에 감명을 받다
be in force	시행되고 있다, 유효하다	be in line with	~와 일치하다
be interested in	~에 흥미를 갖다	be like~	~와 같다, ~와 비슷하다
be lost in	~에 관심이 빠져있다, 몰두하다	be over	끝나다
be packed like sardines	꽉 차다, (승객이) 빡빡하게 들어차다	be proud of~	~을 자랑으로 여기다

| be ready to~ | ~할 준비가 되다 | be sure to | ~ 꼭 ~하다 |

(3) C

call it a day[night]	하루 일을 끝마치다	call off(= cancel)	취소하다
call somebody names (= insult, abuse)	비난하다, 욕하다	cannot help ~ing	~하지 않을 수 없다
cannot hold a candle to	~만 못하다[~와 비교가 안 되다]	care for(= take care of, look after)	돌보다, 좋아하다
carry on	계속하다, 계속 가다	carry out	수행[이행]하다
carry the day	이기다, 승리를 얻다, 성공하다	catch on	인기를 얻다, 유행하다
catch one's eye	눈길을 끌다[모으다]	catch up with	따라잡다, 따라가다
check in	투숙하다	come a long way	크게 발전[진보]하다, 기운을 차리다, 회복하다, 출세하다
come about	생기다, 발생하다, 일어나다	come by	구하다, 획득하다(= obtain, get); 잠깐 들르다; ~을 타다
come down with	병에 걸리다, 앓아눕다	come from	~출신이다

(4) D

day in day out	허구한 날, 매일	depend on~	~에 의존하다, ~에 달려있다
die of~	~으로 죽다	do away with	없애다, 폐지하다
do one's best	최선을 다하다	do well to do	~하는 게 낫다, ~하는 것이 온당[현명]하다
do without	~없이 지내다	don't have to (= need not)	~할 필요가 없다
down to earth	현실적인, 실제적인	drop by (잠깐)	들르다

(5) F

fall back on(= rely on, depend on, count on)	의지하다, 의존하다	fall in love (with~)	(~와) 사랑하게 되다
fall off	떨어지다	fall on~	(생일·축제일 따위가) ~날에 해당되다
fall out (with) ~와 싸우다(= quarrel with)	사이가 틀어지다; ~이라고 판명되다, ~한 결과가 되다	far and away	훨씬, 단연코

SEMI-NOTE

기타 C 관련 숙어 및 관용어구

- come in handy 쓸모가 있다[도움이 되다]
- come into contact with ~와 접촉하다, 만나다
- come up with 제안하다(= present, suggest, propose), 안출하다, 생각해 내다; ~에 따라잡다(= overtake, catch up with, keep up with); 공급하다(= supply); 산출하다, 내놓다(= produce)
- come upon 우연히 만나다, 우연히 떠오르다
- come what may 어떤 어려움이 있어도[무슨 일이 있어도]
- compare A to B A를 B에 비유하다
- compare A with B A를 B와 비교하다
- consist in ~에 있다(= lie in)
- consist of ~로 구성되다(= be composed of)
- cope with (문제·일 등에) 잘 대처[대응]하다, 잘 처리하다
- count on(= depend on) 의지하다, 믿다
- cut back on ~을 줄이다
- cut off~ ~을 잘라내다
- cut out for(cut out to be) (필요한) 자질을 갖추다, 적임이다, 일이 체질에 맞다

E 관련 숙어 및 관용어구

- each other 서로
- eat like a horse 아주 많이 먹다 (↔ eat like a bird 적게 먹다)
- egg on one's face 망신, 수치, 창피, 체면을 구김
- every inch 전부 다, 속속들이, 완전히
- everyone else(= all the other people) 다른 모든 사람

SEMI-NOTE

G 관련 숙어 및 관용어구
- get along with ~와 잘 지내다
- get away from~ ~에서 도망치다[벗어나다]
- get even (with)~ ~에게 보복[대갚음]하다(= take revenge on, repay, retaliate, get back at)
- get in touch with ~와 연락을 취하다
- get rid of ~을 제거하다
- get through with ~을 끝내다, 완료하다
- get to~(= come to, reach, arrive at(in)) ~에 도달[도착]하다
- get together(= gather together) 모이다
- get[stand] in the way of ~의 길을 가로막다, ~의 방해가 되다(= be in one's way, prevent)
- give ~ a break ~에게 기회를 주다, ~를 너그럽게 봐주다
- give a hand 돕다(= help, aid, assist), 박수갈채하다
- give in (to) 굴복하다(= surrender), 양보하다(=yield to); 제출하다
- give off (냄새·빛 등을) 내다[발하다]
- give out 배부[배포]하다, 할당하다, 나눠주다(= distribute, hand out); 발표[공표]하다; 다 쓰다(= use up)
- give up 포기하다, 버리다, 양도하다(= stop, abandon, relinquish, yield); ~에 헌신[전념]하다

I 관련 숙어 및 관용어구
- if possible 가능하다면
- in a big way 대규모로[대대적으로], 거창하게, 열광적으로(= in a great[large] way)(↔ in a small way 소규모로)
- in addition to ~에 덧붙여서, 게다가
- in advance 미리, 사전에
- in favor of ~을 선호하여
- in front of~(= before) ~의 앞에
- in no way 결코[조금도, 어떤 점에서도] ~ 아니다[않다](= never, not ~ at all, not ~ in the least, not ~ by any means, by no means, not ~ in any way, in no way, on no account, not ~ on[under] any terms, on[under] no terms, under no circumstances, far from, anything but)

feed on	~을 먹고 살다	feel one's oats	힘이 넘치다, 들뜨다
figure out(= solve)	풀다, 해결하다, 이해하다	fill in for	~을 대신[대리]하다
fill up	(가득) 채우다, 차지하다, 가득 차다, 만수개[만원이] 되다	find fault with	~을 비난하다
find out	알아내다, 찾아내다	for a while	얼마 동안, 잠시
for all intents and purposes	모든 점에서, 사실상	for all the world	결코, 무슨 일이 있어도, 꼭, 아주
for example	예를 들면	for fun(for the fun of it)	장난으로, 재미로
for good measure	한 술 더 떠서, 덤으로	for good (and all)	영원히, 영구히

(6) H

had better(+동사원형)	~하는 편이 낫다	hang out with	~와 시간을 보내다, 어울리다
happen to~	~에게 (어떤) 일이 일어나다	have a (nice) scene	활극을 벌이다, 법석을 떨다, 심하게 싸우다
have a big mouth	수다를 잘 떤다	have a crush on	~에게 홀딱 반하다
have a discussion about~(= discuss, talk about)	~에 관해서 토의하다	have a good idea	좋은 생각이 떠오르다
have an effect on	~에 영향을 미치다	have fun (with~)	(~와) 즐겁게 놀다
have no idea(= don't know)	모르다	have nothing to do with	~와 관계없다
have words (with)	~와 말다툼하다	head off	가로막다[저지하다]
help ~with –ing	~가 …하는 것을 도와주다	help oneself to	마음껏 먹다
hit the ceiling[roof]	길길이 뛰다, 몹시 화나다	hit the road	여행을 떠나다

(7) K

keep ~ from[out of](= prevent~ from…)	…하는[오는] 것을 막다[방해하다]	keep ~ out of …	~이(가) ~에 관련되지 않게 하다, 가담시키지 않다, 못 들어오게 하다, 떼어놓다
keep ~ing	계속 ~하다	keep a straight face	정색을 하다, 웃지 않다, 태연하다

keep an eye on	~을 감시하다	keep away (from)	피하다, 멀리하다[거리를 두다]
keep close tabs on	주의 깊게 지켜보다[감시하다]	keep hands off	간섭하지 않다
keep one's company	~와 동행하다	keep one's shirt on	침착성을 유지하다, 참다
keep one's cool	이성[침착]을 유지하다	keep up with	뒤떨어지지 않다[유지하다, 따라가다]

(8) M

major in	~을 전공하다, 전문적으로 ~하다	make ~ out of…	…으로 ~을 만들다
make a bet	내기하다	make a difference	차이가 생기다, 변화가 있다; 효과[영향]이 있다, 중요하다
make a fool of~(= trick, play a trick on)	~을 속이다, ~을 바보로 취급하다	make a point of	으레 ~하다, 꼭 ~하기로 되어있다
make a scene	소란을 일으키다	make believe	~인체하다
make both[two] ends meet	수입과 지출의 균형을 맞추다, 수지를 맞추다, 수입에 알맞은 생활을 하다	make do[shift] (with)	그런대로 때우다, 임시변통하다, 꾸려 나가다
make heads or tails of	이해하다	make one's living	생활비를 벌다, 생계를 유지하다
make over	양도하다, ~을 고치다, 고쳐 만들다	make plans for (= plan for)	~을 위한 계획을 세우다
make sure	확인하다, 다짐하다, 확실히 하다	make the best of	~을 최대한 이용하다, [역경·불리한 조건 따위를] 어떻게든 극복하다
make the fur fly	큰 싸움을 벌이다, 큰 소동을 일으키다	make up	수선하다; 메우다, 벌충[보완, 만회]하다
make up for	보상[벌충, 보충]하다	make up one's mind	결심하다
make use of~	~을 이용하다	mind one's P's and Q's	언행을 삼가다, 예절 바르게 행동하다

(9) S

say to oneself	중얼거리다	second[next] to none	최고의(= the best), 누구에게도 뒤지지 않는
see ~ off	~를 배웅[전송]하다	sell like hot cakes	불티나게 팔리다, 날개 돋친듯이 팔리다

SEMI-NOTE

L 관련 숙어 및 관용어구

- listen to~ (어떤 소리에) 귀를 기울이다
- laugh at 비웃다[조소하다], 웃음거리로 만들다
- lay off 끊다, 그만두다, 해고하다(= fire, discharge)
- lay out 배열하다, 설계하다
- let up (폭풍우 등이) 자다, 가라앉다, 잠잠해지다(= stop), 약해지다(= lessen); (일을) 그만두다
- lie on one's stomach[face] 엎드리다, 엎드려눕다
- listen for~ ~이 들리나 하고 귀를 기울이다
- live on~ ~을 먹고 살다
- look after ~을 보살피다[돌보다](= take care of), ~의 뒤를 지켜보다, ~에 주의하다
- look back on ~을 뒤돌아보다, 회상하다
- look down on ~을 낮춰 보다[얕보다], ~을 경시하다
- look forward to + (동)명사 ~을 기대하다(= expect), 고대하다, 손꼽아 기다리다
- look into ~을 들여다보다, 조사[연구]하다 (= probe into, delve into, inquire into, investigate, examine)

N 관련 숙어 및 관용어구

- next to none 아무에게도 뒤지지 않는, 최고의
- no strings attached 아무런 조건 없이, 무조건으로, 전혀 의무가 없는
- none the less 그래도 아직, 그럼에도 불구하고
- not ~ any more(= not ~ any longer, no more) 더 이상 ~않다
- not ~ at all 조금도[전혀] ~ 아니다
- not to speak of ~은 말할 것도 없고
- nothing but~(= only) ~에 지나지 않다
- nothing less than 다름 아닌 바로[그야말로]

SEMI-NOTE

O 관련 숙어 및 관용어구 ★빈출개념
- off the record 비공식적으로
- off the wall 엉뚱한, 별난, 미친
- on behalf of~ 대신하여, 대표하여, ~을 위하여
- on duty 근무 중인(↔ off duty 비번인)
- on edge 초조하여, 불안하여(= nervously)
- on one's way (to)~ ~에 가는 길에 cf. on the way home 집에 가는 중에
- on pins and needles 마음을 졸이는, 안절부절못하는(= nervous)
- on the other hand 반면에 (= on the contrary)
- on the record 공식적인
- on the tip of one's tongue 말이(기억은 안나고) 혀끝에서 뱅뱅 도는
- on time 정각에
- once and for all 단호하게, 한 번만, 이번만 (=finally and definitely, for the last time)

Q 관련 숙어 및 관용어구
- quarrel with[about]~ ~와[에 대해] 다투다
- quite a long time 아주[꽤] 오랫동안

R 관련 숙어 및 관용어구
- rain cats and dogs 비가 억수로 내리다
- read between the lines 행간의 뜻을 읽다
- red tape 관료적 형식주의
- regardless of ~와는 상관없이[관계없이], ~에 개의치 않고
- result from ~에서 기인하다
- result in ~을 야기하다
- round up 모으다, 끌어모으다(= gather, assemble); 체포하다(= arrest, apprehend)
- round[around]-the-clock 24시간 내내(= day and night, twenty-four hours a day), 계속 무휴(無休)의
- rule out 제외하다, 배제하다(= exclude), 제거하다(= remove, eliminate); 불가능하게 하다, 가능성을 없애 버리다(= prevent, preclude)

set ~ on fire	~에 불을 지르다	set off	시작하다, 출발하다
set out	착수하다, 시작하다, 출발하다	set store by	중시하다, 소중히 여기다
set the table(= prepare the table)	상을 차리다	snuff the candle	(초의) 심지를 끊다, 죽다
so far(= until now)	지금까지	south of(= to the south of)~	~의 남쪽으로
spend… on~	…에 돈[시간]을 쓰다	stack up against	~에 견줄 만하다, 필적하다
stand a chance of	~의 가능성이 있다	stand by	~의 곁을 지키다, 가만히 있다
stand for	상징하다	stand in a white sheet	참회[회개]하다
stand out	돌출하다, 튀어나오다, 눈에 띄다, 두드러지다	stand up for	~을 옹호하다
step in(= walk in, come in)	안으로 걸어 들어오다	stop over	(~에서) 잠시 머무르다, 중간에 잠시 멈추다, 비행 도중 잠시 체류하다
stuffed shirt	젠체하는 사람, 유력자, 부자	such as it is	대단한[변변한] 것은 못되지만

(10) T

take ~ for …	~을 …라고 생각하다[…으로 잘못 생각하다]	take a break	쉬다
take a pew	앉다	take a trip	여행을 하다
take account of	~을 고려하다	take advantage of	~을 이용하다
take after	닮다, 본받다, 흉내 내다, ~의 뒤를 쫓다	take against	~에 반대하다[반감을 가지다], 반항하다
take apart	분해[해체]하다, 혹독히 비판하다	take away	식탁을 치우다, 떠나다, 손상하다[흠내다]
take care	조심하다, 주의하다	take care of	~을 돌보다[보살피다], (책임지고)맡다, 조심[유의]하다, 처리하다[해결하다]
take down	내리다, 헐어버리다, 적다[적어두다]	take in	섭취[흡수]하다, 마시다; 숙박시키다; 이해하다

take it	견디다, 받아들이다, 믿다	take it easy	여유롭다, 한가하다, 서두르지 않다
take off	벗다(↔ put on), 급히 떠나다, 추적하다	take on	흥분하다[이성을 잃다], 인기를 얻다, 고용하다, 맡다
take out	데리고 나가다, 출발하다, 나서다	take over	떠맡다, 인수하다, 이어받다[물려받다], 운반해 가다, 우세해지다
take place	발생하다[일어나다], 열리다[개최되다]	take the lion's share	가장 큰[좋은] 몫을 차지하다
take to	~에 가다, ~에 전념하다, ~이 습관이 되다	take up with	~와 친해지다, ~에 흥미를 가지다[열중하다]
take[have] a walk/rest	산책을 하다/휴식을 하다	take[have] pity on	불쌍하게 여기다[가엾게 생각하다]
tamper with	~을 만지작거리다, 함부로 고치다, 변조하다(= alter), 간섭하다(= meddle in, interfere with)	tear down	~을 파괴하다, 해체하다

(11) W

walk of life	직업, 신분, 계급, 사회적 계급	walk out	작업을 중단하다, 파업하다
watch out(= be careful)	조심하다	wave at(= wave to)~	~에게 손을 흔들다
wear and tear	(일상적인 사용에 의한) 마모[마손]	wear out	닳아 없어지게 하다, 써서 해지게[낡게] 하다, 지치게 하다
weed out (from)	제거하다	well off	부유한, 유복한, 잘 되어 가고 있는, 순조로운
when it comes to	~에 관한 한	with a pinch[grain] of a salt	에누리하여
with all one's heart	진심으로	with regard to	~에 관하여[대해서], ~와 관련하여
within a stone's throw of	~에서 돌을 던져 닿는 곳에, 매우 가까운 곳에	within one's reach	손이 미치는 곳에는(↔ out of one's reach 손이 닿지 않는)
without fail	틀림없이, 반드시	worry about~(= be anxious about~)	~에 관해서 걱정하다

SEMI-NOTE

기타 T 관련 숙어 및 관용어구

- throw in the towel[sponge] 패배를 인정하다
- throw the book at ~을 엄벌[중형]에 처하다
- tie the knot 결혼하다
- to a man 마지막 한 사람까지
- to advantage 유리하게, 돋보이게
- to each his own 각자 알아서
- to no effect 아무 효과가 없는, 쓸데없이
- to the best of one's knowledge ~이 알고 있는 바로는, 확실히, 틀림없이
- to the bone 뼛속까지, 철저히
- to the detriment of ~을 손상시키며[해치며], ~에게 손해를 주어, ~을 대가로 cf. detriment 손상, 손해, 손실
- to the point[purpose] 적절한, 딱 들어맞는(= pertinent, proper, relevant); 적절히, 요령 있게
- toot one's own horn 허풍을 떨다, 제 자랑을 하다
- try on (옷 등을) 입어 보다
- turn back(= return) 되돌아가다
- turn down 거절[각하]하다(= reject, refuse); (소리나 불꽃 등을) 줄이다(↔ turn up); 경기가 쇠퇴하다, 내려가다
- turn in 제출하다(= submit, hand in); (물건 등을) 되돌려 주다; 신고하다; 그만두다; 잠자리에 들다
- turn into ~으로 변하다
- turn off(= switch off) 끄다
- turn on(= switch on) 켜다
- turn out (가스 · 불) 끄다; 내쫓다, 해고하다; 결국 ~임이 드러나다(= prove), (결과) ~이 되다;참석하다(= take part in); 모이다(= assemble);생산하다, 제조하다(= manufacture)
- turn up 모습을 나타내다(= appear, show up), 도착하다(= arrive, reach); (분실물이) 우연히 발견되다, 일이 (뜻밖에) 생기다, 일어나다(= happen); (소리나 불꽃 등을) 높이다